ブッダのことば

パーリ仏典入門

片山一良
ICHIRŌ Katayama

大法輪閣

ブッダのことば

パーリ仏典入門

【目次】

第四章　増支部経典

第五章　小部経典

装丁……清水良洋（Malp-Design）
カバー写真……釈尊涅槃像（スリランカ・ポロンナルワ）

序章　パーリ仏典とは何か

「仏」ということ

――心と因果《いんが》

いつも何かを思い、何かを考えている。これが人間というものであろうか。静かにしようと思いつつ、また、ふっと何かを考えている。

眼が明かりに向かえば、それを思い、考える。耳が鳥の声に向かえば、それを思い、考える。鼻が香りに向かえば、それを思い、考える。舌が味に向かえば、それを思い、考える。身が風に向かえば、それを思い、考える。また、意《い》が何らかの思い、何らかの考えに向かえば、それを思い、考える。そして、思いが思い、考えが考える、私が私である、と知るとき、思いは静まり、考えは静まる。

これは、朝の開け放たれた部屋に一本の線香を立て、坐し、思い、考える私の、観察されたいわば内なる風景である。

静かにしようと思うときにも、何かを考える私たちである。その私たちが静かでなくなるとき、どうなるのか。心は動揺し、乱れる。心が乱れるならば口も乱れ、身も乱れるであろう。そして私たちは苦しみ、悩むことになる。

パーリ仏典（上座部《じょうざぶ》仏教の聖典に用いられる古代インドの言語・パーリ語による原始仏教聖典）の中で最もよく親しまれ、一般には「法句経《ほっくきょう》」として知られる『法句』の第一偈《げ》、すなわち冒頭において、釈尊はつぎのように示しておられる。

「もろもろの法は意《い》を先に　意を主に意より作られる
もしも汚れた意をもって　語り、あるいは行なえば
それより苦がかれに従う　牛足跡《うしあしあと》の車輪のように」

と。どのような法も、すなわちどのような業《ごう》も、つまり、どのような私たちの行為も、意という心を主にして作られる。その意が汚れるならば、かならず私たちは苦しむことになる、と。それに続く第二偈はつぎのとおりである。

「もろもろの法は意を先に　意を主に意より作られる
もしも清らかな意をもって　語り、あるいは行なえば
それより楽がかれに従う　離れることなき影のように」

と。これは、私たちの心が清らかであれば、ことばも、行ないも清らかとなり、かならず楽のうちに住む、との教えである。両偈に示されたものはまことにわかりやすい。悪いことをすれば、かならず苦を受ける。善いことをすれば、かならず楽を受ける。明瞭な因果の道理である。それゆえ、心を清くしよ

う。ことばを清くしよう。行ないを清くしよう。身と口と意がととのえば、安らぎを得る。これこそ人間の最高の生き方であり、私たちの最大の目的となるものであろう。

また、「七仏通誡偈《しちぶつつうかいげ》」と呼ばれる教えがある。毘婆尸仏《びばしぶつ》から釈迦牟尼仏《しゃかむにぶつ》（釈尊）にいたる過去の七仏がつねに教誡《きょうかい》されたものであるという。パーリ仏典（長部第一四『大譬喩経《だいひゆきょう》』・『法句』第一八三偈）には、

「いかなる悪も行なわず　もっぱら善を完成し
自己の心を清くする　これが諸仏の教えなり」

とあり、漢訳仏典（『大般涅槃経《だいはつねはんぎょう》』北本巻第一五・南本巻第一四）には、

「諸悪莫作《しょあくまくさ》　諸善奉行《しょぜんぶぎょう》　自浄其意《じじょうごい》　是諸仏教《ぜしょぶっきょう》」

とある。前者は自発的に、後者は命令的に語られており、表現はやや異なるが、その内容は異ならない。仏の教えとは「悪を行なわないこと、善を行なうこと、自己の心を清めること」である、と。このことばの意味も明々白々である。

では、なぜこのような自明とも思われる「因果の道理」が、仏教の根本であるといわれるのか。これはだれもの素朴な疑問かもしれない。もちろん、簡明なことばの中にその解答がある。たとえば「善」には、正見《しょうけん》・正思《しょうし》・正語《しょうご》・正業《しょうごう》・正命《しょうみょう》・正精進《しょうしょうじん》・正念《しょうねん》・正定《しょうじょう》という八正道《はっしょうどう》、あるいは戒《かい》・定《じょう》・慧《え》の三学《さんがく》が含まれているのである。

仏の教えは生きた実践にある。これについては道元禅師《どうげんぜんじ》が、『正法眼蔵《しょうぼうげんぞう》』「諸悪莫作」においてこの教えを取り上げ、三歳の子供でもいい得るもの、しかし八十歳の老翁でも行ない得ないもの、との話を引いて、教えの初めと後とに言及し、そして「莫作」と「奉行」の一如《いちにょ》を説いておられることに注意しよう。初めの基本は見やすいが、後の究極は見難く、その一如は知り難いのである。

私たちの悩みや苦しみは、貪《むさぼ》りにより生じ、怒りにより生じる。また、因果を知らないことにより起こる。しかも私たちは因果を知っても、部分的に知るのみである。すべてを知る、ということがない。理論のみを知って、行動が伴わないのである。つねに知る、ということがない。仏法《ぶっぽう》の時間と現実の時間とが結びつかないのである。それは、すべての因果を信じるということがない、ということである。それゆえ因果を知っても、なお苦しむということになる。

しかし因果を、いつでも、どこでも信じることができるならば、もはや苦しみはない。これを因果を知る、というのである。この消息を道元禅師は、「おほよそ仏法は、知識《ちしき》のほとりにして（師のもとで）はじめてきくと、究竟《くきょう》の果上《かじょう》（究極の覚《さと》り）もひとしきなり」といわれ、また「一塵《いちじん》（一つのちり）をしるものは尽界《じんかい》（全世界）をしり、一法《いっぽう》を通ずるものは万法《まんぽう》を通ず」といわれたのである。

私たちが苦しみや悩みから解放されたいと思うならば、仏の教えを知らなければならないであろう。それは仏の教えを信じることにより、仏の教えを知り、苦しみが解消する、ということである。仏の教えとは因果の道理、すなわち縁起《えんぎ》の教えであり、智慧、そして慈悲の教えである。

——本書の基本的立場

さて、これより「ブッダのことば」を学ぶことになるが、それは仏の教えを学ぶことであり、仏に学ぶこと、法に学ぶこと、経に学ぶことに尽きている。またそれは、仏法《ぶっぽう》により自己を学ぶことに尽きる、といってよいであろう。なぜならば、自己を離れた仏はなく、自己を離れた法はなく、自己を離れた経はないからである。

では、その場合、いかなる「仏」に、いかなる「法」に、いかなる「経」に学ぶのであるか。私たちが学ぶべき仏は仏であり、法は仏法であり、経は仏経であり、他のいかなるものでもない。これがここにおける基本的な立場である。従って、仏といわれるもの、法といわれるもの、経といわれるもの、そのすべては一つのものとして尊重され、ここに学ばれねばならない。なぜならば、仏はつぎのようなお方だからである。

仏は、自ら迷うことがなく、他を迷わせることのないお方である。
仏は、自ら後悔することがなく、他を後悔させることのないお方である。

仏は、自らを害することがなく、他を害することのないお方である。すなわち、仏は、無量の智慧をそなえ、無辺の慈悲をそなえたお方である。

これが仏典から知られる「仏」である。仏の教えは、このような仏の教えであり、他のいかなるものでもない。

今日の私たちは幸いである。すでに、すぐれた厖大《ぼうだい》な「漢訳仏典」が早くから私たちに伝えられ、用いられ、またサンスクリットの梵語《ぼんご》仏典も、チベット語の仏典も、その他さまざまな仏典も、直ちに繙《ひもと》くことができる環境にあるからである。そのうち、とくに「パーリ仏典」と呼ばれる、パーリ語で綴《つづ》られた原始仏教の聖典が知られ、仏の教えをその原典から、よく整えられた伝統の諸註釈によって、自由に読み、学ぶことができるのは幸いである。その教えは簡潔にして深く、つねに安らぎをもたらすものである。

以下においては、この基本的な立場により、この「パーリ仏典」を取り上げ、「仏の経」の全体を紹介し、

初転法輪の釈尊（サールナート）

教えをその根本から、今ここに生きる教えとして学ぶことにしたい。その際、それと関連する、いわゆる「大乗仏典」のことばを、とくに漢訳仏典から引き、より豊かな法の理解に進みたいと思う。

ただし、パーリ仏典を具体的に学ぼうとする場合、あらかじめ心得ておくべきことばや考え方がある。そこで、本章では「仏」、「パーリ仏典」（三蔵《さんぞう》）、「仏語《ぶつご》」について触れ、次章から、具体的なパーリ仏典による「ブッダのことば」の学びに入ることにしたい。

――「仏」とは何か

まず、仏がどのようなお方であるのかを、見ることにしよう。パーリ仏典の小部《しょうぶ》『大義釈《だいぎしゃく》』には、つぎのような説明がある。

「四諦《したい》を自ら覚《さと》られ、他の有情《うじょう》も覚らせられた。それゆえ、仏である」

と。仏とは、その原語からいえば「ブッダ」（Buddha 仏陀《ぶつだ》）、原意からは「覚者《かくしゃ》」であり、自ら四諦《したい》（苦《く》・集《じゅう》・滅《めつ》・道《どう》という四つの真理）を覚り、他者をも覚らせられたお方である。すなわち、自ら智慧をそなえた「智慧のお方」であり、他に智慧をそなえさせられた「慈悲のお方」である。智慧慈悲円満のお方である、と解される。

この仏は、歴史的に見れば「釈迦牟尼」（Sakya-muni　釈尊）であり、いわゆる伝記によれば、その生涯はつぎのようにまとめられる。

今から約二千五百年前、インドの中部地方、カピラヴァットゥにおいて、釈迦族の王スッドーダナ（浄飯《じょうぼん》）を父とし、マーヤー（摩耶《まや》）妃を母として、誕生された。シッダッタ（悉達多《しっだった》）と命名され、成長し、十六歳でヤソーダラー（耶輸陀羅《やしゅだら》）という美しい王女と結婚された。

王宮では物質的に恵まれた欲楽の日々を送られた。しかし、突然、人間苦に直面し、二十九歳のとき、その直前に生まれた実子ラーフラ（羅睺羅《らごら》、「障害」の意）も妻も王国も捨て、アノーマー河辺で出家された。そして約六年間、修行と苦行を重ねられた。最初は禅定家《ぜんじょうか》アーラーラ・カーラーマについて、つぎにウダカ・ラーマプッタについて修行したが最終の智慧が得られず、二人を離れられた。そこで止息禅《しそくぜん》や断食などによる苦行生活に入ったが、なお智慧の獲得にいたらず、これをも捨てられた。そして三十五歳のとき、ブッダ

仏伝四相（上より涅槃・初転法輪・降魔成道・誕生）を表した浮彫（サールナート）

ガヤーの、ネーランジャラー河の岸辺にある菩提樹（アッサッタ樹）の下に静かに坐り、成道《じょうどう》された。縁起《えんぎ》の法を覚り、菩提《ぼだい》の智を確立された。

それよりバーラーナシーにおいて、かつて修行仲間であった五比丘《びく》に最初の説法（初転法輪《しょてんぼうりん》）を行ない、以後約四十五年間、四諦・八正道（中道《ちゅうどう》）による法をあらゆる階層の人々に説かれ、慈悲を示された。そして八十歳のとき、クシナーラーで静かに入滅《にゅうめつ》（般涅槃《はつねはん》）された、と。これが歴史的に、あるいは伝記によって知られる釈尊の生涯の概略である。

これから私たちは、つぎのように学ぶことができるであろう。すなわち、

(1)王宮（在家《ざいけ》）は「**楽の生活**」であり、いわば生《しょう》、有《う》、常《じょう》、語、動、村（町・都）ということばで捉えられる世界である。

(2)つぎに苦行林《くぎょうりん》（出家）は「**苦の生活**」であり、いわば死、無、断《だん》、黙、静、森（林・山）ということばで捉えられる世界である。

(3)つぎに菩提樹下《げ》（成道）は「**中《ちゅう》の生活**」であり、いわば涅槃《ねはん》、寂静《じゃくじょう》、自利利他《じりりた》円満、一切処《いっさいしょ》ということばで捉えられる世界、仏の世界である。

つまり釈尊の一生は、いわば楽・苦・中という三種の経験的要素にまとめられるということであ

る。それは、「仏の経」の説示法《せつじほう》として導入されている「楽味《らくみ》」「危難《きなん》」「出離《しゅつり》」という三要素と一致する。経はつねに自己の経験的な事実に基づいて語られるものである。欲望が叶い、喜び（楽味）、叶わず、悩み（危難）、そこで欲望を離れ（出離）、超え、安らぎ（中）を得る。在家より出家し、解脱《げだつ》を得る。自ら智慧を得て、慈悲（他が智慧を得る説法）を示す。この釈尊の伝記・仏伝は道を求める者に不可欠な指針であり、教法《きょうほう》そのものである。

なお私たちには、このような歴史上の時間空間に限定される「釈迦牟尼」に対して、永遠の時間空間に限定されない無量《むりょう》の仏が知られている。たとえば、後代の大乗仏典に説かれる「阿弥陀《あみだ》」（Amita無量）である。それは久遠《くおん》の昔に、法蔵《ほうぞう》菩薩として衆《しゅ》生《じょう》救済のために四十八願《しじゅうはちがん》を発《おこ》し、仏となり、西方《さいほう》の極楽浄土《ごくらくじょうど》におられるという無量の寿命（慈悲）をそなえた無量寿仏《むりょうじゅぶつ》であり、また無量の光明（智慧）をそなえた無量光仏《むりょうこうぶつ》である。

このように、釈迦牟尼仏という歴史上の仏身《ぶっしん》（応《おう》身《じん》）のほかに、阿弥陀仏のような無量の仏身（法身《ほっしん》・報身《ほうじん》）も知られるが、いずれにしても、「仏」はすべ

苦行する釈尊（ガンダーラ）

て「智慧」「慈悲」を体《たい》とするものであることに変わりがない。それは、人間として願い求めるべきものがつねに智慧と慈悲にあることを教えている。

――「如来《にょらい》」とは何か

仏には、すぐれた十種の徳があるとされる。それは「**如来の十号《じゅうごう》**」（仏の十号）と呼ばれるものであり、長部第二『沙門果経《しゃもんかきょう》』に、つぎのようなことばがある。

「世尊《せそん》はつぎのようにいわれた。『大王よ、この世に如来が現われております。すなわち、阿羅《あら》漢《かん》であり、正自覚者《しょうじかくしゃ》であり、明行足《みょうぎょうそく》であり、善逝《ぜんぜい》であり、世間解《せけんげ》であり、無上士《むじょうし》であり、調御《じょうご》丈夫《じょうぶ》であり、天人師《てんにんし》であり、仏《ぶつ》である世尊です』」

と。これは、父王を殺《あや》めて苦悶するマガダ国王（阿闍世《あじゃせ》）に、釈尊が説法を開始された箇所である。

(1)「**阿羅漢**」とは煩悩から遠い者、煩悩という敵を破る者、(2)「**正自覚者**」とは正しく自らすべての法を覚る者、(3)「**明行足**」とは漏尽智《ろじんち》などの八明《はちみょう》と第四禅《だいしぜん》などの十五行《ぎょう》とをそなえる者、(4)「**善逝**」とは清浄《しょうじょう》・涅槃に正しく行く者、正しく語る者、(5)「**世間解**」とは行《ぎょう》・有情《うじょう》・空間の世界を了解《りょうげ》する者、(6)「**無上士**」とは戒などの徳がこの上なくすぐれている者、(7)「**調御丈夫**」とは調御《じょうご》されるべき者を調御する者、(8)「**天人師**」とは諸天や諸人を教誡《きょうかい》する者、(9)「**仏**」とは解脱《げだつ》究竟智《くきょうち》により、四諦を自ら覚り、他の有情も覚らせる者、(10)「**世尊**」とは自在《じざい》、出世間法《しゅっせけんほう》、名声、相好《そうごう》などをそなえる世界の師をいう。大乗仏典には、一般に「如来・応供《おうぐ》・正遍知《しょうへんち》・明行足・善逝・世間解・無上士・調御丈夫・天人師・仏・世尊」と示され、その徳（名）は十一種のように数えられるが、これは「如来」が、「応供」から「世尊」にいたる十号をもつものである、と解される。

スリランカの古都・アヌラーダプラの仏坐像

この十種の徳、あるいは仏の別名から、仏は「覚る者」であり、「正しく語る者」であることが知られる。それは、知るお方、智慧のお方であり、説くお方、慈悲のお方である、ということにほかならない。仏、あるいは如来は、このような智慧と慈悲をそなえたお方である。私たちが合掌し、仏を念じ、仏の御名《みな》を称えるのは、すべてこの智慧と慈悲の徳に学び、習い、仏に近づくためである、といってよいであろう。この如来の十号に仏の教えのすべてがあるのである。

ところで、ここに述べられている「如来」とはどのようなお方であるのか。如来とは仏のことを指すが、このことばは釈尊がご自分を含む仏を指す場合にしばしば用いられる表現である。

これは非常に広い、また深い意味をもち、最初に基本的に理解されねばならない語のように思われる。『世界経《せかいきょう》』（増支部《ぞうしぶ》・四法集《しほっしゅう》）に示されている「如来と呼ばれる八種の根拠」のうちの第六を見てみよう。

「比丘たちよ、如来がよく覚る夜と入滅する夜との、この間に語られ、話され、説かれるそのすべては、真実そのものであり、異なるものではありません。それゆえ、如来といわれます」

とある。この趣旨は、如来は成道《じょうどう》（煩悩の滅尽《めつじん》）のときから、入滅（生存素因、つまり五蘊《ごうん》の滅尽）のときまで、覚りの智慧をもって真実を語る者である、ということである。釈尊についていえば、三十五歳の成道のときから、八十歳の入滅のときまで、つねに智慧をもって真実（四諦・涅槃）を語られ、その意味において慈悲を示された、ということになる。

「**如来**」（Tathāgata タターガタ）については、パーリ仏典、および諸註釈書によれば、八種、あるいは十六種の語義解釈がなされているが、その内容からはつぎのような二種にまとめられる。

(1)「そのとおりに（tathā タター＝如）」、「知る（gata ガタ＝来）」「語る（gada ガダ＝gata ガタ＝来）」から如来である。

あるいは、

(2)「真実（tatha タタ＝如）に」「来る（āgata アーガタ）＝来」、「真実（tatha タタ＝如）を」「見る（āgata アーガタ＝来）」から如来である。

その形式、文字からは、漢訳語には「如来」(tathā-āgata / tatha-āgata)と「如去《にょこ》」(tathā-gata / tatha-gata)とがあり、原意からいえば、-āgata は「来」、-gata は「去」であり、その相違について丁寧な説明を要するが、内容は二種に限定されるといってよい。

如来とは、真実(四諦・涅槃)を知るお方、智慧によって語るお方である。そのとおりに知り、そのとおりに語るお方、如是《にょぜ》のお方である。このように「如来」は、いわゆる人格的な内容としては「智慧慈悲のお方」と解される。しかし、また「如是のお方」でもあることから、パーリ仏典には、この語が非人格的な真実そのもの、法性《ほっしょう》を示すものとして現われる場合も見られる。

「仏」と「如来」の特性を区別することは難しいが、「仏」は智慧の仏性《ぶっしょう》により、「如来」は如是の法性により、仏の徳を示す語と解されてよいかと思われる。

パーリ仏典

――パーリという仏典

いかなる仏の経もすべて仏の経であり、いかなる仏典もすべて仏典である。ここにいう「パーリ仏典」とは何か、そのことばの意味を見てみよう。

アヌラーダプラの仏塔

まず、形式からいえば、それは、いわゆる「上座部《じょうざぶ》仏教」（Theravāda Buddhism）の聖典であり、そこには、すぐれた長老《テーラ》たちによって実践され、説《ヴァーダ》かれ、伝持《でんじ》された仏《ブッダ》の教え《サーサナ》、すなわち経《きょう》・律《りつ》・論《ろん》の三蔵《さんぞう》の一切を見ることができる。本書において「伝統の仏教」もしくは単に「伝統」といった場合は、この上座部仏教をさしている。

また、すべてはパーリ語で綴《つづ》られ、地理的には、南方のスリランカ、ミャンマー、タイ、カンボジア、ラオスを中心に伝播《でんぱ》した仏教の聖典であり、仏のことばの宝庫である。パーリ語仏教聖典、すなわち、「パーリ語による仏教の聖典」である。

「パーリ語」とは、釈尊が使用された言語であり、仏教の聖典語である。系統としてはインド・ヨーロッパ語族の中期インド・アーリヤ語に属する。一般に公用語・雅語とされるサンスクリット語に対して、自然語・俗語とされるプラークリット語の一種と見られ、しかも混成語、文芸語の様相を帯びている。

また「パーリ」（pāli）とは元来、線（line）、列を意味し、基準、聖典をさすことばである。キリスト教の正典（canon）は茎《くき》（cane）を原意とし、物指し、基準、規範をさすことばであるとされるが、それと同様に解されてよい。このパーリという語は、とくにスリランカで、五世紀頃に、伝統の註釈書（アッタカター）に対する「聖典」を示すことばとして用いられた。その頃には「パーリ語」という名称がなく、諸註釈書ではこの聖典語を「マガダ語」（Māgadhī）とか「根本語」（mūla-bhāsā）と呼んでいた。それは、パーリ語が、最初の結集《けつじゅう》（仏典の編纂と合誦《ごうじゅ》）が行なわれたインドのマガダ地方に関わる言語であり、釈尊のことばの根本であることを示すものであろう。パーリ語の故郷をめぐっては、東方、西方などの諸説があり、定説を見ない。なお「パーリ」が「パーリ語」の意味で用いられたのは遅く、十四世紀の頃とされる。

つぎに、内容からいえば、パーリ仏典とは、原始仏教聖典、すなわち、「原始仏教という仏教の聖典」「パーリという仏典」である。すでに見たように、「パーリ」とは聖典、すなわち仏の教えである。いわゆる「原始仏教」である。

ここで、原始仏教とは何かに触れておこう。これは、わが国の学界において名づけられた学術用語であるが、「釈尊の仏教」を意味し、原初の仏教、根本の仏教をさす。「仏の教え」である。それは、初期仏教とか、中期仏教、後期仏教、といった時代や歴史に限定されるものではない。また、インドとか、スリランカ、ミャンマー、タイ、あるいは、チベット、中国、台湾、韓国、日本といった地域や民族、文化に限定される仏教でもない。あるいはまた、大乗《だいじょう》仏教とか小乗《しょうじょう》仏教といった優劣を争うような教理に限定されるものでもない。それぞれの名前をもつ仏教の、その原初、根本になる教えであり、「仏教」そのものである。すなわち「如来の教え」であり、いかなる時間にも空間にも限定されない、いつどこでも知られる、「今ここの仏教」である。

パーリ仏典のどこを繙《ひもと》いても、何ものかに限定され、制約された教えを見ることはできないであろう。なぜなら、仏は、私たちがどの時代にあっても、どの地域にあっても、どの民族にあっても、一人の人間としてどのようにすれば、今ここに苦しみを離れ、自由になり得るかを示すお方だからである。

——内　容

では、パーリ仏典の具体的な内容、あるいは趣旨は何であろうか。

すでに見たとおり、釈尊は、「仏」（ブッダ）として、あらゆる人々にその「法《ほう》」（ダンマ）を説かれた。そこで、仏に学ぼうとする出家《しゅっけ》の弟子が現われ、その弟子集団である僧団、すなわち「僧《そう》」（サンガ）が誕生した。先に男性の比丘《びく》僧団が、後に女性の比丘尼《びくに》僧団が成立した。この先と後のもつ意味は重い。また、仏に近づき学ぼうとする在家《ざいけ》の弟子が現われ、男性信者（優婆塞《うばそく》）衆と女性信者（優婆夷《うばい》）衆が形成された。そして、比丘と比丘尼を中心とし、男性信者と女性信者を周縁とする「四衆《ししゅ》」が成立した。

これがいわゆる仏教成立の概要である。

仏教はこのように出家の「僧」、あるいは出家・在家の「四衆」からなるが、釈尊は、僧のために「律《りつ》」を制定され、四衆のために「法」を説示《せつじ》された。


「アーナンダよ、私がそなたたちのために説示し制定した法と律が、私の亡き後、そなたたちの師なのです」

（長部《ちょうぶ》第一六『大般涅槃経《だいはつねはんぎょう》』第八六節）


このことばから明らかなように、「法《ダンマ》と律《ヴィナヤ》」こそ釈尊の仏教、原始仏教、「教え」の内容である。パーリ仏典の内容はこの「法と律」にほかならない。法と律と師、法と僧と仏、すなわち、仏と法と僧の一如《いちにょ》、一体を示すものでもある。

なお、ここで私たちは、法と律がその根幹において異なるものではなく、不離一体であることに注意したい。もちろん、ことばの上で両者の意味は異なるが、根本義からいえば、「律」は僧（僧団）を「清浄《しょうじょう》」と「和合《わごう》」に導くものであり、「法」もまた一人一人に「智慧」（清浄）と「慈悲」（和合）を示すも

ミャンマーの在家信者（シェーダゴン・パゴダ）

のだからである。別ないい方をすれば、「律」は調伏《ちょうぶく》の意味をもち、強制力のあるものと見なされるが、その保持は出家者の自由意思に任され、もしも保持されなければ還俗《げんぞく》するのみ、出家者の学びはつねに清浄と和合にあるということである。

仏教における出家、還俗は、個々人の自由であり、強制されない。それは、教えに説かれる自由、解《げ》脱《だつ》、智慧と異なるものではない。因果《いんが》の道理、縁起《えんぎ》によるものである。この法と律の関係は、私たちが人間社会の秩序を保つために不可欠とする慚《ざん》（内の恥じらい）と愧《き》（外の恥じらい、恐れ）のようなものであろう。

さて、この「法と律」からなるパーリ仏典の内容についてまとめてみよう。

(1)まず、それは、四衆に対して、釈尊が、成道《じょうどう》から入滅《にゅうめつ》までの約四十五年間に説かれた教えであり、八万四千の法門《ほうもん》である。まさに無数であり、それは無数の人々の悩みや苦しみに応える法門ということにほかならない。

(2)簡略にいえば、それは、釈尊によって、最初の説法である『転法輪経《てんぽうりんきょう》』（律蔵《りつぞう》「大品《だいぼん》」、相応部《そうおうぶ》「諦相応《たいそうおう》」）に示された「四諦《したい》」、あるいは「八正道《はっしょうどう》」（中道《ちゅうどう》）の教えに始まり、最後の説法である『大般涅槃経』（長部第一六第八四節）に示された「八正道」（聖道《しょうどう》）の教えに終わるものである。

(3)また、それは、バーラーナシーの鹿園林《ろくおんりん》（サールナート）で「最初の阿羅漢《あらかん》」になったアンニャーシ・コンダンニャ（阿若憍陳如《あにゃきょうじんにょ》「覚《さと》ったコンダンニャ」）長老への説法に始まり、クシナーラー（クシナガラ）で「最後の阿羅漢」になったスバッダ長老（コンダンニャ長老の弟とされる最後の直弟子）への説法に終わるものである。

⑷すなわち、それは、「阿羅漢の仏」から「阿羅漢の弟子」に伝えられる法の世界を語るものである。『法華経《ほけきょう》』（方便品《ほうべんぼん》）のことばを借りるならば、「唯仏与仏《ゆいぶつよぶつ》、乃能究尽《ないのうぐうじん》、諸法実相《しょほうじっそう》」の仏と仏が究尽する実相、法性《ほっしょう》（真実）を説いている。

このようにパーリ仏典は、釈尊が四十五年間に、仏の務めとして、慈悲により、あらゆる人々の智慧のために説かれた教えである。しかし、それもまた、

「いかなるものも移ろい行きます。怠ることなく努めなさい」

（長部第一六『大般涅槃経』第八八節）

と告げられた最期のことばにある「怠らないこと」（不放逸《ふほういつ》）という一語に収まる、といってよい。伝統の註釈書が示すとおりである。

――結《けつ》　集《じゅう》

釈尊の入滅後、僧団は、ただちに「結集」と呼ばれる仏典の編纂と合誦《ごうじゅ》を行なった。それは仏教滅亡

の危機感を背景とし、正法《しょうぼう》の護持《ごじ》、久住《くじゅう》を目的とするものであった。正法とは「教《きょう》」「行《ぎょう》」「証《しょう》」、すなわち、教え（三蔵《さんぞう》）、実践（行道《ぎょうどう》）、覚り（諦《たい》の証得《しょうとく》）からなる仏教の全体である。仏教の歴史においては、つねに邪法《じゃほう》に対する正法への意識が結集となり、第一結集から、仏暦二五〇〇年、すなわち一九五六年のミャンマーにおける第六結集まで、合計六回の結集が数えられる。

その最初の第一結集は、『律蔵』などによれば、五百人結集と呼ばれ、マハーカッサパ（摩訶迦葉《まかかしょう》）長老を主とする五百人の阿羅漢比丘により、マガダ国の首都ラージャガハ（王舎城《おうしゃじょう》）に近いヴェーバーラ山腹の七葉窟《しちようくつ》で行なわれた。

その最大の動機、理由は、釈尊入滅《にゅうめつ》の直後に、スバッダという老比丘（スバッダ阿羅漢とは別人）が吐いたつぎの暴言にあったようである。

「友らよ、悲しむことはない。嘆くことはない。われわれはあの大沙門《だいしゃもん》（釈尊）から解放された。『これはそなたたちに相応《ふさわ》しい。これはそなたたちに相応しくない』とわれわれは悩まされてきたが、これからは、われわれが欲することをし、欲しないことはしなければよい」

（律蔵「小品《しょうぼん》」五百結集犍度《ごひゃくけつじゅうけんど》）

と。まさに仏と法と律とに対する不信であり、邪見である。教えのもとにありながら教えに背《そむ》き、虚妄を喜ぶ者のことばである。僧団に大衝撃を与えた一言である。

これを聞いたマハーカッサパ長老は仏教の危機を感じ、憂慮した。そして「そなたたちのために説示《せつじ》し制定した法と律が、私の亡き後、そなたたちの師なのです」と、かつて釈尊が語られたことばを思い、正法護《ご》持《じ》の念を強くした。さらに、釈尊によって自分がいかに教導《きょうどう》され、愛護されたかを想起した。すなわち、

「『カッサパよ、そなたは私が捨てるもろもろの麻《あさ》の糞掃衣《ふんぞうえ》を受持《じゅじ》しますか』
『尊師よ、私は世尊がお捨てになるもろもろの麻の糞掃衣を受持します』」
（相応部《そうおうぶ》「カッサパ相応」『衣経《えきょう》』）

との会話にあるように、「伝衣《でんね》」とされる仏の衣を受持したことである。また、

マハーカッサパ（敦煌）

「比丘たちよ、私は、希望するとおりに、もろもろの欲を離れ……遠離《おんり》から生じる喜びと楽のある、初禅《しょぜん》に達して住みます。比丘たちよ、カッサパもまた、希望するとおりに、もろもろの欲を離れ……遠離から生じる喜びと楽のある、初禅に達して住みます」
（相応部「カッサパ相応」『禅通智経《ぜんつうちきょう》』）

などの仕方で、初禅から漏尽智《ろじんち》にいたる九次第定《くしだいじょう》（四《し》禅《ぜん》・四無色定《しむしきじょう》・想受滅定《そうじゅめつじょう》）と六通智《ろくつうち》（六神通《ろくじんづう》）の獲得が

仏と同じように自在であることなどの、すぐれた「行仏威儀《ぎょうぶついいぎ》」(仏の行ないをする)の称賛を受けたことであった。

「摩訶迦葉はすでに釈尊の嫡子《ちゃくし》として法蔵《ほうぞう》の教主《きょうしゅ》たり」(『正法眼蔵《しょうぼうげんぞう》』「仏教」)

とは、この頭陀《ずだ》第一にして行持綿密《ぎょうじめんみつ》の長老に対する道元禅師《どうげんぜんじ》の賛辞である。

このように、マハーカッサパ長老は、仏教への危機感、正法護持の念、釈尊による摂取《せっしゅ》、そして仏子《ぶっし》たる自覚をもって、法と律の結集を決意した。

それより、マハーカッサパ長老が主となり、律の責任者に持律《じりつ》第一のウパーリ長老が、法の責任者に多聞《たもん》第一のアーナンダ長老が選ばれた。

まず最初に「律の結集」が行なわれた。それは「律は仏教の命である。律がとどまれば教えもとどまる」との理由からであった。それより、マハーカッサパ長老とウパーリ長老との問答によって「両分別《りょうふんべつ》」「犍度《けんど》」「付随《ふずい》」が確定された。そしてこれが「律蔵《ヴィナヤ・ピタカ》」と呼ばれ、ウパーリ長老によって受持された。

つぎに「法の結集」が行なわれ、マハーカッサパ長老とアーナンダ長老との問答によって「長部《ちょうぶ》」「中部」「相応部」「増支部《ぞうしぶ》」の四部の諸経が確定された。そして、長部はアーナンダ長老、中部はサーリプッタ長老の弟子たち、相応部はマハーカッサパ長老、増支部はアヌルッダ長老によって受持された。それから、この四部に含まれない諸経が「小部」として確定された。このようにして、「五部」が確定された、これが「経蔵《スッタ・ピタカ》」と呼ばれた。

以上で、「経蔵」と「律蔵」が確定され、合誦され、第一結集のすべてが終了したという。

なお、法の結集は「長部」の「戒蘊篇《かいうんへん》」の『梵網経《ぼんもうきょう》』に始まるが、それは、「信《しん》」（諸善法《しょぜんぽう》の種）をもたらし、「戒」（教えの初め）を示し、「邪見の解放」に導くもの、との理由からであった。それが、スバッダ比丘の「仏と法と律とに対する不信と邪見」を対治《たいじ》する「信と正見《しょうけん》」であろうことは想像に難くない。

「この愚癡《ぐち》のひとすでに誹謗《ひほう》を生ず、いづくんぞ仏土《ぶつど》に願生《がんしょう》する理あらんや。たとひたゞかの安楽に生ぜんことを貪《とん》して生《しょう》を願《がん》ぜんは、また水にあらざるこほり、けぶりなき火をもとめんがごとし、あにうることはりあらんや」（『教行信証《きょうぎょうしんしょう》』「信巻《しんかん》」）

と親鸞聖人《しんらんしょうにん》も言及されたように、仏のもとで仏を誹謗する者に安らぎの成就はない。仏教の学びは「信と正見」に、先のことばを用いれば「清浄と和合」にしかないからである。結集の因縁《いんねん》から私たちが学ぶものは多い。

――パーリ三蔵

パーリ仏典は、基本的には「法と律」を内容とし、具体的には「経蔵」と「律蔵」からなるものである。すでに見たように、第一結集ではその二蔵が確定されたのであった。しかし、やがて「法」を理論的に整えた、いわゆる「論《ろん》」（アビダンマ）が生まれ、「論蔵《アビダンマ・ピタカ》」にまとめられた。その確定は、紀元前三世紀のモッガリプッタ・ティッサ長老を主とする第三結集によるとされる。

論は「勝法《しょうほう》」とも訳されるように、すぐれた法、勝義《しょうぎ》の教えである。詳細な法の分析と考察をその特徴とするが、それ自体は釈尊ご自身による深い洞察に始まるものである。このように、論蔵が確定されてからは、三蔵《さんぞう》が教えであり、聖典であり、パーリ仏典であると見られた。諸註釈書が説明するところである。

以下に、その「三蔵」の構成を、項目によって示しておきたい。

律　蔵

1. 両分別（個人の生活規則、戒本・解説、六四誦唱分《じゅしょうぶん》〔一誦唱分は八千音節〕）
   - (1)大分別（比丘戒）　二二七戒
   - (2)比丘尼分別（比丘尼戒）　三一一戒
2. 犍　度（僧団の運営規則、八〇誦唱分）
   - (1)大《だい》　品《ぼん》（大の篇）　一〇集
   - (2)小　品（小の篇）　一二集
3. 付　随（律の付随的説明、二五誦唱分）

経　蔵

1. 長　部（三篇・三四経・六四誦唱分）　〔**漢訳・長阿含経《じょうあごんきょう》に相当**〕
   - (1)戒蘊篇

---

(2)大　篇
(3)パーティカ篇

2. 中　部（三篇・一五二経・八〇誦唱分）　［漢訳・中阿含経に相当］
(1)根本五十経篇
(2)中分《ちゅうぶん》五十経篇
(3)後分《ごぶん》五十経篇

3. 相応部（七七六二経・一〇〇誦唱分）　［漢訳・雑《ぞう》阿含経に相当］

4. 増支部（九五五七経・一一〇誦唱分）　［漢訳・増一《ぞういつ》阿含経に相当］

5. 小　部（一五経）
(1)『小誦《しょうじゅ》』(2)『法句』(3)『自説』(4)『如是語《にょぜご》』(5)『経集《きょうしゅう》』(6)『天宮事《てんぐうじ》』
(7)『餓鬼事《がきじ》』(8)『長老偈《ちょうろうげ》』(9)『長老尼偈《ちょうろうにげ》』(10)『本生《ほんじょう》』(11)『義釈《ぎしゃく》』(12)『無碍解道《むげげどう》』
(13)『譬喩《ひゆ》』(14)『仏種姓《ぶつしゅしょう》』(15)『所行蔵《しょぎょうぞう》』

論蔵
1.『法集論《ほっしゅうろん》』2.『分別論《ふんべつ》』3.『界論《かい》』4.『人施設論《にんせせつ》』5.『論事《ろんじ》』6.『双論《そう》』
7.『発趣論《ほっしゅ》』

以上の三蔵のうち、律蔵は両分別・犍度・付随からなり、いわゆる戒律を内容とする。経蔵は五部からなる経の集成であり、三十七菩提分法《さんじゅうしちぼだいぶんぽう》（四念処《しねんじょ》・四正勤《ししょうごん》・四神足《しじんそく》・五根《ごこん》・五力《ごりき》・七覚支《しちかくし》・八正道《はっしょうどう》）をふくむ法を内容とする。論蔵は七論からなり、蘊《うん》・処《しょ》・界《かい》、世間・出《しゅっ》世間などのすぐれた法、勝義の法を内容とする。

このように三蔵は聖典として、すべて重要なものである。しかし、仏滅《ぶつめつ》後は、第一結集において「律蔵」が「経蔵」に先んじて確定されたように、とくに第三結集以後、諸註釈書では、教えの存続において、三蔵のそれぞれに重要性の順位があることを伝えている。律蔵、経蔵、論蔵の順に、律蔵はまた戒《かい》本《ほん》（パーティモッカ）、両分別、犍度、付随の順に、その重要性が認められるという。すなわち、律蔵が、また戒本がとどまる限り、教えはとどまる、と。

その他、全体的な特徴として、律蔵は「増上戒学《ぞうじょうかいがく》」「大小律儀話《だいしょうりつぎわ》」（戒律の修行を進め、大小の律儀を説く）を、経蔵は「増上心学《ぞうじょうしんがく》」「邪見解放話《じゃけんげほうわ》」（心の修行を進め、邪見から離れる）を、論蔵は「増上慧学《えがく》」「名色識別話《みょうしきしきべつわ》」（智慧の修行を進め、自己の存在を分析する）を示すものであるとされる。

仏の教えは、このようなパーリ仏典という、いわば目に見えることばや文字の理解をとおして知られるが、そこには自ずから限界がある。すべては、私たちの現実生活をとおして、すなわち仏法《ぶっぽう》によって、自ら肯《うなず》けるものになるであろう。

仏語《ぶつご》の世界

――仏語の分類

仏教は、厖大《ぼうだい》な聖典を有することから、聖典宗教と呼ばれることがある。たしかにパーリ仏典は、三《さん》蔵《ぞう》を完備し、厖大である。この巨大ともいうべき仏典を理解するために、すでにいくつかの要点に触れたが、これより、「仏語《ぶつご》」を取り上げ、仏典の全体的な把握に努めたいと思う。

仏語（Buddha-vacana）とは、仏のことば・仏典・一切経《いっさいきょう》をさしている。

「仏語は実《じつ》にして虚《むな》しからず」（『法華経《ほけきょう》』如来寿量品《にょらいじゅりょうほん》）

「仏陀《ぶつだ》は三十成道《じょうどう》より、八十御入滅《ごにゅうめつ》にいたるまで、五十年が間、一代の聖教《しょうぎょう》を説き給へり。一字一句、皆真言《しんごん》なり」（『開目抄《かいもくしょう》』）

「たゞふかく仏語を信じて専注奉行《せんちゅうぶぎょう》すべし」（『選択本願念仏集《せんちゃくほんがんねんぶつしゅう》』『教行信証《きょうぎょうしんしょう》』信巻《しんかん》）

とも説かれることばである。だれも大事にしてきた真実の教えである。

伝統の解釈によれば、仏語はつぎの六種に分類し説明される。

(1)仏語は「味《み》」によれば一種である。

(2)仏語は「法《ダンマ》と律《ヴィナヤ》」によれば二種である。

(3)仏語は「初《しょ》・中《ちゅう》・後《ご》」によれば三種である。

また、仏語は「蔵《ぞう》」（ピタカ）によれば三種である。

⑷仏語は「部《ぶ》」（ニカーヤ）によれば五種である。
⑸仏語は「分《ぶん》」によれば九種である。
⑹仏語は「法蘊《ほううん》」によれば八万四千種である、

と。このうち、第一の分類によれば、世尊が成道から入滅までの四十五年間に説かれた教えのすべては、ただ一味《いちみ》、「解脱味《げだつみ》」のものである。仏語・仏典は解脱、慧《え》解脱、すなわち智慧、般若《はんにゃ》からなる。心《しん》解脱・慧解脱の阿羅漢《あらかん》弟子が集う説法に始まる大乗仏典『大般若波羅蜜多経《だいはんにゃはらみたきょう》』もここから出発し、ここに帰着する。

第二の分類によれば、仏典は「法《ダンマ》と律《ヴィナヤ》」、経蔵《きょうぞう》と律蔵《りつぞう》の二蔵からなる。ただし、この場合の「経蔵」は、三蔵の「経蔵」とは異なり、律蔵の「律《ヴィナヤ》」を除く残りの仏語である「法《ダンマ》」からなる。すでに見たとおりである。

第三の分類によれば、仏典は、仏の最初のことば、中間のことば、最後のことば、という三種からなる。「最初のことば」とは、つぎの成道時のものをいう。

「家の作者を探し求め　幾度も生まれ、輪廻《りんね》の中を
得ることもなく、さ迷った　再三再四の生まれは苦なり」
「家の作者よ、お前は見られた　二度と家を作りえず

お前の垂木《たるき》はすべて折れ　棟木《むなぎ》も破壊されている
私の心は無作《むさ》にいたり　渇愛《かつあい》の滅《めつ》に到達す」
（『法句』第一五三～一五四偈）

と。自己という五蘊《ごうん》、苦の作者を探し、あの世、この世をさ迷った。今や作者である渇愛《かつあい》を見た。煩悩は消え、無明《むみょう》は滅《めつ》し、私は寂滅《じゃくめつ》・涅槃《ねはん》に達した、との趣意である。これは、『律蔵《りつぞう》』（大品《だいぼん》）の「縁起《えんぎ》の偈《げ》」に先立つ偈とされる。

また、「最後のことば」とは、つぎの入滅時のものをさす。

「さあ、比丘《びく》たちよ、今やそなたたちに告げます。『いかなるものも移ろい行きます。怠ることなく努めなさい』」（長部《ちょうぶ》第一六『大般涅槃経《だいはつねはんぎょう》』第八八節）

と。この両者の間、四十五年間に語られたものが「中間のことば」である。このように、仏典は初・中・後のことばによれば三種である。

また、第三の分類によれば、仏典は律蔵・経蔵・論蔵《ろんぞう》という三種からなる。これはすでに見たとおりである。

第四の分類によれば、仏典は長部・中部・相応部《そうおう》・増《ぞう》

釈尊が成道した金剛宝座（ブッダガヤー）

支部《し》・小部の「五部」からなる。ただし、この場合の五部は、先に見た経蔵のみを内容とする一般的な五部ではない。最広義の五部であり、仏典全体、経・律・論の三蔵をさす。すなわち、長部・中部・相応部・増支部の四部《しぶ》と、四部以外の全仏語（『小誦《しょうじゅ》』に始まる一五経、律蔵・論蔵のすべて）を含む小部とからなるものである。

第五の分類によれば、仏典は、⑴経《きょう》・⑵応頌《おうじゅ》・⑶授記《じゅき》・⑷偈《げ》・⑸自説《じせつ》・⑹如是語《にょぜご》・⑺本生《ほんじょう》・⑻未曾有法《みぞうほう》・⑼有明《うみょう》という「**九分教**《くぶんきょう》」からなる。

煩をいとわずこれを説明すれば、

⑴「**経**」とは、律蔵の両分別《りょうふんべつ》・義釈《ぎしゃく》（解説）・犍度《けんど》・付随《ふずい》、経蔵の『経集《きょうしゅう》』における吉祥《きちじょう》経・宝《ほう》経・ナーラカ経・迅速《じんそく》経、および、その他、経と名のつく如来の語である。

⑵「**応頌**」（祇夜《ぎや》）とは、すべての偈のある経であり、とくに相応部における「有偈品《うげぼん》」全体である。

⑶「**授記**」（解答）とは、全論蔵、偈のない経、他の八分に含まれない仏語である。

⑷「**偈**」とは、『法句』『長老偈』『長老尼偈《ちょうろうに》』、および『経集』における経という名のつかない偈のみのものである。

⑸「**自説**」とは、喜悦の智からなる偈（感興《かんきょう》の語）をともなった八二の経をいう。小部の『自説』はこれをまとめたものである。

(6)「**如是語**」とは、「たしかにこれは世尊《せそん》によって説かれた」などの仕方で説かれた一一〇経をいう。小部の『如是語』はこれをまとめたものである。

(7)「**本生**」とは、「無碍《むげ》本生」を初めとする五五〇からなる過去世《かこせ》物語（現存のものは五四七話）である。各話は現在世・過去世・両世結合の話で構成されている。

(8)「**未曾有法**」とは、「アーナンダにはこれらの四の不思議な珍しい法があります」などの仕方で始まる、稀有《けう》未曾有の法を説く経である。

(9)「**有明**」とは、『小有明《しょううみょう》経』『大有明経』『正見《しょうけん》経』『帝釈天問《たいしゃくてんもん》経』『行所分《ぎょうしょぶん》経』『大満月《だいまんがつ》経』などの、すべて智慧と満足とを得るに従って質問された経である。

このように仏典・三蔵は、その種類・形式（ジャンル）によって九種に分類し、学ばれる教えである。

第六の分類によれば、アーナンダ（阿難《あなん》）長老によって吐露《とろ》された、

「**八万二千を仏から　二千を比丘《びく》から私は受けた**
私に転起《てんき》している法は　八万そして四千なり」

（『長老偈』第一〇二四偈）

とのことばから、仏典は八万四千の法蘊《ほううん》（法の集まり）である。なお、大乗仏典の『華厳経《けごんきょう》』にも、

「**仏口《ぶっく》の妙光《みょうこう》を放つこと　八万四千数《しゅ》にして**
遍《あまね》く諸《もろもろ》の世界を照らし　衆《しゅ》の煩悩を除滅《じょめつ》す」

（『六十華厳』巻第六〇）

と説かれるように、この無数の法蘊は私たちの無数の煩悩の除滅を意味している。

以上が伝統的な仏語の分類である。これは厖大な仏典を六種の方向から分類したもので、そこには教えの優劣、深浅は見られない。いわゆる教相判釈《きょうそうはんじゃく》ではない。六種の一々がすべて仏典である。それは「仏語」、すなわちパーリ仏典が、解脱味（智慧）という一法《いっぽう》であり、法《ダンマ》と律《ヴィナヤ》・三蔵・五部・九分教・八万四千の法蘊、すなわち私たちに安らぎをもたらす万法《まんぽう》である、ということを示している。

――法の意味

仏語は法を内容とするものである。「法」はまた「仏」とともに仏教の重要なことばであり、その基礎的な理解は私たちに不可欠であろうと思われる。

1. 法の四義

まず「法」の全体的な意味を見ることにしたい。『長部註』などによれば、法《ダンマ》には四義《しぎ》、すなわち(1)徳《とく》・(2)説示《せつじ》・(3)聖典《せいてん》・(4)非実体《ひじったい》、が知られる。

(1)「徳」（guṇa）は、たとえば、

「実に法《ダンマ》と非法あり　両者は等しい果《か》のものならず

非法は人を地獄に導き　法《ダンマ》は善趣《ぜんしゅ》にいたらせる」

（『**長老偈**』**第三〇四偈**）

などのことばに見られるもので、不徳（悪行《あくぎょう》）に対する徳（善行《ぜんぎょう》）である。

(2)「**説示**」（desanā）は、たとえば、法の全体を最もよく示すつぎの一文に見られる。

「**かれ（如来《にょらい》）は、初めもよく、中間もよく、終わりもよい、内容もよく、形式もよい、完全無欠で清浄《しょうじょう》な法《ダンマ》を示し、梵行《ぼんぎょう》を明らかにします**」

（**長部第二『沙門果経《しゃもんかきょう》』第四一節、中部第二七『小象跡喩経《しょうぞうしゃくゆきょう》』第四節**）

これは、釈尊が如来として語られたことばである。ここにいわれている法は「説く教え」「示す教え」としての教法《きょうほう》である。説示される仏の法は、初めに戒《かい》、中間に中道《ちゅうどう》（八正道《はっしょうどう》）、終わりに涅槃が知られ、内容（意味）も形式（表現）もすべて「よいもの」（善）、完全なものである。

(3)「**聖典**」（pariyatti）とは、「学ぶ教え」としての経典である。

「**比丘よ、ここに比丘は、経・応頌・授記・偈・自説・如是語・本生・未曾有法・有明の法《ダンマ》を学習します**」

（**増支部・五法集『第一法住経《ほうじゅうきょう》』**）

などのことばに見られる先の「九分教」である。教《きょう》・行《ぎょう》・証《しょう》の「教」はこれをさす。

(4)「**非実体**」（nissatta）は、たとえば、つぎのことばに知られる。

「**そのとき、もろもろの法《ダンマ》が生じる、もろもろの蘊《うん》が生じる**」（『**法集論《ほっしゅうろん》**』「**心生起品《しんしょうきぼん》**」**空性分《くうしょうぶん》**）

私たちが見たり、聞いたり、考えたりするもの、そのすべてを「法」と呼ぶ。それは因縁生起《いんねんしょうき》のもの、すなわち空性《くうしょう》・無我性《むがしょう》のものである。それゆえ、法は「非実体」である。ここには「涅槃」も含まれる。なお、原意は「非有情《ひうじょう》」「非生命」、一般的にいえば「もの」（存在）を意味する。

このように伝統の解釈に従えば、法には四義があり、法の意味はすべてここに収まる。しかし、「法」は仏教において最も広い概念をもつことばであるため、原語"dhamma"を正しく捉えることは容易でない。翻訳に当たって、漢訳者も「法」「達磨《だつま》」などにとどめ、伝統の仏教国では原語のままで示すことが多い。

2．法の六徳

つぎに仏の法、とくに「法の徳」について見てみよう。これは四義の「説示」（教法）に関わり、パーリ仏典にはつぎの定型句で現われる。

「法は、世尊によってよく説かれたもの、自ら見るべきもの、時間を隔てないもの、『来たれ、見よ』というにふさわしいもの、導くべきもの、賢者たちによって各自に知られるべきものである」

（長部第一六『大般涅槃経』第二九節）

この法は、いわゆる三宝《さんぼう》の中の法宝《ほうぼう》である。帰依《きえ》三宝の根拠、仏の教えの根拠として「仏の十徳」

「僧の九徳」とともにつねに唱えられる「法の六徳」である。その内容は難解であるが、おおむね、つぎのように解されるであろう。

法は、

(1)世尊によって「**よく説かれたもの**」であり、教法（完全無欠で清浄な法）と出世間法《しゅっせけんほう》（道《どう》・果《か》・涅槃）とからなる。

出世間法としての法は、

(2)聖者が観察智《かんさつち》によって「**自ら見るべきもの**」であり、

樹下で禅定する菩薩（ガンダーラ）

(3)聖道《しょうどう》が聖果《しょうか》を与える場合、五日、七日などといった「**時間を隔てないもの**」、直ちに与えるものであり、

(4)現に存在し、完全清浄であるから、「『**来たれ、見よ**』**というにふさわしいもの**」であり、

(5)修習《しゅじゅう》（禅定《ぜんじょう》）によって有為《うい》（変化するもの）の出世間法（道・果）を自己の心に導き、聖者を無《む》為《い》（変化しないもの）の涅槃に「**導くべきもの**」

であり、

(6)「私に道が修習されている、果が得られている、滅《めつ》（涅槃）が現証《げんしょう》されている」と「**賢者たちによって各自に知られるべきもの**」である、と。

このように「仏の法」は六徳からなるものである。とくに「来たれ、見よ」といわれる法の徳は、いわゆる仏法《ぶっぽう》が私たち自身の「来る」「見る」という現実生活の外にはないことを示している。

3．説示の構成

仏は、広大な慈悲により、無量の智慧を、すべての人々に示されるお方である。智慧としての「経」（法）と、慈悲としての「説示《せつじ》」（説法）とは、つねに一枚のものでなければならない。「完全無欠で清浄な法」がそのことを示している。以下に、経の説示について、その形式、種類、運用、根本語に触れておきたい。

4．形　式

仏の経には一定の説示形式があり、その初めと終わりに工夫が窺《うかが》える。

まず経の初めには、その経の構成全体を示すことばが配置されている。たとえば、『大般若波羅蜜多経』の註釈書とされる『大智度論《だいちどろん》』（巻第一）などに説明されている「**六事成就**《ろくじじょうじゅ》」、すなわち信《しん》成就・聞《もん》成就・時《じ》成就・主《しゅ》成就・処《しょ》成就・衆《しゅ》成就の六事がある。この語を借りて、パーリ仏典『沙門果経』（長部第二）の開始部分を見てみよう。順に紹介すれば、

(1)「このように」（如是《にょぜ》）は**信の成就**、仏語に対する不信を除くことばを示す。

説法する釈尊（サールナート・日本寺壁画）

(2)「私は聞いた」（我聞《がもん》）は**聞の成就**、失念のない多聞《たもん》第一の私（アーナンダ）による聞を示す。

(3)「あるとき」（一時《いちじ》）は**時の成就**、悲《ひ》（あわれみ）の務め、利他行《りたぎょう》の時を示す。

(4)「世尊は」（仏）は**主の成就**、説法主を示す。

(5)「ラージャガハに近い、ジーヴァカ・コーマーラバッチャのマンゴー林に」は**処の成就**、1.ラージャガハという在家者《ざいけしゃ》の住む、托鉢《たくはつ》にふさわしい場所、2.マンゴー林という出家者の住む場所、この二処を示す。

(6)「千二百五十人の比丘からなる大比丘僧団《そうだん》とともに、住んでおられた」は**衆の成就**、法を聞く弟子を示す。

このように経は、原則として、いずれもこの「六事成就」の形式をもって始まり、説示される。

また、説示の形式として、経の終わりは一般に、漢訳仏典では「聞仏所説《もんぶしょせつ》、歓喜奉行《かんぎぶぎょう》」、パーリ仏典では「世尊が説かれたことに歓喜した、と」と結ばれる。最後の「と」は、最初の「このように私は聞いた」を受ける語である。

5. 種類

つぎに、仏の経は、世俗諦《せぞくたい》による「**世俗説示**」と、勝義諦《しょうぎたい》による「**勝義説示**」とによって語られている。目に見える有相《うそう》のことばと、眼に見えない無相《むそう》のことばとによる説法である。

それは、十を聞いて一を知る者のためにも、一を聞いて十を知る者のためにも説かれている、ということである。事《じ》に対する理《り》、差別に対する無差別、語に対する黙《もく》による説示、といってよい。

いずれにしても、経、すなわち法は、全自己をとおして聞かれ、見られるものであろう。二種の説示はその方便《ほうべん》である。

6. 運用

すでに釈尊の「伝記」で見たように、経はご自身の体験によって語られたことばである。

私たちはだれも、経験的事実として、楽しみ、苦しみ、そして、それらから離れるであろう。これを釈尊は、経に運用され、説示されたのである。たとえば、『梵網経《ぼんもう》』（長部第一）を初めとして、さまざまな経の中に、「**楽味**《らくみ》」「**危難**《きなん》」「**出離**《しゅつり》」という語による説示の枠組みを見ることができる。

7．根本語

また、仏の経は無数のことばで語られているが、その説示には基本となることばが用いられているといってよい。善の語と不善《ふぜん》の語である。

たとえば、パーリ蔵外《ぞうがい》（三蔵以外）文献の『指導論《しどうろん》』に示された、つぎのような「十八根本語《こんぽんご》」である。

不善の九語：渇愛《かつあい》・無明《むみょう》、　貪《とん》・瞋《じん》・痴《ち》、　浄想《じょうそう》・楽想《らくそう》・常想《じょうそう》・我想《がそう》

善の九語：止《し》・観《かん》、　無貪《むとん》・無瞋《むしん》・無痴《むち》、　不浄想《ふじょうそう》・苦想《くそう》・無常想《むじょうそう》・無我想《むがそう》

この「不善」は迷いの側であり、「楽味」「危難」の輪転《りんてん》に関わっている。渇愛・無明は十二縁起《じゅうにえんぎ》の構成要素となる直接・根本の煩悩であり、貪・瞋・痴はいわゆる三毒《さんどく》の根本煩悩である。浄想・楽想・常想・我想は、私たちが愚かな間は執着する四顛倒《してんどう》、つまり四つの誤った見方である。

これに対して、「善」は迷いのない側であり、「出離」の還転《げんてん》に関わっている。そして、「不善」の

各々はそれに対応する「善」の各々によって対治《たいじ》される。たとえば、渇愛は止による、無明は観による、浄想などの四顛倒は不浄想などの四念処《しねんじょ》による、というように。

仏の経は、このような善と不善の根本語をもって、私たちに仏の智慧を説き示すものである。

完全な経には完全な説示がある、このように信じ、学びたいと思う。

第一章　長部経典

長部《ちょうぶ》経典の構成

まず「長部」（Dīgha-nikāya）とは何か、である。長部とは、すでに見たように仏語《ぶつご》の三蔵《さんぞう》中の経蔵《きょうぞう》に属し、また五部（ニカーヤ）の一つとして、最初に置かれたものであり、分量的に「長い経典の集成」をいう。全体は、つぎの三篇・三四経からなる（以下、リストにおける明朝体の太字は本書で取り上げるものである）。

---

1. **戒蘊《かいうん》篇**（一三経）　1. **梵網経**　2. **沙門果《しゃもんか》経**　3. アンバッタ経　4. ソーナダンダ経　5. クータダンタ経　6. マハーリ経　7. ジャーリヤ経　8. 大獅子吼《だいししく》経　9. ポッタパーダ経　10. スバ経　11. ケーヴァッタ経　12. ローヒッチャ経　13. 三明《さんみょう》経

2. **大《だい》篇**（一〇経）　14. 大譬喩《だいひゆ》経　15. 大因縁《だいいんねん》経　16. **大般涅槃《だいはつねはん》経**　17. マハースダッサナ経　18. ジャナヴァサバ経　19. マハーゴーヴィンダ経　20. 大集会《だいしゅうえ》経　21. 帝釈天問《たいしゃくてんもん》経　22. **大念処《だいねんじょ》経**　23. パーヤーシ経

3. **パーティカ篇**（一一経）　24. パーティカ経　25. ウドゥンバリカ経　26. 転輪王《てんりんおう》経　27. **世《せい》起《き》経**　28. 歓喜《かんぎ》経　29. 浄信《じょうしん》経　30. 相好《そうごう》経　31. **シンガーラ経**　32. アーターナーティヤ経

33．結集経《けつじゅう》 34．十増経《じゅうぞう》

このうち、「戒蘊篇」の一三経は、人間生活に最も大事な実践の要《かなめ》となる「戒」（小戒・中戒・大戒）を根拠に、異教者（バラモン、仏教外の沙門《しゃもん》）たちが主張する単なる形而上学《けいじじょうがく》的、あるいは唯物論的な考えを退け、仏教独自の「縁起《えんぎ》」の教えを示し、その重要性を説くものである。とくに第一の『梵網経』においては「仏」をとおして仏教の根本的立場を示し、第二の『沙門果経』以下においては、仏に学ぶ「仏弟子《ぶつでし》」を中心に、そのあるべき姿を明らかにする。

「大篇」の一〇経は、「大」という名をもつすぐれた経を集め、過去仏《かこぶつ》を含む仏の伝統を示し、「仏」の徳と威力を主に説くものであるといってよい。ここには、単経として最も長く、また感動的な内容をもつ『大般涅槃経』、あるいは仏教の最も基本的かつ重要な修行道を説く『大念処経』などが含まれている。

「パーティカ篇」の一一経は、「パーティカ」という裸行者《らぎょうじゃ》の名をもつ経に始まる、種々の内容からなるものである。ここでも「仏」の徳を中心に、世界の起源（世法《せほう》と仏法《ぶっぽう》の原点）に関する教えを説く『世起経』、在家《ざいけ》信者の理想的な生活をいわば律《りつ》としてわかりやすく示した『シンガーラ経』（六方礼経《ろっぽうらいきょう》）などの興味深い経を見ることができる。

長部はこのような経の集成であり、いずれの経も物語の体裁を保ちつつ、縁起《えんぎ》、四諦《したい》の教え、あるいは八正道《はっしょうどう》（中道《ちゅうどう》）、三学《さんがく》の実践をとおして、人間の求めうる最高の智慧を明らかにし、人間の知性と努力による、最も簡素にして豊かな生活の法を私たちに示している。

なお、経典の「経」（sutta）はつぎのような意味をもつ。

(1)「よく説かれているもの」（sutta ＜ suvutta ＜ su-ukta ＜ su-$\sqrt{\text{vac}}$）。諸利益《りやく》（意味）がよく説かれているからである。

(2)「基準」。たとえば、木工職人に墨縄《すみなわ》（sutta）が基準となるように、知者に基準となるからである。

(3)「糸」。糸（sutta）で束《たば》ねられた花が散乱しないように、これによって諸利益が束ねられるからである。

『梵網経《ぼんもうきょう》』

――その概要

さて、まず『梵網経』（Brahmajāla-sutta）を見ることにしたい。最初に、全体の内容を把握するために、その梗概《こうがい》を示しておこう。

本経は、仏が、ラージャガハ（王舎城《おうしゃじょう》）とナーランダー（那爛陀《ならんだ》）の間のアンバラッティカーにある王の別荘で、比丘《びく》たちに説かれたものである。異教の師弟二人による仏教に対する非難と称賛とを理由に、二種の凡夫《ぼんぶ》による称賛を主題にして、仏の徳、法、智慧を明らかにした説法であり、二部からなっている。

第一部は、仏教外の凡夫による場合である。一般の人々は仏の徳を称賛するが、それは、いわば目に見える、身《しん》（からだ）と口《く》（ことば）とに関する戒を主とするものである。

(1)小戒　(2)中戒　(3)大戒

というように、世間で称賛される仏の戒は三種に大別される。しかしすべては仏にとってごく些細《ささい》なものであり、これよりすぐれた「法」がある、と説明される。

第二部は、仏教内の凡夫による場合である。比丘たちに称賛されるべき仏の徳、法とは何かを明らかにする。ここでは、当時の沙門・バラモンによって主張された「我《が》」と「世界」に関する形而上学的な六十二種の見解（六十二見《けん》）を網羅し、これを斥《しりぞ》ける仏の徳としての法が説かれる。まず「過去に関するもの」として、

(1)常住論《じょうじゅうろん》（四種）　(2)部分的常住論（四種）　(3)有限無限論（四種）
(4)詭弁論《きべんろん》（四種）　(5)無因生起論《むいんしょうきろん》（二種）

の計十八種の見解が考察される。ついで「未来に関するもの」として、

(1)死後有想論《うそう》（十六種）　(2)死後無想論《むそう》（八種）　(3)死後非有想非無想論《ひうそうひむそう》（八種）
(4)断滅論《だんめつ》（七種）　(5)現世涅槃論《げんせねはん》（五種）

の計四十四種の見解が考察される。そして、この六十二種の見解すべてが捉われた見地であることを指摘し、これを「空性《くうしょう》」によって退けられる。これらの見解に捉われる者には苦しみ、憂い、悩みが生じる。如来《にょらい》は六の接触処《しょ》（感官）の生起・消滅と、楽味《らくみ》・危難《きなん》・出離《しゅつり》とを如実に知り、解脱《げだつ》している、と教えられる。

本経は、「梵網」という仏の一切知智《いっさいちち》によって、仏への称賛の真意を語り、「縁起」の法をもって仏教の根本的立場を明らかにしたものである。

――如来の戒

以上の概要を踏まえ、これより具体的に『梵網経』本文を見ることにしたい。

「このように私は聞いた――

あるとき、世尊は、ラージャガハからナーランダーにいたる間の大道を、五百人の比丘からなる大比丘僧団とともに進んでおられた。

遍歴行者スッピヤもまた、ラージャガハからナーランダーにいたる間の大道を内弟子の若いブラフマダッタとともに進んでいた。その途中、遍歴行者スッピヤは、さまざまな理由で、仏を非難し、法を非難し、僧を非難した。ところが、遍歴行者スッピヤの若い内弟子ブラフマダッタは、さまざまな理由で、仏を称賛し、法を称賛し、僧を称賛した。このように、その師弟二人はたがいに正反対のことをいいながら、世尊と比丘僧団の後について行った」

（第一節）

ラージャガハ（現ラージギル）の竹林精舎跡

これは、経蔵における、第一部「長部」の、第一篇「戒蘊篇」の、第一経『梵網経』の冒頭箇所である。「長部」は信（もろもろの善法《ぜんぼう》の種子）をもたらすもの、「戒蘊篇」は戒（教えの初め）を示すもの、『梵網経』は邪見《じゃけん》からの解放に導くものである。これが第一結集《けつじゅう》の阿羅漢《あらかん》たちに共通する理解であった。

このことから、私たちは、まず『梵網経』が「信」「戒」「正見《しょうけん》」という仏教の最も重要な根本を説く経であることを知る。なぜなら、いかなる教えも、これに始まり、これを根幹とし、これに終わるからである。

最初の「このように私は聞いた」ということばは、漢訳仏典の「如是我聞《にょぜがもん》」にあたり、つねに経の始まりに置かれるものである。この経は多聞《たもん》第一の仏弟子である私アーナンダ（阿難陀《あなんだ》）が、絶対的な信をもって、浄信《じょうしん》をもって、仏からそのとおりにお聞きしたものである、との表明である。従って、私たちも、この経のすべては仏のことばであり、私一人のために説かれた教えである、と信じ、そのとおりに聞かねばならない、ということである。

さて、話は釈尊と比丘弟子たちとの遊行《ゆぎょう》に始まっているが、それはいわば一処不住《いっしょふじゅう》の生活を示すものである。仏教においては、原則として、一年のうち、雨期の四ヵ月間は智慧による屋内での生活、他の八ヵ月間は慈悲による屋外での生活が許可された。いずれの場合も住処《じゅうしょ》に執着しない無住《むじゅう》の生活、出家（離欲《りよく》）にふさわしい無所得《むしょとく》の実践が求められた。今はそのような遊行の時である。

釈尊は、大道を五百人の比丘たちと進まれ、やがてアンバラッティカー（園林《おんりん》）にある王の別荘で一夜の宿をとられた。遍歴行者の師弟二人も同宿した。しかし、そこでもまた師は仏・法・僧を非難し、弟子はそれを称賛したという。意見が対立する異教の師弟が一緒に仏の後について行く、まことに不思議な光景である。

翌朝、比丘たちは円形堂に坐り、二人の非難と称賛を話題に法談《ほうだん》を始めた。

「友らよ、なんと不思議なことであろう。友らよ、なんと珍しいことであろう。かの知るお方、見るお方であり、阿羅漢、正自覚者である世尊が、生けるものたちのそれぞれに異なる意向を、

これほどまでよく見抜いておられるとは。それというのも、この遍歴行者スッピヤがさまざまな理由から仏を非難し、法を非難し、僧を非難しているのに、遍歴行者スッピヤの若い内弟子ブラフマダッタは、さまざまな理由から、仏を称賛し、法を称賛し、僧を称賛している。しかもこうしてその師弟二人は、たがいに正反対のことをいいながら、世尊と比丘僧団の後について来ているからである」

(第三節)

話は仏のすぐれた法、洞察力としての智慧に及び、比丘たちはこれを称賛する。仏は「知るお方、見るお方」であり、阿羅漢であり、正自覚者である。

「知るお方、見るお方」とは何か。これはつぎのことを意味している。仏は、それぞれの生けるもの(有情《うじょう》)の意向・性癖を知り、一切の見られるべき法を見るお方である。宿住智《しゅくじゅうち》(過去世《かこせ》を知る智慧)などによって知り、天眼《てんげん》(超人的な眼)によって見るお方である。三明《さんみょう》・六通《ろくつう》(いずれも神通力《じんずうりき》)によって知り、一切処において無碍《むげ》の普眼《ふげん》によって見るお方である。一切法を知る慧《え》によって知り、生けるものの姿(色《しき》)を清浄《しょうじょう》な肉眼によって見るお方である。自己の利益を成就《じょうじゅ》するために、禅定《ぜんじょう》(定《じょう》)を足場とする洞察(慧)によって知り、他者の利益を成就するために、あわれみ(悲《ひ》)を足場とする説《せつ》示《じ》(慧)によって見るお方である、と。

それはまた、「仏に対する信」ということがいわれる場合、「一切知智に対する信」をさすということである。つまり、仏教の「信」には、ただ「信じること」だけではなく、つねにこの「知ること」「見ること」が含意《がんい》されている、と解されねばならない。信は智慧になるからである。

さて、このように比丘たちが話をしているとき、仏が現われ、その話の一切を確認される。そして、「非難」についてつぎのように説かれる。

「比丘たちよ、他の者たちが私を非難したり、法を非難したり、僧を非難して語った場合、そなたたちはそこで、敵意をいだいたり、憂えたり、心で憤慨したりしてはいけません。比丘たちよ、他の者たちが私を非難したり、法を非難したり、僧を非難して語った場合、もしそなたたちがそこで、怒ったり、不快になったりするならば、それはそなたたちにのみ障害となるでしょう。……比丘たちよ、他の者たちが私を非難したり、法を非難したり、僧を非難して語った場合、そなたたちはそこで、事実でないものは事実でないとして、はっきり説明すべきです」（第五節）

と。また、「称賛」についてつぎのように説かれる。

「比丘たちよ、他の者たちが私を称賛したり、法を称賛したり、僧を称賛して語った場合、そなたたちはそこで、歓喜したり、喜んだり、心で小踊りしたりしてはいけません。比丘たちよ、他の者たちが私を称賛したり、法を称賛したり、僧を称賛して語った場合、もしそなたたちがそこで、歓喜したり、喜んだり、小踊りしたりするならば、それはそなたたちにのみ障害となるでしょう。

比丘たちよ、他の者たちが私を称賛したり、法を称賛したり、僧を称賛して語った場合、そなたたちはそこで、事実であるものは事実であるとして、認めるべきです」（第六節）

と。簡潔にして重要な説示である。もしも三宝《さんぼう》を非難されて敵意をいだくならば、怒りにより禅定は成就しない。また称賛されて歓喜するならば、浮《うわ》つきにより禅定は成就しない。静まりも安らぎもないであろう。非難であれ、称賛であれ、それが事実であるかどうかを必ず確認しなければならない、と。それは原因、根拠をつねに明らかにすべきことを教えている。真実の非難は不善《ふぜん》（悪）を滅ぼし、真実の称賛は善を生むからである。

「八風《はっぷう》吹けども動ぜず」（『従容録《しょうようろく》』第三三則）ともいわれるように、いかなる利《り》・衰《すい》・毀《き》・誉《よ》・称《しょう》・譏《き》・苦・楽であろうと、その事実を見るならば、心が揺らぐことはないであろう。原因をよく見るならば、結果は自ずと明らかであり、すべては静まり、安らぐ。これが仏教の基本的立場である。

本経はこの非難・称賛の「称賛」をテーマに語られたものである。そこでつぎに、一般的な凡夫によるものとして、仏の戒、「如来の戒」に対する称賛が語られる。

「ところで、比丘たちよ、凡夫が如来を称賛して語りうるのは、このごく些細な、ごく身近な単なる戒についてです。それでは、比丘たちよ、凡夫が如来を称賛して語りうる、そのごく些細な、ごく身近な単なる戒とは何か」（第七節）

「比丘たちよ、凡夫が如来を称賛して語りうるのは、つぎのようなことです。『沙門ゴータマは、殺生《せっしょう》を捨て、殺生から離れている。棒を置き、刀を置いている。恥らいがあり、慈愛があり、すべての生き物を益し、同情して住んでいる』と」（第八節）

このように凡夫は、不殺生《ふせっしょう》ないし不綺語《ふきご》の七戒《しちかい》（身三《しんさん》・口四《くし》）を含む二十六の学処《がくしょ》である「小戒」によって如来を称賛するものである。また、

「『ある尊敬すべき沙門・バラモンたちは、信者から施された食べ物で生活しながら、たとえば、根を種子とするもの、幹《みき》を種子とするもの、節《ふし》を種子とするもの、芽を種子とするもの、第五に種を種子とするもの、このような種子類、草木類の伐採《ばっさい》にふけって住んでいる。しかし沙門ゴータマは、そのような種子類、草木類の伐採から離れている』と」（第一一節）

などと、その他さまざまな「中戒」によっても如来を称賛する。また同じく、

「『ある尊敬すべき沙門・バラモンたちは、信者から施された食べ物で生活しながら、たとえば、肢体の占い、前兆の占い、天変《てんぺん》の占い、夢の占い……鳥の呪術、寿命判断、矢の護術《ごじゅつ》、獣の輪といった、このような無益な呪術によって邪《よこしま》な暮らしをしている。しかし沙門ゴータマは、そのような無益な呪術による邪な暮らしから離れている』と」（第二一節）

などと、無益な呪術による邪な暮らしを離れた、種々さまざまな「大戒」によっても如来を称賛する。

しかし、この凡夫によって称賛される一切の戒なる「如来の戒」も、如来には「ごく身近な単なる戒」でしかない、とされる。なお、大乗仏典の『梵網経』に、

「この地上の一切衆生《しゅじょう》、凡夫、痴闇《ちあん》の人の為に、我本《われもと》盧遮那《るしゃな》仏心地《ぶつしんじ》中《ちゅう》の初発心《しょほっしん》の中より、常に誦《じゅ》す所の一戒光明《いっかいこうみょう》を説く。金剛宝戒《こんごうほうかい》は是れ一切仏《ぶつ》の本源、一切菩薩の本源、仏性《ぶっしょう》種子《しゅうじ》なり」

（「盧遮那《るしゃな》仏説《ぶつせつ》菩薩《ぼさつ》心地《しんじ》戒品《かいぼん》」巻第一〇下）

盧遮那仏（東大寺・大仏）

と説かれる後代の「一戒光明」なる大乗戒は、まさしくここに語られる「ごく身近な単なる戒」すなわち「如来の戒」をさすものである。その戒はいかなる形をとろうとも、すべて自己を尊ぶ智慧であり、他者を尊ぶ慈悲の心にほかならない。

以上が本経第一部の主旨である。

――深遠なる法

『梵網経《ぼんもうきょう》』の第一部は、すでに見たように、この異教のサンジャヤを師と仰ぐスッピヤの弟子ブラフマダッタによる仏への称賛を理由に、一般に称賛される仏

の徳として「如来の戒」を明らかにしたものであった。

第二部は、その「戒」よりすぐれた「法」があることを示し、それが六十二見《けん》を一網打尽《いちもうだじん》にする、仏のみにそなわった「梵網《ぼんもう》」という「如来の一切知智《いっさいちち》」であることを明らかにするものである。つぎのことばで始まっている。

「比丘《びく》たちよ、深遠で、見難く、理解し難く、寂静で、すぐれ、推論の範囲をこえ、微妙で、賢者によって感受される、まったく別のもろもろの法があります。それは如来が自らよく知り、目のあたり見て説くものであり、それによって人々は、如来をあるがままに正しく称賛して語ることができるのです」（第二八節）

と。これは、仏の弟子であっても凡夫《ぼんぶ》には正しく称賛しえない仏の徳、甚深微妙《じんじんみみょう》の法、如来のみの語りうる唯仏与仏《ゆいぶつよぶつ》の世界を示すものである。その法は大海のように深遠であり、それゆえ見難く、理解し難い。一切の熱悩が寂滅《じゃくめつ》しているから寂静である。美味の食べ物のように満足させるからすぐれ、最上の智の領域にあるから推論の範囲をこえている。柔軟にして微細であるから微妙である。それは愚者の領域になく、賢者のみに知られるものである。

このように表現される如来の法とは何か。それは、長部《ちょうぶ》第一四『大譬喩経《だいひゆきょう》』（第六四節）、あるいは中部《ちゅうぶ》第二六『聖求経《しょうぐきょう》』（第一〇節）にも説かれるように、四諦《したい》の法であり、縁起《えんぎ》の道理をさす。後代の龍樹尊者《りゅうじゅそんじゃ》の『大智度論《だいちどろん》』（巻第一）にも、「対治悉檀《たいじしつだん》」を説明する箇所に、この法に関する引用を見ることができる。

「仏法《ぶっぽう》中に十二因縁《じゅうにいんねん》を説くこと甚深《じんじん》なり、仏《ぶつ》、阿難《あなん》に告げたまふが如し。『是《こ》の因縁の法は、甚深にして見難く、解《げ》し難く、覚《さと》り難く、観《かん》じ難し。細心巧慧《さいしんぎょうえ》の人は乃《すなわ》ち能《よ》く解《げ》す。愚癡《ぐち》の人は、浅近《せんごん》の法においても猶尚《なお》解《げ》し難し、何《いか》に況《いわ》んや甚深の因縁をや』と」

私たちは、いつも目に見えるもの、耳に聞こえるもののみにより、大小を判断する。粗いもの、部分のみを捉え、無限大、無限小の微妙を知らない。しかし、仏は因縁の法により、一切を知り、微妙を知るお方である。一切に根本を把握し、根本に一切を把握され、動揺することがない。一切知智のゆえである。

――六十二見

仏は、如来の深遠な法を示すために、その対極にある当時のインドにおける宗教・哲学・思想を網羅《もうら》する六十二種の見解を取り上げられた。それは過去と未来に関する見解からなるが、まず「過去に関する見解」について語られた。

「比丘たちよ、ある沙門《しゃもん》・バラモンたちで、過去を考え、過去に従う見解をもつ者がいます。かれらは、過去に関して十八種の根拠により、さまざまな流説《りゅうせつ》を述べています」（第二九節）

と。過去を考える見解とは、渇愛《かつあい》・邪見《じゃけん》によって過去の部分を考え、分別《ふんべつ》する見解である。常住論《じょうじゅう》（四種）、部分的常住論（四種）、有限無限論（四種）、詭弁《きべん》論（四種）、無因《むいん》生起論（二種）という五論、十八種（十八見）からなるものである。その夥《おびただ》しい数の見解とは何か。まず、各論の内容を概観したい。

⑴**常住論**とは、「我《が》と世界は常住である」との論である。沙門・バラモンたちは、禅定《ぜんじょう》により、心が安定し、心の統一を得て、ある者は①数十万生《しょう》の、ある者は②十劫《こう》（破壊と創造の十周期）の、ある者は③四十劫の、過去における種々の生存を思い出し、これを主張する。また、ある者は④推論・考察によって、これを主張する。

この四種はいずれも、自体である蘊《うん》（色《しき》・受《じゅ》・想《そう》・行《ぎょう》・識《しき》）のいずれかを「我《が》（アートマン）である」と、また「世界である」と捉え、その常住・不死・常恒《じょうごう》を説くものである。「我と世界は常住であり、生み出すこともなく、山頂のように不動であり、石柱のように直立している」などとしており、その主張は、いわゆる六師外道《ろくしげどう》の一人パクダカッチャーヤナの説に近い。なおここにいう「沙門・バラモン」とは仏教外の沙門と正統派のバラモンをさす。

⑵**部分的常住論**とは、「我と世界は、一部分が常住であり、一部分が非常住である」との論である。先の論と同様に、禅定により、①大梵天《だいぼんてん》のみが常住であり、他の生けるものは死没する、②キッダーパドーシカ（遊びによって汚れる者、楽変化天《らくへんげてん》・他化自在天《たけじざいてん》）という神々は死没するが、他の神々は常住で

ある、③マノーパドーシカ（意《い》によって汚れる者、四大王天《しだいおうてん》）という神々は死没するが、他の神々は常住である、と、また推論・考察により、④眼《げん》・耳《に》・鼻《び》・舌《ぜつ》・身《しん》といわれる我は常住でなく、心《しん》・意《い》・識《しき》といわれる我は常住である、と主張する。

(3)**有限無限論**とは、「世界は有限・無限である」との論である。禅定により、この世界は①有限であり、周囲がある、②無限であり、限界がない、③上下は有限であり、横は無限であると、また、推論・考察によって、④世界は有限でもなければ無限でもない、と主張する。

(4)**詭弁論**とは、「これが善である、これが不善である」と如実に知らず、「こうであるとも私は思わない、そうであるとも私は思わない」などとことばを曖昧にする論である。①妄語を嫌い、②執着を嫌い、③詰問《きつもん》を嫌い、また、④愚鈍・蒙昧《もうまい》のために、鰻《うなぎ》を捕らえるような詭弁論に入る。これはサンジャヤの説と見られる。

(5)**無因生起論**とは、「我と世界は無因にして生起する」との論である。①アサンニャサッタ（身《しん》のみの無想有情《むそううじょう》）という神々は、想《そう》（心・意識）が生じると死没し、生まれかわり、出家して、禅定により「我と世界は無因にして生起する。なぜなら以前に私は存在しなかったが、今ここに転変《てんぺん》しているからである」と主張する。また、②ある者は推論・考察によって、無因生起論（偶然論）を主張する。

以上が「過去に関する見解」である。仏はこの五論の一々を如来の智慧によって退け、ついで「未来に関する見解」に言及される。

「比丘たちよ、ある沙門・バラモンたちで、未来を考え、未来に従う見解をもつ者がいます。かれらは、未来に関して、四十四種の根拠により、さまざまな流説を述べています」（第七四節）

と。未来を考える見解とは、渇愛・邪見によって未来の部分を考え、分別する見解である。死後有想論《うそう》（十六種）、死後無想論《むそう》（八種）、死後非有想非無想論（八種）、断滅論《だんめつ》（七種）、現世涅槃論《げんせねはん》（五種）という五論、四十四種（四十四見）からなる。これについても、以下にその主旨のみを見ることにしよう。

(1)**死後有想論**とは、「我《が》は死後有想である」との論である。我は無病《むびょう》（常住・不変）であり、死後有想（意識を有するもの）であり、①有色《うしき》（身を有するもの）である、②無色《むしき》（身を有しないもの）である、③有色にして無色である、④非有色にして非無色である、⑤有限である、⑥無限である、⑦有限にして無限である、⑧非有限にして非無限である、⑨単一の想を有する、⑩多様の想を有する、⑪少量の想を有する、⑫無量の想を有する。また、⑬絶対的な楽を有する、⑭絶対的な苦を有する、⑮楽と苦を有する、⑯楽も苦も有しない、と主張する。そのうち、①はアージーヴィカ教の説、②はジャイナ教の説とされる。

(2)**死後無想論**とは、「我は死後無想である」との論である。我は無病であり、死後無想（意識を有しないもの）であり、①有色である、②無色である、③有色にして無色である、④非有色にして非無色である、⑤有限である、⑥無限である、⑦有限にして無限である、⑧非有限にして非無限である、と主張する。

(3)**死後非有想非無想論**とは、「我は死後非有想非無想である」との論である。我は無病であり、死後非有想にして非無想であり、①有色である、②無色である、③有色にして無色である、④非有色にして非無色である、⑤有限である、⑥無限である、⑦有限にして無限である、⑧非有限にして非無限である、と主張する。

(4)**断滅論**とは、「現に生けるものは断滅し、死後に生じない」との論である。①この有色の、四大要素からなる、母と父から生まれる我（人間の自体）、②天の、有色の、欲界の、物質食を食べる別の我（六欲天《ろくよくてん》の我）、③天の、有色の、意からなり、あらゆる肢体、感官《かんかん》のある別の我（六欲天より上の色界《しきかい》の我）、④空無辺処《くうむへんじょ》の別の我（以下は無色界《むしきかい》の我）、⑤識無辺処《しきむへんじょ》の別の我、⑥無所有処《むしょうしょ》の別の我、⑦非想《ひそう》非非想処《ひひそうしょ》の別の我は存在するが、断滅する、と主張する。

(5)**現世涅槃論**とは、「現に生けるものは最上の現世涅槃に到達している」との論である。この我は、①五の妙欲《みょうよく》を与えられて楽しむ、②第一の禅に達して住む、③第二の禅に達して住む、④第三の禅に達して住む、⑤第四の禅に達して住む、この限りにおいてこの我は最上の涅槃に到達している、と主張する。

以上が「未来に関する見解」である。仏は、この五論も退け、過去・未来に従う六十二見のすべてを、如来の智慧によって退けられたのである。

龍樹

一切知智

それではこの六十二見の十論を、仏はどのような智慧・法をもって捉え、放たれたのであろうか。各論の説明の終わりはすべてつぎのようにまとめられる。

「比丘たちよ、これについて、如来が知るところはこうです。『このように捉えられ、このように囚《とら》われたこれらの見地《けんち》は、これこれの行方《ゆくえ》、これこれの来世をもたらすであろう』と。如来は、それを知り、またそれよりすぐれたものをも知ります。しかもその知ることに執着しません。執着しないから、ただひとり自ら、そこに寂滅が見られます。比丘たちよ、如来はもろもろの感受《かんじゅ》の、生起と消滅と、楽味《らくみ》と危難《きなん》と出離《しゅつり》を如実に知って、執着なく解脱したのです」

（第三六節）

と。ここには、六十二見のすべてを捉える如来の智慧、如来の実践をとおして、仏の教えのすべてが説かれているといってよい。その趣旨はつぎのとおりである。すなわち「我と世界は常住である」などと捉え、「これのみが真実であり、他は虚妄である」と囚われた見解は、地獄・畜生《ちくしょう》・餓鬼《がき》の世界（行方）、すなわち来世をもたらすであろう。如来はそのような見解の根拠を知り、またそれよりすぐれた戒・定《じょう》・一切知智《いっさいちち》を知る。しかもその殊勝《しゅしょう》を知っても「私は知っている」と渇愛・邪見・慢心によって執着しないから、自ら執着・煩悩《ぼんのう》の寂滅、涅槃が見られる。

では、如来はどのように実践し解脱《げだつ》したのか。異教者は「この世で楽を得る者になろう」と執見《しゅうけん》に入って喜ぶが、その感受は正しく把握されなければならない。如来は、感受を苦諦《くたい》、その生起を集諦《じったい》、その消滅を滅諦《めったい》として知り、その楽味と危難と出離を如実に知り、道諦《どうたい》によって実践し、執着なく解脱したのである、と。「執着しない」とは無住《むじゅう》・不可得《ふかとく》・空性《くうしょう》をいう。それゆえ仏は、ここに四諦《したい》・縁《えん》起《ぎ》・中道《ちゅうどう》・空性を説き、その智慧・法をもって一切を捉え、放たれたのである。龍樹尊者による『中《ちゅう》論《ろん》』冒頭のつぎの二偈は、その消息を端的に示すものであろう。

「不生《ふしょう》にして亦《また》不滅　不常《ふじょう》にして亦不断
不一《ふいつ》にして亦不異《ふい》　不来《ふらい》にして亦不出《ふしゅつ》」（第一偈）
「能《よ》く是《こ》の因縁《いんねん》を説き　善《よ》く諸《もろもろ》の戯論《けろん》を滅《めっ》したまふ、
我れは稽首《けいしゅ》して仏に礼《らい》す、諸説中《しょせつちゅう》第一なり」（第二偈）

仏は、これより六十二見を主張する者たちが、なぜこのように主張し、争うのか、その理由、根拠は何か、という「迷いの輪転《りんてん》」を明らかにされる。

「かれら尊敬すべき沙門・バラモンが知らないまま、見ないままに感受したことであり、渇愛に囚われた者たちの煩悶《はんもん》し、動揺したことにすぎません」（第一〇五節）

「それは、接触を縁としているのです」（第一一八節）

「そのすべての者は、六の接触処《しょ》を通して、つぎつぎと触れ、感知します。それらの感受を縁として渇愛があり、渇愛を縁として取著《しゅじゃく》があり、取著を縁として生存があり、生存を縁として生まれがあり、生まれを縁として老・死が、愁《うれ》い・悲しみ・苦しみ・憂い・悩みが生じるのです」（第一四四節）

と。かれらは無明・渇愛により、主張し、争い、動揺する。接触を縁とし、感受する。その感受により渇愛ないし老死・苦しみが生じる。六十二見は、この感受を知らないために邪見として現われたものである。それらは禅定、あるいは推論・考察に基づいても、すべて部分的、限定的であり、極論に過ぎない、との説示《せつじ》である。それは生死《しょうじ》の輪廻《りんね》に迷う私たち自身に対する教えにほかならない。

なお、ここは世俗のことばで、あたかも知覚の主体（我）があるかのように「そのすべての者は、六の接触処（眼など）を通して、つぎつぎと（色《しき》などの所縁《しょえん》に）触れ、（見《けん》を）感知します」と語られているが、これは無我という最高の真実（勝義《しょうぎ》）に即した形でいえば「接触のみが、それぞれの所縁に接触する」ということである。

そして、仏は「覚りの還転《げんてん》」を明らかにし、比丘たちに語られる。

「比丘たちよ、比丘が、六の接触処の生起と消滅と、楽味と危難と出離を如実に知るとき、かれはこれらすべてよりもすぐれたものを知ります」（第一四五節）

と。輪転に対するこの還転の趣旨は、また先の龍樹尊者による『大智度論』（巻第一）の「第一義悉檀《だいいちぎしつだん》」を説明する、つぎのことばに尽くされている。

「いわゆる世間の衆生《しゅじょう》は、自ら見《けん》に依り、自ら法に依り、自ら論議に依りて諍競《じょうぎょう》を生ず。戯論《けろん》は即ち諍競の本《もと》なり、戯論は諸《もろもろ》の見に依りて生ず。偈《げ》を説いて言ふが如し。

『受法《じゅほう》あるが故に諸論あり　もし受《じゅ》あることなくんば、何の論ずる所かあらん。
有受《うじゅ》・無受《むじゅ》の諸見等《しょけんとう》　是《こ》の人はここにおいて悉《ことごと》く已《すで》に除けり』

行者にして能《よ》く実の如くこれを知る者は、一切の法と、一切の戯論において、受せず、著《じゃく》せず、見《けん》せず。是《か》く実に諍競に共《ぐう》ぜざれば、能《よ》く仏法の甘露味《かんろみ》を知らん。もし爾《しか》らざる者は、則《すなわ》ち法を謗《ぼう》ず」

と。いかなる見解、主張、争いも、接触を縁とし、感受により生じる。これを如実に知るとき、愛・

『正法眼蔵』の著者・道元

見・慢の妄執《もうしゅう》、すなわち戯論、分別《ふんべつ》はない。無住《むじゅう》、寂静である。仏の法、一切知智の遍満《へんまん》である。それがそのまま一切知智であり「梵網」である。

　私たちは、六十二見に象徴されるように、無数のことを考え、争い、悩み、苦しむ。しかし、無数の苦しみが現われるその根本はいわば一つである。それを仏は無《む》明《みょう》とも渇愛ともいわれた。また、無数の苦しみが消えるその根本もいわば一つである。それを仏は涅槃とも寂静ともいわれた。それは無差別のものが縁により差別のものとなり、差別のものが縁により無差別のものになる、ということである。

　私たちが感受するいかなるものにも、無差別を離れて差別はなく、差別を離れて無差別はない。それを部分的に、別々に、分別するならば、極端となる。

「修証《しゅしょう》はひとつにあらずとおもへる、すなはち外道《げどう》の見《けん》なり。仏法には、修証これ一等《いっとう》なり」

（『正法眼蔵《しょうぼうげんぞう》』「弁道話《べんどうわ》」）

といわれる。「如実に知り、執着がない」、ここにすべてを学びうるであろう。

この経が説かれたとき、「十の千世界《せんせかい》（一万世界）が震動した」と伝えられる。それは仏の教えがだれにも智慧と慈悲をもたらすものであるということである。

沙門果経《しゃもんかきょう》

――出家の意義と在家の救い

これより、長部《ちょうぶ》経典第二の『沙門果経』（sāmaññaphala-sutta）を見ることにしよう。まず、その概要を示しておきたい。

本経は、仏が、マガダ国のラージャガハ（王舎城《おうしゃじょう》）に近い、ジーヴァカ（耆婆《ぎば》）のマンゴー林に、千二百五十人の比丘《びく》たちとともに住んでおられたとき、アジャータサットゥ（阿闍世《あじゃせ》）王に説かれたものである。その内容は、父王ビンビサーラ（頻毘娑羅《びんびしゃら》）を殺《あや》めて苦悶する王が、名医ジーヴァカの勧めにより仏を訪ね、「世間一般の職業に報酬があるように、沙門にも眼に見える果報《かほう》があるかどうか」を問い、仏がこれに答え、仏教における出家生活の意義を「沙門果」として明かされたもので、全体として二部からなる。

前半は、王によって、当時のインド思想界を代表する反バラモン主義の「仏教外の沙門」、いわゆる六師外道《ろくしげどう》が主張する説が紹介される。すなわちプーラナ・カッサパの非業論《ひごう》(道徳破壊説)、マッカリ・ゴーサーラの無因論《むいん》(偶然論)、アジタ・ケーサカンバラの断滅論《だんめつ》(輪廻否定説)、パクダ・カッチャーヤナの七要素論(不滅説)、ニガンタ・ナータプッタの四種防護論《ぼうご》(宿命説)、サンジャヤ・ベーラッテイプッタの詭弁論《きべん》(懐疑説《かいぎ》)である。いずれも王の心を満たすものではなかったという。

後半は、「仏教の沙門」である比丘の現世における果報が明らかにされる。まず聖なる戒蘊《かいうん》、聖なる感官《かんかん》の防護、聖なる念と正知《しょうち》、聖なる満足、そして四禅《しぜん》である。つぎに内観《ないかん》の智《ち》、意《い》からなる智、神通《じんづう》の智、天耳《てんに》の智、他心を知る智、過去の生存を想起する智、天眼《てんげん》の智、煩悩滅《ぼんのうめつ》の智という八明《はちみょう》が示され、最後に最上の解脱《げだつ》の智に触れられる。

第一義的には、「沙門」という道(八正道《はっしょうどう》・四道《しどう》)による、阿羅漢《あらかん》を最上とする「果」(四果《しか》)の完成を説くものである。

また、本経には、このような「沙門果」という仏教の根本的な教えと実践を明らかにする本来のテーマのほかに、もう一つのテーマがあるといってよい。それは、経が最初から最後までアジャータサットゥ王について語っているように、父王を殺した極悪人にもこの世での安らぎがあり、仏の帰依者《きえしゃ》になる、としたものである。そのうち、「沙門果」のテーマは出家者の「法」を領域とし、「父王殺し」のテーマは在家者の「人《にん》」(機《き》)を領域とする。とくに後者は後代の大乗仏典、たとえば『大般涅槃経《だいはつねはんぎょう》』や浄土経典などに大きく取り上げられたものである。

――阿闍世王の憂鬱

さて、本経はつぎのことばで始まっている。

「このように私は聞いた。――あるとき、世尊は、ラージャガハに近い、ジーヴァカ・コーマーラバッチャのマンゴー林に、千二百五十人の比丘からなる大比丘僧団とともに住んでおられた」

（第一節）

このとき、仏は、千二百五十人の比丘たちとともに、マガダ国の都ラージャガハに近い、名医ジーヴァカのマンゴー林の精舎《しょうじゃ》に住んでおられたという。

その当時、仏を初めとする仏教の出家者が住むところは、民家から遠からず、近からず、という地でなければならなかった。それは、ビンビサーラ王がラージャガハに近い竹林《ちくりん》精舎を建立《こんりゅう》し奉納する話（『律蔵《りつぞう》』大品《だいぼん》）にも記されているところである。従ってどの経においても、その始まりに示される場所は、原則として二ヵ所であり、第一は在家者が住む托鉢《たくはつ》場所（村・町・都）、第二は出家者が住む場所（森・林・山）である。それは、出家が在家とは異なる厳しい生活条件下にあることを示している。

出家とは、いわゆる家出でも出世でもない。家とは家族、財産、名誉であり、このすべてを離れた者

釈尊と比丘たち（南インド）

を出家という。従って、まず形の上から区別されたものが出家の居住地であった。その根本は「樹下住《じゅげじゅう》」と呼ばれる樹下である。やがてその余得《よとく》として、一般の精舎（僧院）が奉納されるようになった。それゆえ経の最初にはこのような二つの場所が示されるのである。

　このように、仏がそのジーヴァカのマンゴー林におられたときのことである。マガダ国の王でありヴィデーヒー（韋提希《いだいけ》）妃の子であるアジャータサットゥは、比丘たちが戒律を省《かえり》みる布薩《ふさつ》が行なわれる十五日、蓮の花咲く満月の夜に、大臣たちにとり囲まれて、すばらしい宮殿の高楼に坐り、つぎの感嘆のことばをもらしたという。

「ああ、なんと楽しいことであろう、月の明るい夜は
ああ、なんと麗《うるわ》しいことであろう、月の明るい夜は
ああ、なんと美しいことであろう、月の明るい夜は
ああ、なんと清々《すがすが》しいことであろう、月の明るい夜は

ああ、なんと愛《め》でたいことであろう、月の明るい夜は」（第一節）

と。その頃、王には、父王ビンビサーラを殺めたことで、眠れぬ日々が続いていたという。楽、麗、美、清、愛という耳に心地よい、また月、明、夜という目に優しいことばに、王の深い反省と後悔の念が窺《うかが》われる。

清まりと静まりをひたすら願う王は、あらゆる師に教えを求めた。そこで六人の大臣は、それぞれ仏教外の沙門の代表者である六人の師を紹介した。しかし、王の心はいずれの教えによっても満たされなかった。すると、名医ジーヴァカは王にこう進言した。

「陛下、実を申しますと、阿羅漢であり正自覚者《しょうじかくしゃ》である世尊《せそん》がおられ、私どものマンゴー林に、千二百五十人の比丘からなる大比丘僧団とともに住んでおられます。その世尊には、つぎのようなすばらしい名声が挙がっております。

『このことによっても、かの世尊は、阿羅漢であり、正自覚者であり、明行足《みょうぎょうそく》であり、善逝《ぜんぜい》であり、世間解《せけんげ》であり、無上士《むじょうし》であり、調御丈夫《じょうごじょうぶ》であり、天人師《てんにんし》であり、仏であり、世尊である』と。

陛下は、その世尊に親しくお近づきになるとよろしゅうございます。世尊に親しくお近づきになれば、きっと陛下の御心は浄められることでありましょう」（第八節）

と。これを聞いた王は、ただちに大王の威光をもってラージャガハを出発し、そのマンゴー林へと進んで行った。しかし、目的地が近づくにつれ、恐怖をおぼえ、身体は硬直し、身の毛がよだった。それは、千二百五十人もの比丘が住んでいる林の静まりと、内心にある罪の意識から生じたものであった。やがてジーヴァカに連れられ、世尊がおられるところへ近づいて行った。そして王は、まるで澄みきった湖のように沈黙している比丘僧団を見わたし、感嘆のことばをもらした。

「今、比丘僧団がそなえている、この寂静《じゃくじょう》を、わが太子《たいし》ウダヤバッダもそなえてほしい」

と。王は、感官が清まっている比丘たちを見て、王子を想起し、その寂静を望み、王統の繁栄を願った。しかし、実際には、王が父王ビンビサーラを殺したように、王子ウダヤバッダがアジャータサットゥを殺し、その王子マハームンディカがウダヤバッダを、その王子アヌルッダがマハームンディカを、その王子ナーガダーサがアヌルッダを殺した。このようにこの王統には五代にわたる父王殺しがくり返され、これに怒った領民はナーガダーサを殺してしまった、と伝えられる。

仏は、その王の心を知り、質問の機会を与えていわれた。

「大王よ、あなたは愛する方に思いを寄せられましたね」（第一二節）

と。王にとってこれほど安堵《あんど》し、勇気づけられたことばはなかったであろう。まさに無量の悲心《じしん》、憐れみの一言である。伝統の註釈によれば、王はこう思ったという。

「ああ、なんと仏の徳は不思議なものであろうか。私ほど世尊に対して罪を作った者はいない。なぜなら、私は仏の第一の奉仕者（父王ビンビサーラ）を殺めたからである。また世尊を殺めるために、デーヴァダッタ（提婆達多《だいばだった》）の話に従って刺客を遣わしたことも、ナーラーギリ（発情期の象）を放ったこともある。私の所行によってデーヴァダッタが石を投下したこともある。このように大きな罪が、私に話しかけられる十力者《じゅうりきしゃ》のお口に何も通じないとは。ああ、世尊は『好・不好に対してその如くである』などといわれる如是者《にょぜしゃ》の相をよくそなえられたお方である。どうしてこのような師を措《お》いて、他に教えを求め得ようか」と。

――聞法《もんぼう》と帰依《きえ》

それより、王は仏につぎのように質問する。

「尊師よ、（世間一般の職業に報酬があるように）そのように現世において、目に見える沙門の果報というものを示すことができましょうか」（第一四節）

と。これに対して、仏はまず、その質問を他の沙門・バラモンにしたことがあるかどうか、を尋ねられる。王はこれに答え、かつて聞いたプーラナ・カッサパの「非業論」を初めとする六師外道の説を順に紹介し、どの教えもすべて解答の体《てい》をなさない不満足なもの、ただことばを聞くだけのものであった、と説明する。

そこで、王は先と同じように質問し、仏はこれに答えられる。

「大王よ、できます。それでは、大王よ、聞いて、よくお考えください。お話しいたしましょう」

（第四〇節）

と。これより仏の具体的な説法が開始される。それは仏の根本的な教えを示すものであり、同時に沙門・バラモンの主張、とくに仏教外の沙門である六師外道の主張を退けるものであった。

まず、王の支配下にある奴隷と農夫とを例に、それぞれが出家し、仏教の沙門になったならば、やがて王によって心からの尊敬と供養を受けることになるであろうと説き、仏教における一般的な「沙門の果報」を示される。

つぎに、さらにすぐれた沙門の果報として、小戒・中戒・大戒からなる聖なる戒蘊、内に汚れのない楽を感知する聖なる感官（六根《ろっこん》）の防護、行住坐臥《ぎょうじゅうざが》などにそなえるべき聖なる念と正知、衣・食・住・薬に対する聖なる満足があり、また心の障害となる貪欲《とんよく》、瞋恚《しんい》、沈鬱・眠気、浮つき・後悔、疑いを除去した第一禅ないし第四禅《し》があり、さらに内観の智ないし煩悩滅の智の八明があることをさまざまな比喩をもって説き、阿羅漢果を最上とする「沙門の果報」を示される。

このような趣旨の仏の教えを聞いた王は、心が満ち、こう申し上げた。

「尊師よ、すばらしいことです。尊師よ、すばらしいことです。たとえば、尊師よ、倒れたも

のを起こすかのように、覆われたものを取り除くかのように、迷った者に道を教えるかのように、『眼の見える者たちは、もろもろのものを見るだろう』と、暗闇に燈火《ともしび》を掲げるかのように、尊師よ、まさにそのように、世尊は多くの方法で、法を説いてくださいました。

尊師よ、この私は、世尊に、また法に、比丘僧団に帰依いたします。今より以後、生涯、世尊は、私を帰依する信者として、お認めくださいますように」（第一〇一節）

と。現前の世尊、現前の世尊によって説かれた法、現前の世尊の弟子である比丘僧団、この仏《ぶっ》・法《ぽう》・僧《そう》に帰依し、信者となることを宣言したものである。王はさらに、正しい法王《ほうおう》である父を殺した罪を告白し、つぎのようにいった。

「尊師よ、私は愚かさのままに、迷いのままに、不善のままに罪を犯しました。この私は、正しい法王である父を、王権のために、殺してしまいました。

尊師よ、世尊は、その私の罪を罪としてお受けとめくださいますように、将来における防護のために」（第一〇一節）

と。仏は、無明《むみょう》と渇愛《かつあい》により罪を犯した王を摂受《しょうじゅ》し、つぎのようにいわれた。

「確かに、大王よ、あなたは愚かさのままに、迷いのままに、不善のままに、正しい法王である父君を殺すという罪を犯されました。

『教行信証』の著者・親鸞

しかし、大王よ、あなたが罪を罪として認め、法に従って懺悔される限り、私たちはそのあなたのことを受けとめます。それは、大王よ、罪を罪として認め、法に従って懺悔し、将来において防護するというこのことこそが、聖者の律《りつ》における繁栄というものだからです」　（第一〇二節）

と。仏は智慧のお方であり、慈悲のお方である。法を説き、王の将来を防護された。そして、王を見送り、比丘たちにつぎのように説示された。

「比丘たちよ、かの王は掘り出されているのです。比丘たちよ、かの王は破壊されています。比丘たちよ、もし、かの王が正しい法王である父君を殺さなかったならば、この座でそのまま、塵《ちり》を離れ、垢《あか》の消えた法の眼が生じたにちがいありません」　（第一〇四節）

と。父王を殺めた罪は重く、王はこの世で成就《じょうじゅ》する善根《ぜんごん》を自ら掘り出し、破壊しており、法の眼、すなわち預流《よる》の覚りを得ることはできない、と説かれたものである。

しかし、伝えによれば、王はだれよりも三宝《さんぼう》に篤《あつ》く帰依し、未来にヴィジターヴィー（征服者）という名の独覚《どっかく》になるであろう、と信じられたという。

――安らぎの道

父を息子が殺す、これはいわゆるエディプス・コンプレックスとしても知られる「父親殺し」である。子が親を殺す、これは人間世界にあってはならない行為である。仏教では、五逆罪《ごぎゃくざい》、五無間業《ごむげんごう》（殺父、殺母、殺阿羅漢、出仏身血《しゅつぶっしんけつ》、破和合僧《はわごうそう》）に数えられる大罪であって、これを犯せばかならず地獄に堕《お》ちるとする。なぜならば、父、母、阿羅漢、仏身血、和合僧のすべては、私たちが現に依るべき根幹であり、これが破壊されたならば、依るべき根拠を失うからである。

しかし、アジャータサットゥ王はこの罪を犯してしまった。しかし、また王は後悔し、懺悔したのである。では、この王は地獄に堕ちるのか、安らぎを得るのか。

この問題は、後代の大乗仏典『大般涅槃経』などに取り上げられ、『教行信証《きょうぎょうしんしょう》』にも詳しくその引用がなされ、明らかにされている。

「耆婆《ぎば》、答へて言はく、善《よ》い哉《かな》、善い哉、王罪を作るといへども心に重悔《じゅうけ》を生《しょう》じて慚愧《ざんき》を懐《いだ》く。大王、諸仏世尊《しょぶつせそん》はつねにこの言《ごん》を説きたまふ。二つの白法《びゃくほう》ありて、よく衆生《しゅじょう》を救ふ。一つは慚《ざん》、二つは愧《き》なり。慚とは自ら罪を作らず、愧とは他を教へて作らしめず。慚とは内自《うちみずか》ら羞恥《しゅうち》し、愧

仏立像（マトゥラー）

とは発露《ほつろ》して人に向《むか》ふ。慚とは人に羞《は》ぢ、愧とは天に羞づ」

（『大般涅槃経』北本《ほっぽん》・巻第一九、『教行信証』信巻《しんかん》）

と。慚愧の念に自己、および世界の秩序が保たれるとする。また、王のことばに、

「我今《われいま》、仏を見たてまつる。この仏を見て得る所の功徳《くどく》をもって、衆生のあらゆる一切煩悩悪心《いっさいぼんのうあくしん》を破壊《はえ》す」（『大般涅槃経』巻第二〇、『教行信証』信巻）

とあり、如来に見《まみ》えることこそ、自己の安らぎであるという。これは『観無量寿経《かんむりょうじゅきょう》』にも説かれるところである。ビンビサーラ王を看護してアジャータサットゥに幽閉された王妃（韋提希《いだいけ》）に対し、仏はつぎのように「念仏三昧《ねんぶつざんまい》」を説かれる。

「仏身《ぶっしん》を観《み》るをもってのゆえに、まさにまた仏心《ぶっしん》を見る。仏心とは、大慈悲これなり。……智者《ちしゃ》、まさに心を繋《か》けて無量寿仏《むりょうじゅぶつ》を諦観《たいかん》すべし」

（『観無量寿経』）

と。仏に見えることは、仏に学ぶことである。慚も、愧も、念も、観《かん》もそなえることである。

アジャータサットゥ王をめぐって、さまざまな教えが説かれた。しかし、それは王のためだけではな

い。デーヴァダッタのためにも、王妃のためにも、ジーヴァカのためにも、そして私たち自身のためにも、説かれたものである。

初めの一歩は、終わりの一歩であり、すべての一歩である。たとえば、登山を決意したとき、その一歩は、もはや山麓の一歩となり、すでに頂上の一歩となるであろう。それは縁起《えんぎ》のゆえであり、不忘念《ふもうねん》のゆえである。不起一念《ふきいちねん》のゆえである。一歩により全歩があり、全歩により一歩がある。一歩は全歩であり、全歩は一歩である。この歩を如是《にょぜ》の歩という。如来の歩である。そのとおりの歩みである。古人が、初心忘るべからずといい、大事にしたのも初一念《しょいちねん》の相続《そうぞく》である。この一念、この一歩にほかならない。

私たち人間は善いこともし、悪いこともする。天界にも行き、地獄にも堕ちる。一瞬のうちに、他者の幸福を願い、その喜びに浸ることもできるであろう。また一瞬のうちに、他者を憎み、奈落《ならく》の底に沈むこともあるであろう。楽しみ、苦しみ、六道《ろくどう》に輪廻《りんね》するのである。ただ、私たちは有難く、人間として生まれたことにより、考える力、願う心、念《ねん》をそなえている。それゆえ、たとえ悪により地獄に堕ちようとも、一念を真直《まっす》ぐにすることができるならば、ただちに善のみに包まれるであろう。たちまち過ちを悔いる心が生まれるであろう。悪いことをした、と。すでに悪は消え、破滅にいたることはない。不思議な力であり、功徳《くどく》である。

――異教の沙門

さて、これより、『沙門果経《しゃもんかきょう》』の本来のテーマともいうべき、仏の教えと実践を明らかにする「法」の領域、沙門果について見ることにしたい。それがいかに重要なものであるかは、あとに続く戒蘊篇《かいうんへん》の長部《ちょうぶ》第三～一三経のすべてが本経に基づいて説示《せつじ》されていることからも明らかである。長部第一の『梵網経《ぼんもうきょう》』が「正見《しょうけん》」を基として縁起《えんぎ》を説く最上の経であるとするならば、長部第二の本経は「正思《しょうし》」（不害の思い）を基として四諦《したい》を説く最上の経であるといえるであろう。

まず、その沙門果とは何か、である。「沙門果」ということばは沙門の果報《かほう》、沙門の立場、沙門性という意味をもつ。また「沙門」（samaṇa）とは、パーリ仏典によれば、正統派バラモンに対する新しい勢力の出家者をさし、異教の六師外道《ろくしげどう》に代表される仏教外の沙門と、仏教の沙門《サマナ》（「悪を静めている者」の意）との二種に分類される。ちなみに、「バラモン」（brāhmaṇa）も、異教の生まれによるバラモンと、仏教のバラモン（「悪を除いている者《パーヒタ》」の意）との二種に区別される。

そこで、経においては、最初に異教の沙門果として六師外道の見解を挙げ、つぎにこれを退け、仏教の沙門果が示される。それは、第一義的には「沙門」という道による最上の「果」の成就を説くものであるが、仏弟子である比丘《びく》のすぐれた実践、仏という沙門の生活を語るものといってよい。

それでは、仏教外の沙門果、すなわち六師外道の見解がどのようなものであるか、そのまとめを紹介しよう。経は王のことばでつぎのように説明している。

「尊師よ、プーラナ・カッサパは、私に目に見える沙門の果報について問われながら、非業《ひごう》のことを説明したのです」（第一七節）

と。殺害しても罪悪はない、布施《ふせ》をしても功徳《くどく》はない、との見解である。

「尊師よ、マッカリ・ゴーサーラは、私に目に見える沙門の果報について問われながら、輪廻《りんね》による清浄《しょうじょう》のことを説明したのです」（第二〇節）

ジャイナ教祖師像（マトゥラー）

と。汚れの因《いん》も縁《えん》もなく、清浄の因も縁もなく、六の階級において楽と苦を経験し、愚者も賢者も輪廻し、苦の終わりを作る、との見解である。

「尊師よ、アジタ・ケーサカンバラは、私に目に見える沙門の果報について問われながら、断滅《だんめつ》のことを説明したのです」（第二三節）

と。業《ごう》の果報はない、この世もあの世もない、母も父もいない、人間は、四大要素からなり、死ねば、愚者も賢者も断滅する、との見解である。

「尊師よ、パクダ・カッチャーヤナは、私に目に見える沙門の果報について問われながら、別の点から別のことを説明したのです」（第二六節）

と。七の身（地・水・火・風・楽・苦・霊魂の集まり）は山頂のように不動で、石柱のように直立し、変化せず、たとえ鋭い剣で頭を切っても、だれも生命を奪わず、七の身の間にある裂け目に剣が落ちるに過ぎない、との見解である。

「尊師よ、ニガンタ・ナータプッタは、私に目に見える沙門の果報について問われながら、四種の部分からなる防護《ぼうご》のことを説明したのです」（第二九節）

と。ニガンタ（ジャイナ教徒）は、四種の部分からなる水という防止により悪から防護している、との見解である。

「尊師よ、サンジャヤ・ベーラッティプッタは、私に目に見える沙門の果報について問われながら、あいまいなことを説明したのです」（第三二節）

と。「善行《ぜんぎょう》・悪行《あくぎょう》の果報・異熟《いじゅく》は存在するか」などの質問に対して、私はこうであるとも、そうであるとも思わない、別であるとも、そうではないとも思わない、そうではないのではないとも思わない、と答える曖昧《あいまい》な見解である。

以上が、六師外道と呼ばれる人々の、いわば異教の沙門果を語るものである。それは、全体としていえば、ヴェーダ聖典の権威やカースト（階級・生まれ）を否定するものであり、時間よりも空間に依拠し、諸要素を重視する、いわゆる「積聚説《しゃくじゅせつ》」であった。

また、かれらには、不可知論（無知論）による修定《しゅじょう》（禅定）的な立場、肉体的物質を不浄とする苦行《タパス》的な立場、それらと関わらない順世《じゅんせ》的な立場が認められる。

あるいはまた、「霊魂と肉体は異なる」（我《が》は無色《むしき》である）とするいわば宗教肯定の立場、「霊魂と肉体は同じである」（我は有色《うしき》である）とするいわば宗教否定の立場、それらと関わらない懐疑的な立場も認められる。

いずれにしてもこの異教の沙門の立場は、多元論的、部分的であり、不明瞭なものであった。それゆえ、王を満足させることができず、王をして、

「尊師よ、それはちょうど、マンゴーについて問われながら、ラブジャのことを説明したり、ラブジャについて問われながら、マンゴーのことを説明するようなものです」

（第一七、二〇、二三、二六、二九、三二節）

といわしめている。現実に何も役立たなかった、ということである。

なお、これに関連して、当時のバラモンの立場についていえば、それはヴェーダ聖典の権威に基づき、

カーストを肯定し、唯一の神を尊重する、いわゆる「転変《てんぺん》説」であり、アートマンを中心とする一元論的な「我《が》説」であった。そこにはアートマンの浄化、神との結合《ヨーガ》を求める修定的な立場も認められる。しかし、これも、『梵網経』に知られるとおり、極端で一方的なものとして仏に退けられた。

なおまた、このような異教の立場に対して、仏教の沙門は「縁起説」を主張し、とくにバラモンの転変説である「我説」に対しては「無我《むが》説」をもって、六師外道の「積聚説」に対しては「五蘊《ごうん》説」（五蘊の無常・苦・無我）をもって、これを退けたともいえるであろう。無我説も五蘊説も縁起説に導かれるものである。

――仏教の沙門

このような異教の沙門の立場に対して、仏教の沙門の立場、沙門果はどのようなものであるのか。仏はこれを示すために、如来の出現から説示を開始される。

「大王よ、この世に如来《にょらい》が現われております。すなわち、阿羅漢《あらかん》であり、正自覚者《しょうじかくしゃ》であり、明《みょう》行足《ぎょうそく》であり、善逝《ぜんぜい》であり、世間解《せけんげ》であり、無上士《むじょうし》であり、調御丈夫《じょうごじょうぶ》であり、天人師《てんにんし》であり、仏《ぶつ》である世尊《せそん》です。

かれは、この神々をふくむ、魔をふくむ、梵天《ぼんてん》をふくむ世界を、沙門・バラモンをふくむ、天・

人《にん》をふくむ衆を、自らよく知り、目のあたり見て、説きます。かれは、初めもよく、中間もよく、終わりもよい、内容もよく、形式もよい、完全無欠で清浄《しょうじょう》な法を示し、梵行《ぼんぎょう》を明らかにします」

（第四一節）

と。これは何を語るものであろうか。この世に如来が現われている、といわれる。その如来は、阿羅漢ないし世尊という十号《じゅうごう》（序章「『仏』ということ」一八～一九頁）、すなわち十徳をそなえ、智慧によって法を知り、慈悲によって法を語る者である。

天人師として、五の欲界天《よくかいてん》の神々、第六の欲界天の魔、梵衆天《ぼんしゅてん》などの二十天からなる梵天をふくむ生けるものの世界を、また異教・仏教の沙門・バラモン、人間の王である天、残りの人間である人をふくむ衆を、自らよく知り、目のあたり見て、法を説く。

その如来の法は、初めである戒も、中間である道（聖道《しょうどう》）も、終わりである涅槃もよく、内容も、形式（表現）もよく、完全無欠にして清浄である。如来はこのような法を示し、梵行という三学《さんがく》の全教説を明らかにする、と。これは、沙門果が如来にある、如来の法にある、ということを語るものである。沙門果は仏であり、法である、ということにほかならない。そして、つぎのように語られる。

「その法を、資産家や資産家の息子、あるいは他のいずれかのカーストに生まれた者が聞きます。かれはその法を聞いて、如来に対する信仰を得ます。その信仰を得たかれは、このように省察します。『……私は、髪と鬚《ひげ》を剃り、黄衣《こうえ》をまとい、家を捨てて出家してはどうであろう』と」
（第四二節）

と。これは、如来の法を聞いた資産家が、如来に対する信仰を得て、出家を決意することを語られたものである。これもまた、沙門果が仏に対する信にあり、仏のもとでの出家、すなわち僧にあることをいう。

なお、ここで資産家（庶民）が最初に示されているのは、かれらが、王族にありがちな慢心も低階層者にありがちな卑下慢もない、汗して働く者であり、そのために出家する者も多く、力に応じて仏語をよく学ぶ者である、ということからである。続いて、仏は語られる。

「このようにして、かれは、出家者となり、パーティモッカの防護によって守られ、正しい行ないと托鉢《たくはつ》場所をそなえて住みます。ほんのわずかな罪にも恐れを見、もろもろの戒律条項を正しく受持《じゅじ》し、学びます。善き身の行為・口の行為をそなえ、清らかな生活をし、戒をそなえ、もろもろの感官《かんかん》の門を守り、念《ねん》と正知《しょうち》をそなえ、満足しています」
（第四四節）

と。これは出家したその比丘《びく》の如法《にょほう》の生活を述べられたものである。それは(1)戒を受持すること、(2)感官を防護すること、(3)念と正知をそなえること、(4)満足することであり、それがまた沙門果であることを示している。では、それらは具体的にどう実践されるのか。

まず、⑴「戒の受持」についてつぎのように説かれる。

「ここに大王よ、比丘は、殺生《せっしょう》を捨て、殺生から離れている。棒を置き、刀を置いている。恥らいがあり、慈愛があり、すべての生き物を益し、同情して住んでいる。これが比丘の戒です」（第四五節）

云々と。これは『梵網経』にも知られる、慈悲に基づく小戒、中戒（第四六節以下）、大戒（第五六節以下）という如来の戒の受持である。比丘はその受持者である、と。

つぎに、⑵「感官の防護」について、このように語られる。

「ここに大王よ、比丘は、眼によって色《しき》を見る場合、その外相を捉えることもなく、その細相を捉えることもありません」（第六四節）

云々と。比丘は、眼《げん》・耳《に》・鼻《び》・舌《ぜつ》・身《しん》・意《い》という六の感官（六根《ろっこん》、六門《ろくもん》）すべてを防護する、と説かれたものである。それは、眼などの六感官を守り、閉じ、色などの六対象（六境《ろっきょう》、六塵《ろくじん》）に分別《ふんべつ》も好き嫌いも出さないことを教えている。

つぎに、⑶「念と正知」について、このように語られる。

「ここに大王よ、比丘は、進むにも、退くにも、正知をもって行動します。真直ぐ見るにも、あちこち見るにも……曲げるにも、伸ばすにも……大衣《だいえ》と衣鉢《えはつ》を保つにも……食べるにも、飲むに

も、**嚙《か》むにも、嘗《な》めるにも……大便小便をするにも……行くにも、立つにも、坐るにも、眠るにも、目覚めるにも、語るにも、黙するにも、正知をもって行動します」**（第六五節）

と。比丘は行住坐臥《ぎょうじゅうざが》に関する七種のすべてについて、正しく念をそなえ、注意し、正しく知り、行動する、と。威儀即仏法《いぎそくぶっぽう》の実践が説かれたものである。

つぎに、⑷「満足」についてつぎのように語られる。

「ここに大王よ、比丘は、身を保つだけの衣と腹を保つだけの托鉢食に満足し、出かける場合はそれだけをもって出かけます」（第六六節）

と。比丘はいかなる衣食住にも満足して住む、翼のみで飛ぶ鳥のように、と。無欲こそ最上の満足、まさに「無欲一切足る」との少欲知足《しょうよくちそく》を教えられたのである。

以上の四事は、聖なる戒蘊《かいうん》（戒の集まり）、聖なる感官の防護、聖なる念と正知、聖なる満足とも呼ばれ、森林住《しんりんじゅう》（身《しん》の遠離《おんり》）の条件であり、四清浄戒《ししょうじょうかい》とともに沙門の生活の根幹をなしている。比丘はこれをそなえ、結跏趺坐《けっかふざ》する（第六七節）、と語られる。

つぎに、仏は心の障害となる五蓋《ごがい》（貪欲《とんよく》、瞋恚《しんい》、沈鬱・眠気、浮つき・後悔、疑い）の除去について語られる（第六八節）。それを自己の中に観る者には満足が生じ、喜びが生じ、身は軽くなり、楽を感じ、楽のある心は統一を得る、と。

これより、仏は「定《じょう》」（心の遠離）、すなわち四禅《しぜん》について語られる。まず、

「かれは、もろもろの欲を確かに離れ、もろもろの不善の法を離れ、大まかな考察のある、細かな考察のある、遠離から生じる喜びと楽のある、第一の禅定に達して住みます」（第七七節）

と、尋《じん》・伺《し》・喜《き》・楽《らく》・心一境性《しんいっきょうしょう》の五禅支《ごぜんし》からなる第一禅について語られる。

続いて、比丘が、喜・楽・心一境性からなる第二禅（第七九節）、楽・捨《しゃ》（平静）・心一境性からなる第三禅（第八一節）、捨・心一境性からなる第四禅（第八三節）に達して住むことを述べられる。

なお、最初の第一禅において、先の五蓋は除去され、心の障害は消滅する。ちなみに言えば、貪欲は心一境性により、瞋恚は喜により、沈鬱・眠気は尋《じん》（大まかな考察）により、浮つき・後悔は楽（安らぎ）により、疑いは伺《し》（細かな考察）により、消えるのである。ここにまた沙門果がある。

以上の「定」に続き、仏は「慧《え》」を説き、まず「内観の智」について語られる。

「このようにして、心が、安定し、清浄となり、純白となり、汚れなく、付随煩悩を離れ、柔軟になり、行動に適し、確固不動のものになると、かれは、智見《ちけん》に心を傾注し、向けます。

そしてかれは『私のこの身体は色《しき》があり、四大要素から成り、母と父から生まれ、米飯と麦菓子で養われたもの、無常の、除滅の、摩滅の、破滅の、壊滅《えめつ》の性質のものである。しかも、私のこの意識は、ここに依存し、ここに付属している』と、このように知るのです」（第八五節）

と。比丘は心が安定すると智見に心を傾注する、内観の智が成就する、といわれたものである。ただし、ここにいう「心が安定し」には、四禅に四無色定《しむしきじょう》を含む八等至《はちとうじ》の自在が意味されている。

仏は続けて、意から成る智（第八七節）を語り、さらに、さまざまな神通《じんづう》の智（第八九節）、天耳《てんに》の智（第九一節）、他心を知る智（第九三節）、過去の生存を想起する智（第九五節）、天眼《てんげん》の智（第九七節）に言及し、最後に煩悩滅《ぼんのうめつ》の智（滅尽智《めつじんち》）について語られる。

「かれは、もろもろの煩悩を滅《めっ》する智に心を傾注し、向けます。かれは、『これは苦である』と、如実に知ります。『これは苦の生起である』と、如実に知ります。『これは苦の滅尽である』と、如実に知ります。『これは苦の滅尽にいたる行道《ぎょうどう》である』と、如実に知ります。……

このように知り、このように見るかれには、欲望の煩悩からも心が解脱《げだつ》し、生存の煩悩からも心が解脱し、無明《むみょう》の煩悩からも心が解脱します。

解脱したときには、解脱したという智が生じます。『生まれは尽きた。梵行は完成された。なすべきことはなされた。もはや、この状態の他にはない』と、知ります」（第九九節）

と。これは四諦《したい》の智、解脱の智、阿羅漢果《あらかんか》という沙門果を語られたものである。比丘はこの最上の智をそなえ、「生まれは尽きた」と知る、すなわち涅槃を見る、と。自己の完成、世界の完成を示されたものである。沙門果とは、仏であり、法であり、僧である。また戒であり、定《じょう》であり、慧《え》である。真の沙門の生活をいう。それは、私たち人間の、智慧と慈悲による、そのとおりの生活にほかならない。

大般涅槃経《だいはつねはんぎょう》

――仏の旅

つぎに、仏教のいわば目的とされる「涅槃」をテーマにしたパーリ仏典の長部《ちょうぶ》第一六『大般涅槃経』(Mahāparinibbāna-sutta)を見ることにしたい。偉大なお方（マハー）の般涅槃（パリニッバーナ）、すなわち仏の完全な入滅《にゅうめつ》、寂滅《じゃくめつ》に関する経（スッタ）である。

これは、釈尊が晩年にラージャガハ（王舎城《おうしゃじょう》）に近い鷲峰山《じゅぶせん》を出発され、ご入滅の地クシナーラーに到るまでの旅（遊行《ゆぎょう》）の記録である。その間に足で歩かれたいわば「人の記録」であり、またことばで語られたいわば「法の記録」である。

旅とは、一般に、旅行であり、住居を離れることをいう。住居は落ち着くところ、とどまりの場所である。それは一方で、煩悩が長くとどまるところ、愛着の場所となる。仏教では、この住居、住処である煩悩、愛着を離れたところを無住処《むじゅうしょ》と呼ぶ。無執着、無所得《むしょとく》である。それゆえ、仏の旅とは無執着であり、涅槃という法に帰するものである。大乗仏典の『般若経《はんにゃきょう》』はこれを般若、空《くう》と説き、『涅槃《ねはん》経《ぎょう》』は常楽我浄《じょうらくがじょう》の涅槃、仏性《ぶっしょう》と説く。また『法華経《ほけきょう》』は諸法実相《しょほうじっそう》をもって、『華厳経《けごんきょう》』は海印三昧《かいいんざんまい》をもって、これを示したといえるであろう。

このように、仏の旅は、徒歩、説法の旅であり、智慧、慈悲の時である。すなわち、無住処を語り、涅槃の法を説く、仏の生活そのものにほかならない。

本経は、パーリ仏典中、単経《たんきょう》としては実質的に最も長いものであり、全体は六章（六誦唱分《ろくじゅしょうぶん》）からなっている。まず、その全体を把握するために、ここに各章の内容を、具体的な旅の地、人、あるいは説法項目によって示すことにしよう。

――第一章　平和と寂静《じゃくじょう》

経は、つぎのことばに始まる。

「このように私は聞いた――

あるとき、世尊《せそん》は、ラージャガハに近い、鷲峰山に住んでおられた。

ちょうどその頃、マガダ国の王でありヴィデーヒー妃の子であるアジャータサットゥは、ヴァッジ族を征服したいと思っていた。かれはつぎのようにいった。

『そのように大神力《だいじんりき》があろうとも、そのように大威力《だいいりき》があろうとも、私は、かれらヴァッジ族を

断絶させるであろう。ヴァッジ族を滅亡させるであろう。ヴァッジ族を破滅に陥れるであろう』と」（第一節）

仏がマガダ国の首都ラージャガハ（王舎城《おうしゃじょう》）に近い鷲峰山に住んでおられたときのことである。国王アジャータサットゥ（阿闍世《あじゃせ》）は、欲と怨みと力をもってヴァッジ族を征服しようと考えた。しかし、仏のお考えを伺《うかが》おうと、大臣ヴァッサカーラを仏のもとへ遣《つか》わした。仏はかれに、ヴァッジ族が法にかなった堅固な人々であることを知らせようと思い、アーナンダ長老（阿難《あなん》）を相手に問答し、「和合《わごう》して集まり、和合して立ち上がり、なすべきことをなす」に始まるヴァッジ族の七不衰退法《しちふすいたいほう》について語られる。かれはそれを聞き、ヴァッジ族を戦争によっては征服できないことを知り、喜びを示し、帰った。

仏は、まもなく、すべての比丘《びく》を講堂に集めさせ、七覚支《しちかくし》（七のすぐれた覚《さと》りの部分）をふくむ比丘の七不衰退法を五種、六不衰退法を一種、示される。註釈によれば、仏はそのとき、このヴァッジ族の法に因《ちな》んで比丘たちに解脱《げだつ》（還転《げんてん》）に資《し》する法が語られたならば、私の入滅後も教えは久住《くじゅう》するであろう、と考え、これらを示されたという。社会に平和、個人に寂静《じゃくじょう》をもたらす不衰退、不放逸《ふほういつ》の教えである。仏はまた、比丘たちに戒《かい》・定《じょう》・慧《え》・解脱《げだつ》の法をくり返し説かれた。

そして、旅に出かけられる。

「さて、世尊は、ラージャガハで思いのままに住まわれ、尊者アーナンダに告げていわれた。『さ

ナーランダー大僧院の遺跡

あ、アーナンダよ、アンバラッティカーへ行くことにしましょう』と。『かしこまりました、尊師よ』と尊者アーナンダは世尊に答えた。
そこで世尊は大比丘僧団《そうだん》とともにアンバラッティカーへ入って行かれた。そして世尊はそのアンバラッティカーにある王の別荘に住まわれた」　（第一三節）

アンバラッティカー：この旅はアーナンダ長老を侍者とし、大比丘僧団とともにされたものである。まず、この地では王の別荘に滞在され、比丘たちに戒・定・慧・解脱の法をくり返し説示された。それより、順次、歩を進められた。

ナーランダー：パーヴァーリカのマンゴー林に滞在され、また戒・定・慧・解脱の説法をなされた。サーリプッタ長老（舎《しゃ》利《り》弗《ほつ》）による獅子《しし》吼《く》も行なわれた。

パータリ村：休息所に滞在され、男性信者たちに無戒者の五危難と持戒者《じかいしゃ》の五功徳《くどく》とに関する説法をされる。またそのとき、ヴァッジ族を防ぐためにパータリ村に都市を築いていた大臣スニダとヴァッサカーラから食事の供養《くよう》を受けられる。仏は、アーナンダ長老にパータリプッタには三（火・水・不和）の災難があることを語り、また大臣たちには人間と神々とによる相互供養の偈《げ》を示される。

ガンジス川：川岸で、「智慧ある渡り人」に関する感嘆のことばを発せられる。

（第二五節）

――第二章　寿命力《りき》の決意

「さて、**世尊は、尊者アーナンダよ、コーティ村へ行くことにしましょう**』と」

『さあ、アーナンダよ、コーティ村へ行くことにしましょう』と」

コーティ村：比丘たちに四聖諦《ししょうたい》、戒・定・慧・解脱の法について説示される。

ナーティカ村：煉瓦堂《れんがどう》に滞在し、この村で亡くなった比丘、比丘尼《びくに》、男性信者、女性信者の来世に関するアーナンダ長老の質問に答え、説明（授記《じゅき》）される。そして各自が来世を知るための基準となる「法鏡《ほうきょう》」（仏・法・僧・戒に対する絶対的な信仰）について明らかにし、また戒・定・慧・解脱についてくり返し説法される。これより、ヴァッジ国の首都ヴェーサーリーに行かれる。

ヴェーサーリー：遊女アンバパーリーの園林に滞在し、まず比丘たちに注意を喚起し、四念処《しねんじょ》を説示《せつじ》される。そして三十三天の神々のように色とりどりに着飾ったリッチャヴィ族の貴公子たちが来たとき、比丘たちにかれらをよく見るように、すなわち無常想《むじょうそう》を修するように促し、貴公子たちに法話を示される。また、アンバパーリーによる食事の布施、園林の寄進を受け、彼女に法話を示される。比丘たちにまた戒・定・慧・解脱の法を説かれ、ヴェールヴァ村に向かわれる。

ヴェールヴァ村：仏はこの村で雨安居《うあんご》（雨期の屋内生活）に入られるが、重病に罹《かか》られた。しかし、寿命力（果定法《かじょうほう》）を決意し、回復されたという。

「雨安居に入られた世尊は、重い病気に罹り、死ぬほどの激痛に襲われた。しかし、世尊は、念《ねん》をそなえ、正知《しょうち》をそなえて、悩まされることなく、それに耐え忍ばれた。そのとき、世尊はこのように考えられた。

『私が侍者たちに告げず、比丘僧団にも知らせず入滅するのは、私にふさわしくない。私からこの病気を精進《しょうじん》によって克服し、寿命力を決意して住むことにしてはどうであろうか』と。

そこで世尊は、その病気を精進によって克服され、寿命力を決意して住まわれた。すると、世尊のその病気は静まった」（第三四節）

と。そして比丘たちに、「如来には法に対する握拳《にぎりこぶし》はない」「私の齢《よわい》は八十である」と語り、四念処を説き、「自己を島とせよ、法を島とせよ」と教示された。

――第三章　寿命力の放棄

「さて、世尊は、午前のうちに、着衣され、鉢と衣を保ち、ヴェーサーリーへ托鉢《たくはつ》に入られた。ヴェーサーリーで托鉢をされ、食後、托鉢食を離れられると、尊者アーナンダに告げていわれた。

『アーナンダよ、坐具を持ちなさい。日中を過ごすために、チャーパーラ霊域へ行くことにしましょう』と」

（第三六節）

ヴェーサーリー：仏はヴェーサーリーに近いチャーパーラ霊域へ行き、アーナンダ長老に寿命力の放棄を暗示される。しかし長老はこれに気づかなかった。そのとき悪魔が現われ、仏に入滅を勧誘する。

ヴェーサーリーのアショーカ王石柱

ついに仏は寿命力を放棄され、大地震が起こる。
驚くアーナンダ長老に大地震発生の八因縁《いんねん》、さらに八会衆《えしゅう》、八勝処《しょうしょ》、八解脱について説示される。ここでアーナンダ長老は如来の寿命力を懇願するが、時すでに遅く、長老の過失が指摘される。その後、大林《だいりん》の重閣《じゅうかく》講堂において、教えの久住のために三十七菩提《さんじゅうしちぼだい》分法《ぶんほう》（四念処ないし八支聖道《はっししょうどう》）が説示される。
「そこで、世尊は、比丘たちに告げていわれた。
『さあ、比丘たちよ、今や、そなたたちに告げます。いかなるものも移ろい行きます。怠ることなく努めなさい。まもなく如来の入滅が起こります。これより三ヵ月後に、如来は入滅するつもりです』」（第五五節）

と。ここに仏は、三ヵ月後に入滅することを告げられる。

──第四章　鍛冶工チュンダの食供養《じき》

「さて、世尊は、午前のうちに着衣され、鉢と衣を保ち、ヴェーサーリーへ托鉢に入られた。ヴェーサーリーで托鉢をされ、食後、托鉢食を離れられると、象が眺《なが》めるようにヴェーサーリーを眺め、尊者アーナンダに告げていわれた。

『アーナンダよ、これが如来のヴェーサーリーにおける最後の眺めとなるはずです。さあ、アーナンダよ、バンダ村へ行くことにしましょう』と」（第五六節）

バンダ村：仏は、ヴェーサーリーの諸王（リッチャヴィ族）には滅亡が迫っている、三年後に滅亡するであろう、かれらは都の入口に「象の眺め」という名の塔を建てて供養するであろう、それはかれらの利益《りやく》、安楽《あんらく》のためになるであろう、と慈悲の心によってヴェーサーリーを眺め、バンダ村に入られたという。ここでまた、比丘たちに四聖諦《ししょうたい》の説示、戒・定・慧・解脱の説法がなされる。それより、ハッティ村、アンバ村、ジャンブ村へ、そしてボーガ市へ行かれる。

ボーガ市：アーナンダ霊域において、四大教法《きょうほう》（仏、僧団、多くの長老、一長老による法確立の根拠）の説示、戒・定・慧・解脱の説法がなされる。

パーヴァー：鍛冶工の子チュンダのマンゴー林に滞在され、チュンダに説法される。チュンダによるスーカラマッダヴァ（茸《きのこ》、あるいは豚肉の料理）の食事供養を受け、下痢、激痛をともなう重病に罹られるが、念と正知により耐えられる。

パーヴァーからクシナーラーにいたる道中：如来の大神力《だいじんりき》が示され、マッラ族の王子プックサの帰依《きえ》を受け、金色衣《こんじきえ》が布施《ふせ》される。そのとき、如来の皮膚は金色衣が輝きを失うほどに清浄《しょうじょう》、純白であったという。

「アーナンダよ、これら二つの時（最上の正しい覚りを完成する夜、無余依《むよえ》の涅槃界において入滅する夜）において、とくに如来の身体は清浄となり、皮膚の色は純白となります。アーナンダよ、今夜、後分《ごぶん》に、クシナーラーのウパヴァッタナというマッラ族のサーラ林において、サーラ双樹《そうじゅ》の間で如来の入滅が起こります。さあ、アーナンダよ、カクダー川へ行きましょう」（第六五節）

と。ここに仏は、今夜、クシナーラーで入滅されることを告げられる。

それよりカクダー川へ行き、沐浴し、喉をうるおされた後、獅子臥《ししが》をされ、話しかけられる。

「アーナンダよ、鍛冶工の子チュンダの後悔はつぎのようにして取り除かれるべきです。

『友チュンダよ、如来はあなたの托鉢食を最後に食べて入滅されたのですから、あなたにはそのために利得《りとく》があります。あなたにはそのために得ることが易しいのです。

友チュンダよ、私はそのことを世尊から直接聞き、直接受けました。すなわち、これら二つの托鉢食はいずれも等しい果報《かほう》があり、等しい結果があり、他の托鉢食よりもはるかに大きな果報があり、はるかに大きな功徳があります。二つとは何か。如来が食べて最上の正しい覚りを完成する（スジャーターの）托鉢食と、如来が食べて無余依の涅槃界において入滅する（チュンダの）托鉢食です。……

鍛冶工の子チュンダ尊者は寿命をもたらす業《ごう》を積んでいます』」（第六七節）

と。智慧と慈悲に満ちた如来のことばである。

――第五章　尊者アーナンダの涙

「さて、世尊は尊者アーナンダに告げていわれた。

『さあ、アーナンダよ、ヒランニャヴァティー川の向こう岸にあるクシナーラーのウパヴァッタナというマッラ族のサーラ林へ行くことにしましょう』と」（第六八節）

クシナーラー：仏はサーラ林に行き、サーラ双樹の間に、頭を北にして用意された床に、右脇をもって獅子のように臥《ふ》される。そこではサーラ双樹が時ならぬ花をつけ、満開し、空中では如来を供養するために楽器が奏でられ、神々も立錐《りっすい》の余地がないほどに集まったという。

スジャーターの乳粥供養（ボロブドゥール）

その中で仏は、アーナンダ長老によるさまざまな問いに一々丁《てい》寧《ねい》に答えられた。四大霊場（如来の誕生・成道《じょうどう》・初転法輪《しょてんぼうりん》・入滅の場所）巡拝の功徳、女性に対する態度、如来の遺体供養法などである。しかし、アーナンダ長老は、どのように仏に問い、答えられようと、悲しみは増すばかりであった。「ああ、私に憐みをかけてくださる師は入滅してしまわれる」と。

仏は、このようなアーナンダ長老を呼び寄せて、つぎのようにいわれた。

「やめなさい、アーナンダよ。悲しむことはないのです。嘆くことはないのです。アーナンダよ、私はこれまでに『いかなる愛しいものからも、好ましいものからも、生別し、死別し、変異する』ということを説いたではありませんか。

アーナンダよ、いったいどうしてそのようなことがありえますか。生じたもの、生成したもの、作られたもの、壊滅《えめつ》する性質のものについて、『それは壊れるな』というような道理はないのです。

アーナンダよ、そなたは長い間、利益のある、安らぎのある、純一《じゅんいつ》にして無量《むりょう》の、慈《いつく》しみのある身による行為……語による行為……意による行為をもって如来に仕えてくれました。アーナンダよ、そなたは功徳を積んで来ました。努め励《はげ》みなさい。速《すみ》やかに漏尽者《ろじんしゃ》となるはずです」（第七七節）

と。そして、アーナンダ長老が賢者であり、四の不思議法《ふしぎほう》をそなえた知者であることを比丘たちに語り、称賛された。またそのとき、遍歴行者スバッダに八支聖道と四種沙門《ししゅしゃもん》について説法された。かれは最後の直弟子、阿羅漢になったという。

――第六章　入　滅

「さて、世尊は尊者アーナンダに話しかけられた。

『ところで、アーナンダよ、そなたにはこのような思いがあるかもしれません。つまり、「教えは師を失っている。われわれに師はおられない」と。しかしアーナンダよ、それはそのように見られるべきではありません。アーナンダよ、私がそなたたちのために説示し制定した法《ほう》と律《りつ》が、

『私亡き後、そなたたちの師なのです』」（第八六節）

と。このように仏は、今後は「法と律」が師となることを話された。そして比丘たちに、今、ここで、仏・法・僧について疑問があれば問うように、もしも師に対する尊敬から問うことができない場合は仲間が代わって問うように、といわれた。弟子に対する師の、なんと暖かいご配慮であろうか。だれも問う者はいなかった。智慧が満ちていたのである。そこで、仏は比丘たちに告げていわれた。

「いかなるものも移ろい行きます。怠ることなく努めなさい」（第八八節）

と。如来の最後のことばである。すべては移ろい変化する、正しい念をそなえ努力せよ、と。今《いま》わの際《きわ》まで智慧と慈悲を示されたお方の真実の教えである。

釈尊の入滅を悲しむアーナンダ（スリランカ・ポロンナルワ）

これより、仏は禅定《ぜんじょう》に入り、禅定より出て、入滅された、という。静かな最期、寂静である。入滅と同時に大地震が起こり、雷鳴が轟《とどろ》いた、と。以上が本経の全容であり、仏の旅の記録の概要である。涅槃の部分である。経はさらにさまざまなことを伝えているが、それらは入滅後の話となる。

――仏の法

先に『大般涅槃経《だいはつねはんぎょう》』について、いわば「人の記録」を主に入滅《にゅうめつ》までの内容を概観した。そこでこれより「法の記録」を中心にして、説法の内容、入滅後の記事などを紹介しつつ、本経の主題である「涅槃」について考えてみよう。

(1)まず、仏がつねに説かれたものは「三学《さんがく》」の教えであった。

「世尊《せそん》は、ラージャガハに近い鷲峰山《じゅぶせん》に住まわれ、その間、比丘たちに何度もつぎのような法話のみをなされた。

『戒《かい》とは以上のとおりです。定《じょう》とは以上のとおりです。慧《え》とは以上のとおりです。戒を充分に修した定は大きな果報《かほう》があり、大きな功徳があります。定を充分に修した慧は大きな果報があり、大きな功徳があります。慧を充分に修した心は、もろもろの煩悩から、すなわち欲の煩悩から、生存の煩悩から、無明《むみょう》の煩悩から正しく解脱《げだつ》します』」（第一二節）

と。この戒・定・慧という三学の教えは、本経ではどの場合もこのように略説されているが、詳細はすでに見たとおり、長部《ちょうぶ》第二『沙門果経《しゃもんかきょう》』に知られる。戒とは小戒《しょうかい》・中戒《ちゅうかい》・大戒《だいかい》からなる慈悲に基づく生活、環境に対する学びであり、定とは第一禅ないし第四《し》禅からなる心の静まり、この心の学びである。

慧とは内観《ないかん》の智ないし煩悩滅《めつ》の智による洞察であり、如実《にょじつ》に知る学びをいう。

この戒・定・慧の学びは大きな果報、解脱（阿羅漢果《あらかんか》）、すなわち心と智慧の自在を生むものであり、日々に学ばれるべき仏教の実践、教えの全体である。仏はこの鷲峰山に始まり、いつどこでも、この法を説かれた。大乗仏典『法華経《ほけきょう》』はそのことを、

「衆生を度《ど》さんがための故に、方便《ほうべん》して涅槃《ねはん》を現わすも、しかも実に滅度《めつど》せずして、常にここに住《じゅう》して法を説くなり」（『法華経』如来寿量品《にょらいじゅりょうほん》）

と表現する。常在霊鷲山《じょうざいりょうじゅせん》の仏が我此土安穏《がしどあんのん》の法を語られる、というのである。

⑵同じく、いつも説かれたものにコーティ村での「四諦《したい》」の教えがある。

「比丘たちよ、四つの聖なる真理を理解しないため、洞察しないために、私もそなたたちも、このようにこの長い間、流転《るてん》し、輪廻《りんね》しました。……

しかし、比丘たちよ、苦という聖なる真理……苦の生起《しょうき》という聖なる真理……苦の滅尽《めつじん》という聖なる真理……苦の滅尽にいたる道という聖なる真理は理解され、洞察されました。生存への渇愛は断たれていいます。生存に導くものは尽くされていいます。もはや、生まれかわることはありません」（第二五節）

と。四諦《したい》（四聖諦《ししょうたい》）は仏教における四の真理（諦《たい》）である。苦、集《じゅう》（苦の生起）、滅《めつ》（苦の滅尽）、道《どう》

（苦の滅尽にいたる道）という聖者の真理をさす。

「苦」は、四苦《しく》（生・老・病・死）、八苦《はっく》（四苦・愛別離苦《あいべつりく》・怨憎会苦《おんぞうえく》・求不得苦《ぐふとくく》・五取蘊苦《ごしゅうんく》）をいい、その特質（苦性《くしょう》）からは三苦、すなわち苦苦《くく》（苦しみの苦）・壊苦《えく》（楽の変壊《へんね》による苦）・行苦《ぎょうく》（行という五蘊の苦）として説明される。

ただし、苦という語は、漢字によれば一般に「苦」という意味になるが、原語dukkha（パーリ語）によれば「苦」（du　嫌悪）と「空虚」（kha　不安定）という二種の意味になる。従って、仏典における漢字の苦には、苦と空虚の二義があることに注意しなければならない。たとえば、先の「五取蘊苦」「行苦」という場合、あるいは「無常なるものは苦である」「苦なるものは無我である」という場合、苦ではなく、空虚の意味である。これは最も重要な苦の理解となる。

「集」とは苦因《くいん》となる渇愛である。「滅」とは苦滅《くめつ》という涅槃（寂静《じゃくじょう》・自由）をさす。「道」とは苦滅にいたる八正道《はっしょうどう》、すなわち中道《ちゅうどう》という実践である。仏はこの四諦を知り、生死《しょうじ》の輪廻を超えられたという。涅槃を見られたのである。

そのうち、苦は知悉《ちしつ》されるべきもの、渇愛は捨断《しゃだん》されるべきもの、涅槃は証得《しょうとく》されるべきもの、八正道は修習《しゅじゅう》されるべきものである。苦は有漏《うろ》の果、集は有漏の因、滅は無漏《むろ》の果、道は無漏の因とされるように、この四諦の教えは、自ら実証された縁起《えんぎ》、因果《いんが》の道理を、他者のために示された真理であり、仏教の根本である。すぐれた人格と生活から生まれた仏の行持《ぎょうじ》にほかならない。

なお、この村での四聖諦による説法は仏の入滅時のものであるが、その内容は、最初の仏語《ぶつご》(序章「仏語の世界」三六〜三七頁)とされる「家の作者を探し求め……渇愛《かつあい》の滅《めつ》に到達す」という成道《じょうどう》時のことばの内容と何ら異ならない。それは、仏がつねに説かれた教えはこの渇愛の滅、涅槃の法、すなわち四諦の法であるということである。

「**久遠劫《くおんごう》より来《このかた》、涅槃の法を讃《ほ》め示して、生死《しょうじ》の苦を永く尽《つく》す、とわれは常に是《かく》の如く説けり**」

(『**法華経**』**方便品《ほうべんぽん》**)

と、大乗仏典にも語られている。なお、ここで、後戻りをして、ガンジス川の辺で唱えられた仏の偈《げ》を見ることにしよう。

「**人が筏《いかだ》を結ぶ間に　橋を作り、泥沼を捨て**
海や川を渡る者たち　かれらは智慧ある渡り人」

(**第二四節**)

と。これは、その頃に入滅したとされる二大弟子のサーリプッタ長老とマハーモッガラーナ長老のことを想い、語られたことばのように思われる。かれらは、他の者に先んじ、すでに智慧をそなえ、聖道《しょうどう》の橋を作り、渇愛の川を渡っている、と。

(3)また、よく説かれたものに「**四念処《しねんじょ》**」の教えがある。

「比丘たちよ、比丘は念《ねん》をそなえ、正知《しょうち》をそなえて住むべきです。……比丘たちよ、ここに比丘は身《しん》において身を……もろもろの受《じゅ》において受を……心《しん》において心を……もろもろの法《ほう》において法を観《み》つづけ、熱心に、正知《しょうち》をそなえ、念をそなえ、世界における貪欲《とんよく》と憂いを除いて住みます」（第三〇節）

と。正念《しょうねん》と正知をそなえることはつねに求められ、とくに病気や注意を喚起《かんき》すべき事態が生じたときは、この四念処の法が説かれた。また同時に、

「そなたたちは、自己を島とし、自己を依り所とし、他を依り所とせずに、法を島とし、法を依り所とし、他を依り所とせずに、住みなさい」（第三五節）

と、四念処によって住むことを教えられた。それは身・受・心・法を観ることにより、浄《じょう》・楽《らく》・常《じょう》・我《が》に執《しゅう》する顛倒見《てんどうけん》を離れ、すなわち不浄・苦・無常・無我による如実見《にょじつけん》をそなえ、自己（世界）を正しく知る、という実践である。「涅槃を目のあたり見るための一道《いちどう》」である。また堪忍《かんにん》（忍耐）の法でもあった。

(4)このように仏は、いつどこでも弟子たちに、三学、四諦、あるいは四念処の法をもって教えの根本を説かれた。そして、その時、その場所、その人に応じて、七不衰退法《しちふすいたいほう》などのさまざまな教えを示された。とくにこの旅では、入滅後を考慮して説法された。そして最後に、つぎのようにいわれた。

「いかなるものも移ろい行きます。怠ることなく努めなさい」（第八八節）

と。仏の四十五年間の法を端的に示されたことばである。すでに何度も引用されたが、過ぎることはないであろう。なぜなら、ここには一切の人々のために、四阿僧祇《しあそうぎ》十万劫《じゅうまんごう》にわたる波羅蜜《はらみつ》修行と一切知智《いっさいちち》により、仏の法、仏の道の一切が説かれているからである。無常の自己、無常の世界ゆえに、今ここに、怠ることなく、目的の成就《じょうじゅ》に努めよ、と。「不放逸《ふほういつ》」による最上の教えである。

——仏の舎利

仏滅後の事柄として、本経には、まず神々の主サッカによる「無常偈《むじょうげ》」（終章四一〇頁参照）などの仏の入滅に関して唱えられた偈が紹介されている。つぎに、如来の遺体供養、遺体安置の話、スバッダ比丘が「大沙門《だいしゃもん》から解放された」と暴言を吐いたこと、尊者マハーカッサパ（摩訶迦葉《まかかしょう》）の到着を待って火葬の薪《たきぎ》が点火されたこと、荼毘《だび》の後には灰も煤《すす》もなく舎利《しゃり》のみが残り、遺体を包んでいた五百重の布も最内部と最外部の二枚のみが焼けずに残ったことなど（第一〇五節）が述べられている。

ピプラワー出土の舎利容器

最後に注目される記事として、和合を尊ぶドーナ・バラモンによって、仏の舎利がつぎの有力な信者である八者に分配され、それぞれの地（カッコ内）に舎利塔が建てられ、供養されたことが伝えられている。すなわち、⑴マガダ国王アジャータサットゥ（ラージャガハ）、⑵リッチャヴィ族（ヴェーサーリー）、⑶釈迦族（カピラヴァットゥ）、⑷ブリ族（アッラカッパ）、⑸コーリヤ族（ラーマガーマ）、⑹バラモン（ヴェータディーパ）、⑺マッラ族（パーヴァー）、⑻マッラ族（クシナーラー）である。なお、第九としてドーナ・バラモンによる壺塔《つぼとう》の供養、第十としてモーリヤ族（ピッパリヴァナ）による炭塔《すみとう》の供養がなされた（第一〇六～一〇九節）、と。

後世の仏舎利に関する信仰は、この舎利の分配と保存に始まったといってよい。それは、仏の身《しん》（舎利・色身《しきしん》）は不滅である、という仏身常住《ぶっしんじょうじゅう》の見方である。五蘊《ごうん》（色《しき》・受《じゅ》・想《そう》・行《ぎょう》・識《しき》）の無常、あるいは無執着《むしゅうじゃく》、無所有《むしょう》を説く仏の教えからは遠く離れた執見《しゅうけん》となるが、多くの人々にとって、仏舎利《ぶっしゃり》は「見える仏」であり、何にも代えがたい宝、仏宝《ぶっぽう》であった。それが今日まで根強く続いている理由であろう。因《ちな》みに註釈によれば、舎利には三種、すなわち肉身舎利（遺骨、歯、毛髪）、受用《じゅゆう》舎利（菩提樹＝菩提座、鉢、衣）、指定舎利（仏像）が知られる。

一方でまた、仏の法（法身《ほっしん》）は不滅である、という法身常住の見方が現われた。それは、仏の身（舎利）が仮の滅《めっ》するもの（応身《おうじん》）である、という考え方に立つ。仏の法という「見えない仏」に対する信仰である。法をとおして仏を見る、だれも仏となる可能性がある、仏性《ぶっしょう》がある。だれも法と一体になる、法性《ほっしょう》（真如《しんにょ》）がある。また、仏の法である縁起、涅槃、存在するものの一切が仏性であり、遍満《へんまん》する、と。これは大乗仏典『大般涅槃経』などに説かれるところである。

いずれも、仏を思慕し、永遠の仏、永遠の法を求める心から生まれたものである。仏が涅槃を得たお方である限り、正しい求めによってだれも無貪《むとん》・無瞋《むしん》・無痴《むち》の自由に向かうはずである。しかし長い歴史には、舎利をめぐる争いや仏性などをめぐる論争が絶えなかった。すべてはその求め方に解決があるであろう。

――涅槃

さて、本経の題名にある「般涅槃《はつねはん》」あるいは「涅槃」とは何か。まず「**般涅槃**」(parinibbāna) について、伝統の註釈による興味深い説明を見ることにしよう。

「三種の般涅槃がある。すなわち、煩悩の般涅槃、蘊《うん》の般涅槃、舎利の般涅槃である。そのうち、煩悩の般涅槃は菩提座《ぼだいざ》に、蘊の般涅槃はクシナーラーに、舎利の般涅槃は未来に起こるであろう。伝えによれば、教え（仏教）が下降するとき、このランカー島に諸舎利が集まり、大塔へ行くことになる。大塔から龍が島のラージャーヤタナ塔へ、そこから大菩提座へ行く。龍の住処《じゅうしょ》からも、天界からも、梵天界《ぼんてんかい》からも、諸舎利が大菩提座へのみ行くであろう。芥子《からし》の種ほどの舎利もその間に消失することなく、すべての舎利が大菩提座に集合し、黄金塊のような堅固なものとなり、六色の光を放ち、一万世界に遍満《へんまん》するであろう。

それより一万の輪囲山《りんいせん》にいる神々は集まり、『今から師は入滅される。今から教えは下降する。今やこれがわれらの最後の見届けになる』と、十力者《じゅうりきしゃ》（仏）が入滅された日より大きな悲心《ひしん》（悲しみ）を作ることになる。

不還者《ふげんしゃ》、漏尽者《ろじんしゃ》を除き、他の者は茫然《ぼうぜん》自失するであろう。諸舎利のうち、火舎利《かしゃり》（火界《かかい》）が立ち、梵天界まで上昇する。芥子の種ほどの舎利でもあれば一火焔となる。諸舎利が灰燼《かいじん》に帰したとき、止《や》むであろう。このように大威力《だいいりき》を示して諸舎利が消滅したとき、教えはまさに消滅したものとなる」

（『中部《ちゅうぶ》第一一五〔多界経《たかいきょう》〕註』『分別論《ふんべつろん》〔第一六章〕註』）

と。これによれば、般涅槃とは完全な涅槃、すなわち「完全な消滅」であり、三種の意味をもつ。まず(1)煩悩の消滅である。智慧の覚り、すなわち「仏の成道」をさし、有余依《うよえ》涅槃ともいわれる。つぎに(2)蘊の消滅である。五蘊（生存素因・自体）の消滅、すなわち「仏の入滅」をさし、無余依《むよえ》涅槃ともいわれる。そして(3)舎利の消滅である。未来に起こるという「仏教の消滅」である。三宝《さんぼう》（仏《ぶつ》・法《ほう》・僧《そう》）、あるいは正法《しょうぼう》（教《きょう》・行《ぎょう》・証《しょう》）の消滅をいうのであろう。

以上から、本経の「般涅槃」が意味するものは、形式からは仏の入滅、無余依涅槃、人の記録であり、内容からは仏の成道、有余依涅槃、法の記録である。もちろん仏法《ぶっぽう》の上からいえば、形式と内容にも、有余依涅槃と無余依涅槃にも、人と法にも区別はない。

つぎに「**涅槃**」（nibbāna）について見よう。語義は「消滅」「寂滅《じゃくめつ》」である。般涅槃が一般に入滅をさすのに対して、涅槃は一般に煩悩の消滅、寂滅の境地をさす。その内容をことばにすることは難しいが、小部《しょうぶ》『自説《じせつ》』の「涅槃に関する経」とその註釈によって、全体の主旨を紹介しておきたい。すなわち、

> 涅槃は勝義《しょうぎ》として存在する。それは依拠《えきょ》のないもの、生起《しょうき》のないもの、所縁《しょえん》のないものであり、苦の終わりである。不屈の涅槃は甚深《じんじん》、寂静《じゃくじょう》ゆえに、観察智《かんざっち》なくして見難い。聖道《しょうどう》の慧《え》により、四聖諦を如実《にょじつ》に知る者に屈なる渇愛は洞察され、見る者に障碍《しょうげ》の煩悩苦も輪転《りんてん》苦も存在しない。

このように涅槃は四諦によって得られる。すなわち、依止《えし》があれば動揺があり、依止がなければ動揺がない。動揺がなけれ

涅槃に入る釈尊（クシナーラー）

ば軽快があり、軽快があれば屈従はない。屈従がなければ来《らい》と去《こ》はない。来と去がなければ死没と再生はない。死没と再生がなければ、この世にも、あの世にも、両間にも、我執はない。これが苦の終わりである。

このように依止がなく、観《かん》を修し、聖道によって渇愛を捨断《しゃだん》し、涅槃が得られる、

と。涅槃はこのように説明されるが、その境地は自己を知り、自己から自由な者のみが知るものである。仏、漏尽者《ろじんしゃ》のみの知るところ、唯仏与仏《ゆいぶつよぶつ》の境界《きょうがい》である。ことばは有益であるが、限界をもつ。真実を知らせることは難しい。たとえば、大乗仏典の『大般涅槃経』にあるつぎのような説示からも明らかである。

「善男子《ぜんなんし》、諸仏世尊の語に二種あり。一つは世語《せご》、二つは出世語《しゅっせご》なり。……善男子、我《われ》、昔《むかし》、彼の波羅捺城《はらなじょう》に於て、法輪《ほうりん》を転《てん》ずる時、無常《むじょう》・苦・空《くう》・無我を説けり。今、此の間の拘尸那城《くしなじょう》に於て、法輪を転ずる時、常《じょう》・楽《らく》・我《が》・浄《じょう》を説く」（北本《ほっぽん》『大般涅槃経』巻第一四）

と。成道時には世語、世法《せほう》により、無常・苦・空・無我を説き、涅槃時には出世語、仏法《ぶっぽう》により、常・楽・我・浄を説く、といわれているのである。また、経には無数の比喩が用いられる。たとえば、同経につぎのよく知られたことばがある。

「善男子、仏もまた是《かく》の如し。仏より十二部経《じゅうにぶきょう》を出生《しゅっしょう》し、十二部経より修多羅《しゅたら》を出し、修多羅

より方等経《ほうどうきょう》を出し、方等経より般若波羅蜜《はんにゃはらみつ》を出し、般若波羅蜜より大涅槃を出す。なお醍醐《だいご》の如し。醍醐と言ふは仏性に喩ふ。仏性とは即ち是《これ》如来なり。善男子、是《こ》の義を以ての故に、説きて言ふ。如来のあらゆる功徳は無量無辺《むへん》にして、称《あ》げて計《かぞ》ふべからずと」（北本『大般涅槃経』巻第一四）

と。大涅槃を醍醐に喩え、大涅槃（常）の根拠を般若波羅蜜（空）に求めた説明である。涅槃は、すなわち般若であり、仏性であり、如来である。それはパーリ仏典の『大般涅槃経』に知られる無余依涅槃（入滅）の根拠を有余依涅槃（成道・智慧）に求めることに等しい。

仏は慈悲により、無数のことばをもって真実を語られたお方である。人の法を示し、世法《せほう》の仏法を説き、諸法《しょほう》の実相《じっそう》を明らかにされた。それが智慧であり、涅槃である。

いかなるものも移ろい行く、怠ることなく努めよ、このことばを大事にしたい。

『大念処経《だいねんじょきょう》』

——涅槃の一道《いちどう》

これより、長部《ちょうぶ》第二二『大念処経』（Mahāsatipaṭṭhāna-sutta）を見ることにしよう。それは、仏教の最も重要な法であり修行道である「四念処《しねんじょ》」について明らかにした経である。すぐれた念処《ねんじょ》の法、観法《かんぼう》を説くものであり、「大念住経《だいねんじゅうきょう》」とも訳される。念処（念住）とは、念《ねん》（sati）という住処《じゅうしょ》（paṭṭhāna）、念という発進、念そのものである。それは念を所縁《しょえん》（対象）に正しく置くことであり、さらにいえば、念という心が心を見る法であり、涅槃《ねはん》を目のあたり見る道にほかならない。

この経は、またこれまでに見たものと同じく、つぎのように始まっている。

「このように私は聞いた――

あるとき、世尊《せそん》は、クル国に住んでおられた。カンマーサダンマというクルの町があった。そこで、世尊は、比丘《びく》たちに話しかけられた。『比丘たちよ』と。『尊い方よ』と、かれら比丘は世尊に答えた。世尊はつぎのようにいわれた」（第一節）

と。そして、ただちに四念処の説法がなされ、最後はつぎのように結ばれる。

「このように、**世尊はいわれた。かれら比丘は喜び、世尊が説かれたことに歓喜《かんぎ》した、と**」（**第三四節**）

と。その途中は、ただ「比丘たちよ」という仏の呼びかけがあるだけで、いわゆる物語の類は何もなく、すべて念処の説明になっている。人によらず、法により、自己を説く即今《そっこん》の話である。この心、この今の心、念のみを語る経である。

クル国のカンマーサダンマは智慧と健康に恵まれた地であったという。この念についての深遠な教えがここで比丘たちに説かれたのも故なしとしない。この地の人々はだれもこの教えを理解しえたということであろう。ちなみに、深遠な縁起《えんぎ》を説く長部第一五『大因縁経《だいいんねんきょう》』もこの地で語られたものである。

さて、その説法の内容は何か。まず、総説としてつぎのことばが示される。

「比丘たちよ、この道は、もろもろの生けるものが清まり、愁《うれ》いと悲しみを乗り越え、苦しみと憂いが消え、正理《しょうり》を得、涅槃を目のあたり見るための一道《いちどう》です。すなわち、それは四念処です」（第二節）

と。この道は私たちが清まり、愁いも悲しみも、身の苦しみも心の憂いも消滅する道である。出世間《しゅっせけん》の聖八支道《しょうはっしどう》という正理を得るための、自由という涅槃を目のあたり見るための最上の道である。それは輪廻《りんね》から涅槃に行くための道、すなわち輪廻即涅槃、生死《しょうじ》即涅槃の一道である。それが四念処である、と。

このように本経の趣旨を語り、続けてつぎのようにいわれる。

「四とは何か。比丘たちよ、ここに比丘は、身《しん》において身を観《み》つづけ、熱心に、正知《しょうち》をそなえ、念をそなえ、世界における貪欲《とんよく》と憂いを除いて住みます。

もろもろの受《じゅ》において受を観つづけ、熱心に、正知をそなえ、念をそなえ、世界における貪欲と憂いを除いて住みます。

心《しん》において心を観つづけ、熱心に、正知をそなえ、念をそなえ、世界における貪欲と憂いを除

禅定するブッダ（サーンチー）

いて住みます。

もろもろの法《ほう》において法を観つづけ、熱心に、正知をそなえ、念をそなえ、世界における貪欲と憂いを除いて住みます」

（第二節）

と。これは四念処という観法の実践を四種に分けて示されたものである。すなわち実践に努める比丘は、正しく把握する念をそなえ、正知と称される智をそなえ、身について身を、受について受を、心について心を、法について法を観つづけ（随観《ずいかん》し）、三界《さんがい》の煩悩を焼き、自己という世界の貪欲と憂いを除いて住む、と。

ここにいわれる「世界」（原意「破壊」）とは、この身であり、五取蘊《ごしゅうん》であり、五蘊《ごうん》（色《しき》・受《じゅ》・想《そう》・行《ぎょう》・識《しき》の蘊《あつまり》）という自己の世界をさす。それゆえ、四念処は、すべて自己と関わるもの、自己そのものであり、その実践はすべて自己を観る実践となる。自己の身、自己の受、自己の心、自己の法を観ることである。

また「貪欲と憂いを除いて」とは、心の障害となる五蓋《ごがい》（貪欲、瞋恚《しんい》、沈鬱《ちんうつ》・眠気、浮つき・後悔、疑い）の捨断《しゃだん》をさす。これについて伝統の註釈（『大念処経註』）はつぎのように説明する。

「貪欲の調伏《ちょうぶく》によって身の幸福（青春・健康）の根本である従順の捨断が、憂いの調伏によって身の不幸の根本である違背《いはい》の捨断が説かれている。

また、貪欲の調伏によって身における歓喜の捨断が、憂いの調伏によって身における修習《しゅじゅう》（身の随観）の不歓喜の捨断が説かれている。

また、貪欲の調伏によって身における不真《ふしん》の浄《じょう》・楽《らく》の状態などの受け入れの捨断が、憂いの調伏によって身における真実の不浄《ふじょう》・不楽《ふらく》の状態などの除去の捨断が説かれている」

と。すなわち、貪欲と憂いを除くことは、(1)従順・違背を脱すること、(2)快・不快に耐えること、(3)取・捨がないことになる。それは、四念処が従順・違背、不快・快、取・捨という対立のない如実《にょじつ》の観法であることを示している。

――身を観る

四念処の実践は、身の随観十四種、受の随観九種、心の随観十六種、法の随観五種、合計四十四種からなるものである。随観とは観つづけることをいう。まず、身の随観について見ることにしたい。仏はつぎのように説き始められる。

「では、比丘たちよ、どのようにして比丘は、身において身を観つづけて住むのか。比丘たちよ、ここに比丘は、森に行くか、樹下《じゅげ》に行くか、空屋《くうおく》に行って、跏趺《かふ》を組み、身を真直ぐに保ち、全面に念を凝《こ》らして坐ります」（第三節）

と。随観のために必要なことは身の遠離《おんり》である。静かな場所に身を置かなければならない。たとえば牛飼いが野生の子牛を母牛から引き離し、杭《くい》を打ち、そこに綱《つな》でつなぐと、子牛は暴れ、あちこちで躓《つまず》くものの、やがて静かになるであろう。そのように心を調御《じょうご》したいと思う比丘は、種々の所縁《しょえん》から心を引き離し、森や樹下、空屋に入り、念処の所縁という杭に念という綱をもって心をつなぐべきである。そうすれば、心はあちこちで躓かず、近行《ごんぎょう》、安止《あんし》の禅定《ぜんじょう》によって落ち着くことになる。

心の遠離のために、身の遠離は不可欠である。「あたかも子牛を馴らすため、人が杭につなぐように、ここに自己の心を結べ、念によって固く所縁に」と古人もいう。なお、後代の中国禅宗に見られる「十牛図《じゅうぎゅうず》」はここにそのモチーフがあるともされる。

――第一　出息《しゅっそく》・入息《にっそく》の把握

さて、比丘は静かな場所に坐し、念処の実践に入り、身を随観する。

「かれは、念をそなえて出息し、念をそなえて入息します。長く出息するときは『私は長く出息する』と知ります。あるいは、長く入息するときは『私は長く入息する』と知ります。また、短く出息するときは『私は短く出息する』と知ります。あるいは、短く入息するときは『私は短く入息する』と知ります。『私は全身（出息の初《しょ》・中《ちゅう》・後《ご》）を感知して出息しよう』と学び、『私は全身（入息の初・中・後）を感知して入息しよう』と学びます。『私は身行《しんぎょう》（粗い出息）を静めつつ出息しよう』と学び、『私は身行（粗い入息）を静めつつ入息しよう』と学びます。……

以上のように、内《ない》の身において身を観つづけて住みます。あるいは、外《げ》の身において身を観つづけて住みます。あるいは、内と外の身において身を観つづけて住みます。また、身において生《しょう》起《き》の法を観つづけて住みます。あるいは、身において滅尽《めつじん》の法を観つづけて住みます。あるいは、身において生起と滅尽の法を観つづけて住みます。

そして、かれに『身がある』との念が現前《げんぜん》します。

それはほかでもない、智のため念のためになります。かれは、依存することなく住み、世のいかなるものにも執着することがありません」

（第三節）

と。いわゆる調息《ちょうそく》、数息《すそく》による観《かん》の実践、「安般念《あんぱんねん》」である。念をそなえ、出息し入息する。息が長いときは「長い」と知り、短いときは「短い」と知る。そして出息入息について学ぶ。これを学ぶ者の戒《かい》は増上戒学《ぞうじょうかいがく》、定《じょう》は増上心学《しんがく》、慧《え》は増上慧学《えがく》である。

このようにして、自己（内）の身（息という身）を観つづけ、あるいは他者（外）の身も（自己の身と）同じであると観つづけ、あるいは時には自己の身を、時には他者の身を同じであると観つづける。また、たとえば鍛冶工《かじこう》の鞴《ふいご》と吹き筒とそれに応じた努力とによって風があちこちに起こるように、比丘の業生身《ごっしょうしん》（業《ごう》によって生じた、わが身）と鼻孔《びくう》と心とによって息が生起すること（生起の法）を観つづける。あるいは鞴と吹き筒とそれに応じた努力とがなければ風が起こらないように、身と鼻孔と心とが消滅すれば息が滅尽《めつじん》すること（滅尽の法）を観つづける。あるいは時には息の生起を、時には息の滅尽を観つづける。かれは出入息の念を苦諦《くたい》とし、それを生起させる渇愛《かつあい》を集諦《じったい》、両者の不生起を滅諦《めったい》、聖道《しょうどう》を道諦《どうたい》として、努力し、寂滅《じゃくめつ》を得る。そこには長短の息という身しかない。ただ「身がある」との念が現前するだけである。このように随観する比丘は、この世のいかなるものにも、すなわち自己のいかなるものにも依存せず、執着することがない、と。

この実践は出入息に深く入る者による阿羅漢果《あらかんか》までの出離《しゅつり》の門である。初めの段階では「止《し》」（心の安定）の実践であるが、後はすべて「観《かん》」（洞察）の実践となっている。それはこの「出息・入息の把握」だけではなく、残りの身念処《しんねんじょ》もすべて「観」を主とするものといってよい。随観という観の実践である。

第二　威儀路《いぎろ》の観

つぎに四《し》威儀（路）、すなわち行《ぎょう》・住《じゅう》・坐《ざ》・臥《が》の随観が説かれる。

「比丘は、行っているときは『私は行っている』と知ります。あるいは、立っているときは『私は立っている』と知ります。あるいは、坐っているときは『私は坐っている』と知ります。あるいは、臥しているときは『私は臥している』と知ります。そしてかれは、その身が存するとおりにそれを知ります。……

そして、かれに『身がある』との念が現前します」（第四節）

と。だれが行くのか。だれも行かない。心の作用と風の動きによるのみ。これを「私が行く」という。念を置く身の対象は異なるが、その内容は第一の場合と同じである。

第三　正知《しょうち》の観

さらに「進む」ないし「黙する」という七種に分類される行動を、四種（有意義〈目的〉・適切・行《ぎょう》処《しょ》〈領域〉・不迷妄《ふめいもう》）の正知によって観る実践が説かれる。

「比丘は、進むにも、退くにも、正知《しょうち》をもって行動します。真直《まっす》ぐ見るにも、あちこち見るにも……曲げるにも、伸ばすにも……大衣《だいえ》と鉢衣《はつえ》を持つにも……食べるにも飲むにも、噛《か》むにも、味わうにも……大便小便をするにも……行くにも、立つにも、坐るにも、眠るにも、目覚めるにも、語るにも、黙するにも、正知をもって行動します。……

そして、かれに『身がある』との念が現前します」（第五節）

と。いずれも、いわゆる威儀即仏法の観である。

――第四　厭逆《おんぎやく》の思惟《しゆい》

つぎに、止《し》（定《じょう》）を主に、身について厭逆の様相を思惟《しゆい》する実践が説かれる。

「比丘は、この身を、足の裏より上、頭髪より下の、皮膚を周辺とする、種々の不浄に満ちたものとして観察します。『この身には、髪・毛・爪・歯・皮、肉・筋・骨・骨髄・腎臓《じんぞう》、心臓・肝《かん》臓《ぞう》・肋膜《ろくまく》・脾臓《ひぞう》・肺臓、腸・腸間膜《ちょうかんまく》・胃物《いぶつ》・大便、胆汁《たんじゅう》・痰《たん》・膿《うみ》・血・汗・脂肪、涙・脂肪油・唾・鼻液・関節液・小便がある』と。……

そして、かれに『身がある』との念が現前します」（第六節）

と。これはいわゆる頭の先から足の先までの、三十二に分けられる身体（骨髄に脳髄《のうずい》を含む）を六分類し、それぞれが浄《じょう》（美しいもの）ではない、不浄、嫌悪されるもの、厭逆であることを観察する実践である。たとえば、眼のきく人が袋に入っている種々の穀物を取り出して、これは米、これは豆、と観察するように行なわれる。

――第五　要素の観察

つぎに、四大《しだい》（地《ち》・水《すい》・火《か》・風《ふう》）からなる身を、堅《けん》・湿《しつ》・煖《なん》（熱）・動《どう》の性《しょう》から観察する実践が説かれる。

「比丘は、この身をあるがままに、置かれたままに、要素から観察します。『この身には、地の要素、水の要素、火の要素、風の要素がある』と。……

そして、かれに『身がある』との念が現前します」（第七節）

と。これは、たとえば熟練した屠牛者《とぎゅうしゃ》が牛を切り裂いて、四大路《しだいろ》に坐り、牛の種類や姿形を思わず、肉片を売るように、有情とか人間という思いをもたず、四大要素のみをもって身を観る実践である。四大、すなわち四界《しかい》の自性《じしょう》を識別（差別《しゃべつ》）して確定することから四界差別《しかいしゃべつ》とも呼ばれる。

――第六〜十四　九墓地の観察

つぎに、墓地に捨てられた九種に変化する身の観察が説かれる。自他の身に執《しゅう》する苦をこえる道である。

「比丘は、①たとえば墓地に捨てられた、死後一日、あるいは死後二日、あるいは死後三日経ち、膨張《ぼうちょう》し、青黒くなり、膿《うみ》ただれた身体を見るように……②鳥に食べられたり……種々の小さな生物に食べられたりしている身体を見るように……③骨が連鎖し、血肉《けつにく》がある、筋が繋《つな》がっている身体を見るように……④骨が連鎖し、肉のない、血にまみれ、筋が繋がっている身体を見るように……⑤骨が連鎖し、血肉のない、筋が繋がっている身体を見るように……⑥骨に繋がりがなく、四方八方に（すなわち、手の骨ないし頭蓋骨が）散乱している身体を見るように……⑦もろもろの骨が白い貝の色のような身体を見るように……⑧もろもろの骨が山積みされた一年経っている身体を見るように……⑨もろもろの骨が腐食し粉々になっている身体を見るように、この身のみに集中します。『この身も、このような性質のもの、このようになるもの、このような状態を超えないものである』と。……

そして、かれに『身がある』との念が現前します。それは他でもない、智のため念のためになります。かれは、依存することなく住み、世のいかなるものにも執着することがありません。このようにまた、比丘たちよ、比丘は身において身を観つづけて住むのです」（第八節）

と。いずれも危難《きなん》の随観であり、それぞれの内容は第一の場合と同じである。

以上が身《しん》の随観である。なお、中部《ちゅうぶ》第一一九『身至念経《しんしいねんきょう》』（第七節）には、この身の随観（十四種）

に四禅《しぜん》（四種）を加えた十八種の「身至念」の実践が説かれ、これによく努めた者に期待される十の功徳《くどく》（第七節）が示されている。⑴不快を征服する、⑵恐怖を征服する、⑶身の苦痛に耐え忍ぶ、⑷四禅を随意に得る、⑸神足通《じんそくつう》を得る、⑹天耳通《てんにつう》を得る、⑺他心通《たしんつう》を得る、⑻宿明通《しゅくみょうつう》を得る、⑼天眼通《てんげんつう》を得る、⑽漏尽通《ろじんつう》を得る、と。

身が身を観る、念が念を知る、これが身の念処であり、随観である。それは今、ここにおける身心《しんじん》の静まりをいう。仏称讃《ぶつしょうさん》の法である。

墓　地（西チベット・ツァパラン）

――受《じゅ》を観る

さて、身随観《しんずいかん》の念処《ねんじょ》に続いて、受の随観《ずいかん》（九種）の念処を見ることにしよう。

「つぎにまた、比丘《びく》たちよ、どのようにして比丘は、もろもろの受において受を観《み》つづけて住むのか。

比丘たちよ、ここに比丘は、①楽の受を感受すれば『私は楽の受を感受する』と知ります。あるいは②苦の受を……③

非苦非楽の受を……④欲に関わる楽の受を……⑤無欲に関わる楽の受を……⑥欲に関わる苦の受を……⑦無欲に関わる苦の受を……⑧欲に関わる非苦非楽の受を……⑨無欲に関わる非苦非楽の受を感受すれば『私は無欲に関わる非苦非楽の受を感受する』と知ります」（第九節）

と。これは、楽・苦・非苦非楽の受（感受）をそのとおりに観る実践である。その方法は先の身随観の場合と同じである。たとえば、行なっているときに「行なっている」と知るように、感受するときに「感受する」と知る。しかし、それは幼児が母乳を飲んで楽を感受するといった類のものではない。なぜなら、そのような感受は有情に対する妄想や我想《がそう》を除くものにならないからである。

この随観の感受は、「だれが感受するか」「だれの感受か」「いかなる根拠による感受か」という正知《しょうち》の感受である。正知とは、正しく知ること、完全に知ること、等しく知ることをいう。「だれが感受するか」。どのような有情《うじょう》も人も感受しない。「だれの感受か」。どのような有情、人の感受でもない。「いかなる根拠による感受か」。基体（色《しき》など）の所縁《しょえん》（対象）による感受である。感受が感受するのみ。その感受の生起によって『私は感受する』との慣用語が生じる。このように知る感受が正知の感受であり、受の随観である。その比丘について仏はいわれる。

「そして、かれに『受がある』との念《ねん》が現前します。……かれは依存することなく住み、世のいかなるものにも執着することがありません」（第九節）

と。身随観の場合と同じく、この受を随観する者には、ただ「受（のみ）がある」との念が現前する。かれは世界の、すなわち自己のいかなるものにも執着することがない、と。なお、ここにおける楽、苦、非苦非楽の受は、いずれも身・心に関する受についていわれたものである。また「欲に関わる受」とは在家《ざいけ》的な五欲《ごよく》（色《しき》・声《しょう》・香《こう》・味《み》・触《そく》）に基づく楽（喜受《きじゅ》）・苦（憂受《うじゅ》）・非苦非楽（捨受《しゃじゅ》）を、「無欲に関わる受」とは出家的な離欲、観《かん》、随念《ずいねん》に基づくものをさしている。

――心を観る

この受随観に続いて、仏は心《しん》随観（十六種）の念処を説かれる。

「つぎにまた、比丘たちよ、どのようにして比丘は心において心を観つづけて住むのか。

比丘たちよ、ここに比丘は①貪《むさぼ》りのある心を貪りのある心であると知ります。②貪りを離れた心を……③怒りのある心を……④怒りを離れた心を……⑤愚痴のある心を……⑥愚痴を離れた心を……⑦萎縮した心を……⑧散乱した心を……⑨大なる心を……⑩大ならざる心を……⑪有上《うじょう》の心を……⑫無上の心を……⑬安定した心を……⑭安定していない心を……⑮解脱《げだつ》した心を……⑯解脱していない心を解脱していない心であると知ります。……

そして、かれに『心がある』との念が現前します」

（第一〇節）

と。ここでは、自己の心が十六種について随観される。心は、心不可得《しんふかとく》ともいわれるように、捉えることが難しい。その心をその心のとおりに観つづける、心を如実《にょじつ》に知る、これが心随観である。心はさまざまである。しかし、それらの心が同時に起こることはない。一つが生じ、滅し、また一つが生じ、滅する。そこで「貪りのある心」から「解脱していない心」にいたるまで、その心のとおりに観つづけ、心の生滅を知り、心にいかなる主体となる有情《うじょう》も人もないことを知る。そして「心（のみ）がある」、それがそれである、と知る。これが心の念処である。

なお、ここにいわれる「解脱した心」とは彼分《ひぶん》・鎮伏《ちんぶく》の解脱心であり、正断《しょうだん》・安息《あんそく》・出離《しゅつり》の解脱心ではない。

また自己の心について、経では、「自己」は色《しき》・受《じゅ》・想《そう》・行《ぎょう》・識《しき》の五蘊《ごうん》によって示され、「心《しん》」は受・想・行・識からなり、それぞれが心作用として説かれ、本体的な心として認められていない。しかし、論では、「自己」は心・心所《しんじょ》・色によって示され、「心」は心の主体である「心法《しんぼう》」（識）と、心の属性である「心所法《しんじょほう》」（受・想・行）からなるものとされる、ということが注意される。ただし、両者ともに、心も、心作用も、あるいは心の属性（貪り、怒り、愚痴《ぐち》など）もすべて無常であり、生滅《しょうめつ》の法であると見ることに相違はない。

――法を観る

つぎに法随観の念処が説かれる。法とは蓋《がい》（五蓋）、蘊《うん》（五取蘊《ごしゅうん》）、処《しょ》（十二処）、覚支《かくし》（七覚支《しち》）、諦《たい》（四諦《し》）の五種であり、不善法《ふぜんぼう》、善法という自己の法である。

1. 蓋の随観

「ではまた、比丘たちよ、どのようにして比丘は、五蓋の法において法を観つづけて住むのか。比丘たちよ、ここに比丘は①内に貪欲《とんよく》があれば『私の内に貪欲がある』と知ります。あるいは内に貪欲がなければ『私の内に貪欲がない』と知ります。また未だ生じていない貪欲がどのように生じるかを知ります。また既に生じている貪欲がどのように断たれるかを知ります。また、断たれている貪欲が未来にどのようにして生じないかを知ります。あるいはまた、②内に瞋恚《しんい》があれば……③内に沈鬱・眠気があれば……④内に浮つき・後悔があれば……⑤内に疑いがあれば……また、断たれている疑いが未来にどのように生じないかを知ります。

そして、かれに『法がある』との念が現前します」

（第一一節）

と。心（禅定《ぜんじょう》）の障害となる貪欲ないし疑いの五蓋を観つづけ、それぞれがすべて無常、生滅《しょうめつ》の法であり、そこに執着すべきものが何もない、と知る随観である。

2. 蘊の随観

「ではまた、比丘たちよ、どのようにして比丘は、五取蘊の法において法を観つづけて住むのか。比丘たちよ、ここに比丘は、『①色とはこのとおりである、色の生起とはこのとおりである、色の消滅とはこのとおりである。②受とは……③想とは……④もろもろの行とは……⑤識とはこのとおりである、識の生起とはこのとおりである、識の消滅とはこのとおりである』と。……

そして、かれに『法がある』との念が現前します」（第一二節）

と。私たち自身（身心《しんじん》）である五取蘊（取著《しゅじゃく》の縁となる五蘊）の法、すなわち色（身）、受（感受作用）、想（想念・判断作用）、行（意思作用）、識（意識作用）のそれぞれをすべて無常・苦・無我《むが》として、その生滅を如実に知る随観である。

3. 処の随観

「ではまた、比丘たちよ、どのようにして比丘は、六の内処《ないしょ》と六の外処《げしょ》の法において法を観つづけて住むのか。

比丘たちよ、ここに比丘は、①眼《げん》を知り、〔1〕もろもろの色《しき》を知り、その両者によって束縛が生じることを知ります。未だ生じていない束縛がどのように生じるかを知ります。また、既に生じている束縛がどのように断たれるかを知ります。また、断たれている束縛が未来にどのようにして生じないかを知ります。②耳《に》を知り、〔2〕もろもろの声《しょう》を知り、その両者によって……③鼻《び》を知り、〔3〕もろもろの香《こう》を知り、その両者によって……④舌《ぜつ》を知り、〔4〕もろもろの味《み》を知り、その両者によって……⑤身《しん》を知り、〔5〕もろもろの触《そく》を知り、〔6〕……

そして、かれに『法がある』との念が現前します」（第一三節）

と。これは、六の感官である内処（眼・耳・鼻・舌・身・意）と、六の対象である外処（色・声・香・味・触・法）とが、それぞれ触れ、束縛が生じることを観る実践である。

束縛とは、貪欲・瞋恚・慢《まん》・見《けん》・疑《ぎ》・戒禁取《かいごんじゅ》・有貪《うとん》・嫉妬《しっと》・吝嗇《りんしょく》・無明《むみょう》の十種をいう。感官（根《こん》）と対象（境《きょう》）との接触により認識（識）が生じ、また束縛が生じる。このように十二処の法を知り、すべては縁により生じ、滅すると観る。この随観者にはまた「法（のみ）がある」との念が現前し、執着するものがない。

4. 覚支の随観

「ではまた、比丘たちよ、どのようにして比丘は、七の覚《さと》りの部分である法において法を観つづけて住むのか。

比丘たちよ、ここに比丘は①内に念というすぐれた覚りの部分があれば『私の内に念というすぐれた覚りの部分がある』と知ります。内に念というすぐれた覚りの部分がなければ『私の内に念というすぐれた覚りの部分はない』と知ります。また、未だ生じていない念というすぐれた覚りの部分がどのように生じるかを知ります。また、既に生じている念というすぐれた覚りの部分の修習《しゅじゅう》がどのように成就するかを知ります。あるいは、②内に法の吟味というすぐれた覚りの部分があれば……③内に精進《しょうじん》というすぐれた覚りの部分があれば……④内に喜びというすぐれた覚りの部分があれば……⑤内に軽快というすぐれた覚りの部分があれば……⑥内に禅定というすぐれた覚りの部分があれば……⑦内に平静というすぐれた覚りの部分があれば……また、既に生じている平静というすぐれた覚りの部分の修習がどのように成就するかを知ります。……

そして、かれに『法がある』との念が現前します」

（第一四節）

と。これは、念・法の吟味・精進・喜び・軽快・禅定・平静（捨《しゃ》）という七のすぐれた覚りの部分（要素）の随観である。ただし、ここでの七覚支は瞑想対象となる法（名色《みょうしき》）に関して充分に知ることも意味される。この法を観る者は、法に主体となる有情も人も存しないことを知り、自己のいかなるものにも執《しゅう》することがない。

5．諦の随観

「では、比丘たちよ、どのようにして比丘は四の聖なる真理である法において法を観つづけて住むのか。比丘たちよ、ここに比丘は①『これが苦である』と如実に知ります。②『これが苦の生起である』と如実に知ります。③『これが苦の滅尽《めつじん》である』と如実に知ります。④『これが苦の滅尽にいたる行道《ぎょうどう》である』と如実に知ります」（第一五節）

と。重要な随観である。仏は自ら発見されたこの苦諦《くたい》、集諦《じったい》（渇愛《かつあい》）、滅諦《めったい》（涅槃《ねはん》）、道諦《どうたい》（聖八支道《しょうはっしどう》）を詳しく説かれ（第一六～三一節）、つぎのように語られる。

「そして、かれに『法がある』との念が現前します。それは他でもない、智のため念のためにになります。かれは、依存することなく住み、世のいかなるものにも執着することがありません」（第三二節）

と。この説明は先と同様に解される。四諦を随観する者は「法（のみ）がある」と知り、いかなる執着もない、と。諦観法王法《たいかんほうおうほう》、法王法如是《にょぜ》である。なお四諦の随観のうち、涅槃である苦滅諦《くめったい》と苦滅道諦《くめつどうたい》については、涅槃が観《かん》の対象にならないため、凡夫にはその実践は難しい。

以上をもって、仏は身《しん》・受《じゅ》・心《しん》・法《ほう》の四念処《しねんじょ》の説示《せつじ》を終えられる。教理的にいえば、身随観によっては色《しき》（身・物質）の把握が、受随観と心随観とによっては非色《ひしき》（心・精神）の把握が、法随観によっては色・非色の混合の把握が語られたことになる。

あるいは、身随観によっては色蘊《しきうん》の把握が、受随観によっては受蘊《じゅうん》の把握が、心随観によっては識蘊《しきうん》の把握が、法随観によっては想蘊《そううん》と行蘊《ぎょううん》の把握も語られたことになるであろう。

最後に、この四念処による修習の期間とその果報《かほう》が語られる。

「比丘たちよ、だれであれ、これら四の念処を、このようにして七年間修習するならば、二つの果報のうちいずれかの果報が期待されます。すなわち、現世における完全智、あるいは、執着の残りがあれば不還果《ふげんか》です。比丘たちよ、七年間でなくてもよいのです。……七日間修習するならば、二つの果報のうちいずれかの果報が期待されます」

（第三三節）

と。現世における阿羅漢果《あらかんか》（完全智）、あるいは不還果が期待されるという。

そして仏は、最初に述べられた「この道はもろもろの生けるものが清まり……涅槃を見るための一道《いちどう》です。すなわち四念処です」とのことばでこの経を結ばれる。

——達磨大師《だるまだいし》の二入四行《ににゅうしぎょう》

この四念処は、自己の身・受・心・法を随観し、「それがそれである」と自己を如実に知る実践である。その実践者には自己への執着が見られない。かつてインドから中国に渡り面壁《めんぺき》坐禅をされたという達磨大師も、この実践者であったと思われる。大師に関する資料『略辨大乗入道四行《りゃくべんだいじょうにゅうどうしぎょう》』はつぎのように記している。

達磨（啓書記筆）

「夫《そ》れ道に入るは途《みち》多けれども、要《よう》して之《これ》を言えば、二種を出《い》でず。一はこれ理入《りにゅう》、二はこれ行入《ぎょうにゅう》なり。……此《ここ》に即ち真理と冥符《みょうふ》して、分別《ふんべつ》あることなく、寂然《じゃくねん》として無為《むい》なるを、之を理入と名づく。行入とは、謂《い》うところの四行《しぎょう》にして、その余《よ》の諸行は悉《ことごと》く此の行中に入る。何等《なにとう》をか四行と為《な》す。一には報怨行《ほうおんぎょう》、二には随縁行《ずいえんぎょう》、三には無所求行《むしょぐぎょう》、四には称法行《しょうぼうぎょう》なり。

云何《いかん》が報怨行なる。……われ往昔《おうじゃく》より、無数劫中《むしゅこうちゅう》に……多くの怨憎《おんぞう》を起こし……今は犯すことなしと雖《いえど》も……悪業《あくごう》の果《か》の熟するのみ……甘心忍受《かんしんにんじゅ》して都《す》べて怨許《おんそ》することなしと。経に云《いわ》く、『苦に逢《あ》うも憂えず、何をもっての故に、識《しき》は本《ほん》に達するが故に』と。此の心の生ずる時、理と相応《そうおう》し、怨《おん》を体《たい》して道に進む、この故に説いて報怨行と言うなり。

第二に随縁行とは、衆生《しゅじょう》は無我にして、並びに業《ごう》に縁《よ》り転《てん》ずる所なれば、苦楽斉《ひと》しく受くること、皆縁より生ず。……縁尽くれば、還《ま》た無なり。……この故に説いて随縁行と言うなり。

第三に無所求行とは、……心を無為に安《やすん》じ、形は運に随《したが》って転じ、万有《まんう》ここに空《くう》じて、願楽《がんぎょう》する所なし。……経に云く。『求むること有れば皆な苦なり、求むることなければ、乃《すなわ》ち楽し』と。判《つまびら》かに知りぬ、求むることなきは真に道行《どうぎょう》たることを。

第四に称法行とは、性浄《しょうじょう》の理を、これを目《なづ》けて法と為す。この理は衆相《しゅそう》ここに空じて、染《ぜん》なく、著《じゃく》なく、此《し》なく、彼《ひ》なし。経に云く、『法は衆生なし、衆生の垢《く》を離れたるが故に、法は我《が》有ることなし、我の垢を離れたるが故に』と。……妄想《もうぞう》を除かんが為《た》めに、六度《ろくど》を修行し、しかも行《ぎょう》ずる所なきを、これを称法行と為す」

と。ここにいわれる「理入」とは寂然として無為なるもの、すなわち「涅槃」をさしている。

「行入」とは、その余の諸行が悉く此の行中に入る「四行」、すなわち報怨行、随縁行、無所求行、称法行であり、それはもろもろの生けるものが清まり、愁いと悲しみを乗り越え、苦しみと憂いが消え、正理《しょうり》を得、涅槃を目のあたり見るための一道である「四念処」、すなわち身随観、受随観、心随観、法随観にほかならない。

すでに見たように、身・受・心・法の四念処は、それぞれがそのとおりにあり、すべては縁により生滅《しょうめつ》し、そこにはいかなる有情（衆生）もなく、執着すべきもののない自由を知る随観であり、無住処の行道《ぎょうどう》である。

この静かな道は、釈尊より達磨大師へ、そして私たちに今も続いている。

『世起経《せいききょう》』

――世界の起源

さて、これよりパーリ仏典の長部《ちょうぶ》第二七『世起経《せいききょう》』（Aggañña-sutta）を見ることにしたい。この経は、世界の起源を語りつつ、世界における最上の価値とは何かを語るものである。経名の「世起」（アッガンニャ）はいささか難解な語であり、「始まり（アッガ）と知られるもの（ニャ）」、あるいは「頂点（アッガ）と知られるもの」を意味している。それは世間の法（世法《せほう》）の原点、出世間《しゅっせけん》の法（仏法《ぶっぽう》）の原点をいう。すなわち、善縁を得て、転輪王となる法であり、仏となる法である。経はつぎのように始まっている。

「このように私は聞いた――

あるとき、世尊《せそん》は、サーヴァッティに近い東園のミガーラマーター殿堂に住んでおられた。ちょうどそのとき、ヴァーセッタとバーラドヴァージャは、比丘になることを望み、比丘たちの中で別住していた」（第一節）

と。これは、仏が、サーヴァッティ（舎衛城《しゃえじょう》）に近いミガーラマーター殿堂、すなわち布施第一の女性信者ヴィサーカーが建立した鹿子母《ろくしも》講堂に住んでおられたとき、バラモン出身で三ヴェーダに通暁《つうぎょう》していた二人の沙弥《しゃみ》ヴァーセッタとバーラドヴァージャに説かれたものである。

そのとき、仏は、独坐を終え、露地で瞑想歩き（経行《きんひん》）をしておられた。二人は法をお聞きしたいと思い、仏に近づき、瞑想歩きをする。そこで、仏は、賢者であるヴァーセッタに話しかけ、二人がバラモンの家を捨てて出家したとき、他のバラモンたちが誹謗しなかったかどうかを問われる。かれはつぎのように答える。

――梵天《ぼんてん》の相続者

「バラモンたちはこのようにいいました。『バラモンこそ最上の階級であり、他の者たちは下劣な階級である。バラモンこそ白い階級であり、他の者たちは黒い階級である。バラモンたちのみが清まり、非バラモンたちは清まらない。バラモンたちのみが梵天の子であり、胸にとどまり、口から生まれた者であり、梵天から生まれた者であり、梵天によって創造された者であり、梵天の相続者である。

そのお前たちは最上の階級を捨て、下劣な階級に、すなわち卑賤な、黒い、親族の、足から生まれた子である、禿頭《とくとう》の、似非沙門《えせしゃもん》たちに従っている。お前たちが最上の階級を捨て、下劣な階級に、すなわち卑賤な、黒い、親族の、足から生まれた子である、禿頭の、似非沙門たちに従っているのは、お前たちによくない。それはお前たちにふさわしくない』と」（第三節）

と。バラモンは最上の白い階級であり、梵天の子、梵天の口から生まれた者である。下劣な黒い階級の仏教の沙門のもとで出家し、バラモンの権威を失墜させるとは何事か、と誹謗したというのである。すると、仏はつぎのようにいわれる。

「しかし、ヴァーセッタよ、バラモンたちのバラモン女性たちは、月経のある女性としても、妊婦としても、出産している女性としても、授乳している女性としても見られます。しかも、かれらバラモンは、まさしく胎から生まれていながら、このようにいったのです。『バラモンこそ最上の階級であり……梵天の相続者である』と。かれらは、梵天を不当に非難しています。妄語《もうご》を語っています。また、多くの不徳を生んでいます」

（第四節）

と。人間は等しく人間の母胎から生まれるのであり、バラモンの生まれが最上ではない。事実を正しく見ないバラモンは梵天を汚し、妄語を語っている、と。

それより仏は、四の階級、すなわち王族、バラモン、庶民、隷民《れいみん》（奴隷）の不善と善の法について語られる。どのような階級であれ、ある者たちは殺生者《せっしょうしゃ》、偸盗《ちゅうとう》者、邪婬《じゃいん》者にも、妄語者、両舌《りょうぜつ》者、悪口《あっく》者、綺語《きご》者にも、貪欲《とんよく》者、瞋恚《しんい》者、邪見《じゃけん》者にもなるのであり、かれらに十不善の法が見られる。また、ある者たちは不殺生者、ないし正見《しょうけん》者にもなるのであり、かれらに十善の法が見られる、と。

法輪を礼拝する在家信者（ブッダガヤー）

――法の相続者

また、続けて語られる。そのバラモンたちは生まれによるバラモンが最上であるといっているが、バラモンの賢者たちはそれを認めていない。四の階級の中で、比丘にして、阿羅漢《あらかん》となり、煩悩が尽き、なすべきことをなし、正しく知り、解脱《げだつ》している者こそ最上者であり、その法こそ最上である。現世においても来世においても、この衆において、その法が最上である。たとえば、コーサラ国王パセーナディが沙門ゴータマ（如来）に敬礼、合掌し、奉仕を行なうのも、まさにその法を尊重するためであり、他のいかなることのためでもない、と。

そして、仏はここで二人に明言される。

「ヴァーセッタよ、そなたたちは生まれが異なる者、名が異なる者、姓が異なる者、階級が異なる者であり、家を捨てて出家した者です。『あなた方は何者ですか』と問われたならば、『われわれは、釈子《しゃくし》の沙門である』と答えなさい。

ヴァーセッタよ、また、如来に対して、その信が定まり、根が生えたものとなり、確立し、堅固にして、沙門によっても、あるいはバラモンによっても、あるいは天によっても、あるいは魔によっても、あるいは梵天によっても、あるいは世界のいかなるものによっても動じないものとなるならば、かれはつぎのように語ることができます。

『私は、世尊の子であり、胸にとどまり、口から生まれた者であり、法より生まれた者であり、法によって創造された者であり、法の相続者である』と。

それは、なぜか。なぜならば、ヴァーセッタよ、これは如来の同義語だからです。『法身《ほっしん》』でもあり、『梵身《ぼんしん》』でもあり、『法となれるもの』でもあり、『梵となれるもの』でもあります」（第八節）と。これは、仏のもとで出家し、比丘となることを望む二人に、仏教の比丘とは何か、すなわち釈子の沙門、仏の子とは何かを明らかにされたものである。

如来に対して、信が定まり、確固不動であるならば、かれは仏の子である。聖なる弟子である。すなわち、仏・法・僧・戒について、いかなる疑いもなく、絶対的に信じることができるならば、かれは正性定聚《しょうしょうじょうじゅ》であり、不退転《ふたいてん》の預流者である。

伝統の註釈によって補えば、かれは世尊の説示《せつじ》の法に依止《えし》し、聖なる地、聖なる生まれに生まれているから「世尊の子」と呼ばれる。仏の口から出た法の声によって道《どう》・果《か》に確立しているから「胸にとどまり」「口から生まれた者」である。聖なる法、すなわち道・果・涅槃《ねはん》の九出世間法《くしゅっせけんほう》より生まれているから「法より生まれた者」であり、聖なる法によって創造されているから「法によって創造された者」であり、「法の相続者」である。かれは、たとえ頭を切断されようとも、仏を「仏でない」と、法を「法でない」と、僧を「僧でない」ということがない。また、「色《しき》……識《しき》は無常である」という仏の説示を「色……識は常である」と解することがない。その信は不動であり、因果《いんが》を撥無《はつむ》することがない、と。

かれは、その意味において、もはや如来に等しい。すなわち「法身」（如来の身）でもあり、「梵身」（最上の身）でもあり、「法となれるもの」（法性《ほっしょう》）でもあり、「梵となれるもの」（梵性《ぼんしょう》）でもある。

このように仏は語り、生まれによるバラモンが最上であるとの主張を断つ最上断説《さいじょうだんせつ》を示される。そしてさらに、別の仕方でそれを明らかにされる。

――世界の成立

「ヴァーセッタよ、いつか、いつの日にか、長い時間が経過して、この世界が破壊するときが現われます。世界が破壊するとき、生けるものたちは、ほとんどが光音天《こうおんてん》に転生《てんしょう》するものとなります。かれらは、そこで、意から成るもの、喜びを食《は》むもの、自ら光を放つもの、空中を行くもの、清浄にとどまるものとして、永く、長時にわたりとどまります。

ヴァーセッタよ、いつか、いつの日にか、長い時間が経過して、この世界が成立するときが現われます。世界が成立するとき、生けるものたちは、ほとんどが光音天の身から没し、この（人間の）状態にやって来ます。かれらはここで、意から成るもの、喜びを食むもの、自ら光を放つもの、空中を行くもの、清浄にとどまるものとして、永く、長時にわたり、とどまります」

（第九節）

と。このように、仏は世界について説き始められる。そして、いつか世界が破壊し、いつか世界が成立するとき、必ず生けるもの（有情《うじょう》）はこの法に基づき、この法に帰するゆえに、この法は最上である、と説明される。

この世界はつぎのように成立する。すなわち、万物が一水となり、闇黒となる。やがて水上に味土《あじつち》が出現し、生けるものに渇愛《かつあい》が現われる。味土を食べるかれらに、自らの輝きが消え、月と太陽が現われ、夜も昼も認められる。やがて味土を食料とするかれらに、身の硬さ、色の変化が認められ、美・醜が見られ、「われわれは美しい。この者らは醜い」との軽蔑や高慢が現われ、味土が消え失せる。つぎに地苔《ちたい》、パダー蔓草《つるくさ》が出現し、また消える。つぎに耕さずして実る稲が出現し、これを食料とする。

やがてかれらに男女の性徴《せいちょう》が現われ、貪欲が生じ、婬法《いんぽう》が行なわれる。そのために家が作られる。また稲の貯蔵、分割があり、境界が設けられる。そこに他者の領分を取る者が現われ、捕えられ、打ちつけられる。それを始まりとして、偸盗、非難、妄語、刑罰が知られる（第九～一九節）、と。

――社会（四階級）の成立

このように、仏は人間世界の成立、偸盗などの始まりについて語られ、つぎに社会の四階級（四の衆）の始まりについて説かれる。

それより、生けるものたちは、偸盗や妄語が生じたことを嘆き、それを正しく叱《しか》り、非難し、追放する者を選び、稲の領分を贈与した、と。そして、世界最初の王（菩薩）たるマハーサンマタについて、ついで王族、王の衆について、語源より、その発生が語られる。

「ヴァーセッタよ、大衆《マハー》に選ばれた《サンマタ》者であることから、マハーサンマタという呼称が、最初に生じました。もろもろの国土《ケッタ》の主《パティ》であることから、カッティヤ（王族）という呼称が、第二に生じました。法によって他の者たちを喜ばす《ランジェーティ》ことから、ラージャー（王）という呼称が、第三に生じました」　（第二一節）

と。つぎに、バラモンの衆について語られる。

「ヴァーセッタよ、悪しきもろもろの不善の法を除去する《バーヘンティ》ことから、ブラーフマナ（バラモン）という呼称が、最初に生じました。かれらは、森の住処《じゅうしょ》でもろもろの葉庵《ようあん》を作り、葉庵で禅思しました。……禅思する《ジャーヤンティ》ことから、ジャーヤカ（禅思者）という呼称が、第二に生じました。かれら生けるものたちの、ある一部の者は、森の住処の葉庵でその禅を得ることができず、村の周辺、町の周辺に入り、書を作って、過ごしました。……今やこの者たちは禅思しない《ナジャーヤンティ》ことから、アッジャーヤカ（読誦者《どくじゅしゃ》）という呼称が、第三に生じました。

しかし、ヴァーセッタよ、そのときは劣ったものと考えられていました。それが、現在は最上のものと考えられています」　（第二二節）

と。つぎに、庶民の衆について語られる。

「ヴァーセッタよ、婬法を引き受け、種々《ヴィス》の職業に従事する《パヨージェンティ》ことから、ヴェッサ（庶民）という呼称が、生じました」（第二三節）

と。つぎに、隷民の衆について語られる。

「ヴァーセッタよ、かれら生けるものたちの残りは、凶暴な仕事を行なう者になりました。凶暴《ルッダ》な仕事をする者、卑小《クッダ》な仕事をする者であるから、スッダ（隷民）という呼称が、生じました」（第二四節）

と。このように四の衆の発生が語られ、さらにその中から、法によって「私は沙門になろう」と、沙門の衆が現われたことが語られる。そして、この王族であれ、バラモンであれ、庶民であれ、隷民であれ、また沙門であれ、身《しん》・語《ご》・意《い》の悪行《あくぎょう》、邪見があれば、死後、悪処《あくしょ》・悪道《あくどう》・破滅の地獄に生まれかわり、身・語・意の善行《ぜんぎょう》、正見があれば、死後、善道《ぜんどう》の天界に生まれかわる（第二六節）、と。

――菩提分《ぼだいぶん》の修習《しゅじゅう》

以上、生まれによるバラモンが最上であるとの主張を断つ説、四の階級（衆）の説示という世間法によって、この『世起経』が語られる。つぎに、仏は、話を出世間法に転じ、王族ないし沙門のいかなる者も、身・語・意を防護し、七の菩提分法《ぼだいぶんぽう》、すなわち四念処《しねんじょ》、四正勤《ししょうごん》、四神足《しじんそく》、五根《ごこん》、五力《ごりき》、七覚支《しちかくし》、八正道《はっしょうどう》という三十七菩提分法《さんじゅうしちぼだいぶんぽう》の修習によって寂滅《じゃくめつ》することを説かれる。そして、この法を洞察する漏尽者《ろじんしゃ》こそ天・人《にん》の最上者であるとし、それを世界において尊敬されている梵天サナンクマーラのことばで示すために、最後につぎの詩句を示される。

「氏姓に帰する衆において　王族層は最上なり
天と人の間にあって　かの明行足《みょうぎょうそく》（仏）が最上なり」

と。本経は、生まれによるバラモンを退け、「世起」（世界の起源）に触れ、最上の王位、阿羅漢果を頂点にして、いかなる人間が最上であり、いかなる法が最上であるかを、その根幹より説き明かしたものである。

――仏の子

パーリ仏典である本経に知られる「世尊の子」「法より生まれた者」などのことばは、後代のいわゆる大乗仏教に引き継がれ、漢訳仏典にも確認されることはすでに指摘されているところであり、仏（如来）の十号《じゅうごう》とともに、どの仏典にも通じ、尊重される語句として注意されてよい。ちなみに漢訳仏典の『法華経《ほけきょう》』（譬喩品《ひゆぼん》）により示せば、つぎのとおりである。

「今、仏より未《いま》だ聞かざる所の未曾有《みぞう》の法を聞き、諸《もろもろ》の疑悔《ぎけ》を断じ、身も意も泰然として、快

密教のマンダラ（ラダック・アルチ寺）

く安穏《あんのん》なることを得たり。今日、乃《すなわ》ち、真にこれ仏の子なり、仏の口より生じ、法より化生《けしょう》して、仏法《ぶっぽう》の分《ぶん》を得たりと知れり」

と。これは、舎利弗《しゃりほつ》長老が仏から未曾有法を聞いて述べたものとされる。その他、『勝鬘経《しょうまんぎょう》』（第十二）にもほぼ同様のことばが知られ、また『大日経《だいにちきょう》』（『大《だい》毘盧遮那成仏神変加持経《びるしゃなじょうぶつじんぺんかじきょう》』第二）、あるいは『金剛《こんごう》頂瑜伽金剛薩埵五秘密修行念誦儀軌《ちょうゆがこんごうさったごひみつしゅぎょうねんじゅぎき》』にも、密教の灌頂《かんじょう》儀式における師資相承《ししそうじょう》の重要な句として現われている。

大乗仏典においてはこれらのことばはさまざまに解されるであろう。しかし、パーリ仏典における原意は如来に対する信を確立している預流者にほかならない。親鸞聖人《しんらんしょうにん》（『教行信証《きょうぎょうしんしょう》』信巻《しんかん》）はつぎのように語られる。

「一心にたゞ仏語《ぶつご》を信じて身命《しんみょう》をかへりみず、決定《けつじょう》して行《ぎょう》によりて仏のすてしめたまふものをばすなはちすて、仏の行ぜしめたまふものをばすなはち行じ、仏のさらしめたまふところをばすなはちされ。これを仏教に随順《ずいじゅん》し、仏意《ぶつい》に随順すとなづく。これを仏願《ぶつがん》に随順すとなづく。これを真の仏弟子となづく」

と。また、道元《どうげん》禅師はつぎのように語られる。

「因果を撥無することは、真の知識《ちしき》に久参《くさん》せざるによりてなり。真知識に久参するがごときは、撥無因果等の邪解《じゃげ》あるべからず。龍樹《りゅうじゅ》祖師の慈誨《じかい》、深く信仰《しんぎょう》したてまつり、頂戴《ちょうだい》したてまつるべし」（『正法眼蔵《しょうぼうげんぞう》』深信《じんしん》因果）

と。仏をつねに信じ、因果を昧《くら》まさない、これが仏の弟子である。ゆとりのある人をいう。

なお本経は、伝統の仏教国の慣習法に影響を与え、また仏教王国の形成過程を物語るものとして、注目される一経である。

シンガーラ経

――父の遺言

さて、これより長部第三一『シンガーラ経』（Singāla-sutta）、別名、「六方礼経《ろっぽうらいきょう》」を見ることにしたい。

これは、古来「在家者《ざいけしゃ》の律《りつ》」（Gihi-vinaya）と呼ばれる貴重な一経であり、仏が資産家の息子シンガーラ

在家信者たち（アジャンター）

カに六方から教えを説かれた在家者の心得であり、預流者への説示《せつじ》である。経はつぎのように始まっている。

「このように私は聞いた——

あるとき、世尊は、ラージャガハに近い竹林《ちくりん》のカランダカニヴァーパ僧院（竹林精舎《しょうじゃ》）に住んでおられた。ちょうどその頃、資産家の子シンガーラカは、早朝に起き、ラージャガハを出て、衣服を濡らし、髪を濡らし、合掌し、東方、南方、西方、北方、下方、上方の各方角を礼拝していた」（第一節）

と。伝えによれば、かれの父親は四億金の財をもつ大富豪であり、仏に完全に帰依《きえ》した預流の聖者であった。母親も預流の聖者であった。しかし、かれシンガーラカには業果《ごうか》を信じる心も三宝《さんぼう》に対する浄《じょう》信《しん》もない。両親はしばしば、「師（仏）、あるいは八十大弟子のもとへ行きなさい」と諭《さと》したが、かれは拒絶した。仏や仏弟子のもとへ行けば、屈《かが》んで礼拝し、背中も膝も痛む。地面に坐り、衣服も汚れる。近くに坐れば、親交が生まれ、衣《ころも》や托鉢食《たくはつじき》などを施すことになり、利益が損なわれる、と。そこで父親は死の床に臥して考えた。〈わが子に『諸方角を礼拝しなさい』と教誡《きょうかい》しよう。かれは意味を知らないまま、礼拝するであろう。しかし、師か弟子たちがかれを見て、法をお説きくださるにちがいない〉と。そこでかれを呼び寄せていった。「お前、早朝に起き、六方を礼拝すべきです」と。死の床に臥した者の話は、生涯、心に残るものとなる。かれも父親のことばを記憶し、そのとおりに実行したのである。

――業垢《ごうく》を離れる

「さて、世尊は、午前時に、着衣し、鉢と衣を保ち、ラージャガハへ托鉢に入られた。世尊は、資産家の子シンガーラカが早朝に起き……各方角を礼拝しているのをご覧になった」（第二節）と。これより仏は、かれに話しかけ、聖者の律（仏教）においてはそのように六方を礼拝すべきではないといわれ、つぎのように説法を開始される。

「資産家の子よ、聖なる弟子には、四《よっつ》の業垢《ごうく》が捨てられています。また、四の理由（根拠）によって悪業《あくごう》を作ることがありません。また、六の財の破滅門《はめつもん》に親しむことがありません。このように、かれは、十四の悪事を離れ、六の方角を保護し、両方の世界を征服するために実践しています。かれには、この世界もあの世界も満たされることになります。かれは身体が滅ぶと、死後、善道《ぜんどう》の天界に生まれかわります」（第三節）

と。聖なる弟子とは預流の聖者をさす。つまり、有身見《うしんけん》・戒禁取《かいごんじゅ》・疑《ぎ》という三の束縛のない者である。

あるいは法眼《ほうげん》をそなえた者、絶対的な信をそなえた者、善道の天界に生まれる者をいう。仏がシンガーラカに説かれたものは、このような聖なる弟子の生活とは何か、である。それはかれの父母、預流の聖者たる両親の生き方そのものといえる。そこで、仏はつぎのように語られる。

「どのような四の業垢がかれには捨てられているのか。資産家の子よ、①殺生《せっしょう》は業垢です。②偸盗《ちゅうとう》は業垢です。③邪婬《じゃいん》は業垢です。④妄語《もうご》は業垢です。これらの業垢がかれには捨てられています」（第四節）

と。まず、聖なる弟子には、殺生・偸盗・邪婬・妄語という四の業垢、汚れた行為（業煩悩《ごうぼんのう》）が捨てられている。かれには五怨《ごおん》（五の犯戒《ぼんかい》）が生じることはない。すなわちかれは完全に五戒を保つ者である、と。

――非道を行かず

つぎに、非道を行かず、悪業《あくごう》を作らないことが説かれる。

「資産家の子よ、聖なる弟子は①欲によって……②怒りによって……③愚かさによって……④恐れによって非道を行くことがありません。そのため、これら四の理由によって、悪業を作ることがありません」（第五節）

と。聖なる弟子は、不善根《ふぜんごん》とされる貪《とん》・瞋《じん》・痴《ち》によって、また恐怖によって非道・悪道《あくどう》に行くことがない、といわれたものである。たとえば、何かを与える場合、⑴欲によって親友には多く与える、⑵怒りによって敵には少し与える、⑶愚かさによって量がわからずに与える、⑷「与えなければ不利をもたらす」との恐れによって過剰に与える、という行為がないということである。

――財の破滅門に親しまず

つぎに、財の破滅門に親しまないことが語られる。

「どのような六の財の破滅門に、かれは親しむことがないのか。

資産家の子よ、①スラー酒・メーラヤ酒という放逸の原因となるものに耽《ふけ》ること……②非時《ひじ》に道路を歩くことに耽ること……③見せ物に魅せられて行くこと……④賭博《とばく》という放逸の原因となるものに耽ること……⑤悪友に耽ること……⑥怠惰に耽ることはもろもろの財の破滅門です」

（第六節）

と。これらの六種はそれぞれ六種の危難を伴い、すべては放逸の原因となるが、聖なる弟子はそれらに親しむことがない。すなわち失念《しつねん》、放逸がなく、正念《しょうねん》を保ち、自ら悪事をなすことがない、と説かれたものである。

このように仏は、四の業垢、四の非道、六の財の破滅門という十四の悪事を離れた生活について説示される。つぎに、それらの悪事が愚者によって生じることから、愚者を「見せかけの友」として、つぎのように語られる。

「資産家の子よ、つぎの四は友でなく、見せかけの友である、と知るべきです。①何ものであれ取ってゆく者……②ことばだけを大事にする者……③甘言を語る者……④破滅させる仲間は友でなく、見せかけの友である、と知るべきです」（第一三節）

と。続いて、それに対する「善い心の友」が語られる。

「資産家の子よ、つぎの四は善い心の友である、と知るべきです。①援助する者……②苦楽を共にする者……③為《ため》になることを話す者……④憐れみのある者は善い心の友である、と知るべきです」（第一九節）

と。この悪と善の四の友はまた、それぞれ四種の理由により、十六種の悪と善の友であることが説かれる。仏はこの説示の後、さらにそれを五偈でもって語られるが、その内容はつぎのとおりである。善い友に親しみ、蜂《はち》のように行動すれば、蟻塚《ありづか》のように財が積まれ、家は固まり、友は結束される。得られる収入は四分して用い、一分を食事（布施《ふせ》分を含む）に、二分を仕事に、一分を貯蓄（災難用）に当てればよい、と。

これはまた本経の前半をまとめたものでもある。聖なる弟子は、四の理由により不善を捨て、六の理由により財の破滅門を避け、十六の善き友に親しみ、家を確立し、正しい生活を送る、と。仏の教えにふさわしい在家生活のための説示である。

――六方の保護

このように避けるべき法を避け、親しむべき法に親しむための教誡を与えると、仏はいよいよ後半の礼拝すべき六方について語られる。

「では、資産家の子よ、聖なる弟子は、どのように六方を保護しているのか。

資産家の子よ、つぎの六方が知られるべきです。①東方は母父として……②南方は師匠として……③西方は妻子として……④北方は友人・知己《ちき》として……⑤下方は奴隷・雑役夫として……⑥上方は沙門《しゃもん》・バラモンとして知られるべきです」（第二五節）

と。まず総説として、六方のうち、東方は母父、南方は師匠、西方は妻子、北方は友人・知己、下方は奴隷・雑役夫、上方は沙門・バラモンである、と述べられる。

ちなみに、その原語より、母父は先（プッバ＝東）の援助者であるから東方、師は供養《くよう》されるもの（ダッキナ＝南）であるから南方、妻子は後（パッチマ＝西）に従うから西方、友人・知己はかれが友人・知己によってそれぞれの苦の特性を超越（ウッタラ＝北）するから北方、奴隷・雑役夫は足下（へッティマ＝下）に確立するから下方、沙門・バラモンは諸徳によって上位（ウパリマ＝上）にとどまるから上方である、と解される。

さて、仏は六方礼拝の功徳を詳説される。原文に沿って順に見ることにしよう。

1．東方の母父

「資産家の子よ、五《いつつ》の理由によって、子は東方である母父に奉仕すべきです。①養われた私はかれらを養おう、②かれらの用事を行なおう、③家系を存続させよう、④財産を相続して行こう、⑤亡くなった祖霊に供物《くもつ》を捧げよう、と。

資産家の子よ、これら五の理由によって子に奉仕された東方である母父は、五の理由によって子を憐れみます。①悪を防止する、②善に入らせる、③技芸を学ばせる、④ふさわしい妻を迎える、⑤適時に家督《かとく》相続させる。

資産家の子よ、これら五の理由によって子に奉仕された東方である母父は、これら五の理由によって子を憐れみます。このようにして、かれには、この東方が保護され、安穏で恐れのないものになります」

（第二六節）

と。このようにして、東方は礼拝され、保護され、無畏《むい》、安穏となる。

2．南方の師匠

「資産家の子よ、五の理由によって、弟子は南方である師匠に奉仕すべきです。①起立による、②随侍《ずいじ》による、③聴聞《ちょうもん》による、④給仕《きゅうじ》による、⑤恭《うやうや》しく技芸を受けることによる。

資産家の子よ、これら五の理由によって弟子に奉仕された南方である師匠は、五の理由によって弟子を憐れみます。①善く教導されたことを教導する、②善く学習したことを学習させる、③すべての技芸・知識をよく告げる者になる、④友人・知己の中に確立させる、⑤諸方に庇護《ひご》を作る」（第二七節）

と。このようにして、また南方は礼拝され、保護される。

3．西方の妻

「資産家の子よ、五の理由によって、夫は西方である妻に奉仕すべきです。①尊敬による、②軽蔑のないことによる、③不倫のないことによる、④実権を任すことによる、⑤装飾品を与えることによる。

資産家の子よ、これら五の理由によって夫に奉仕された西方である妻は、五の理由によって、夫を憐れみます。①仕事をよく処理する、②周りの人々を世話する、③不倫がない、④得られた財

を守る、⑤どのような用事にも巧みであり、勤勉である」　（第二八節）

と。このようにして、また西方は礼拝され、保護され、無畏、安穏となる。

4．北方の友人・知人

「資産家の子よ、五の理由によって、善家《ぜんけ》の子は北方である友人・知己に奉仕すべきです。①布《ふ》施《せ》による、②愛語《あいご》による、③利行《りぎょう》による、④同事《どうじ》による、⑤正直《しょうじき》による。

資産家の子よ、これら五の理由によって善家の子に奉仕された北方である友人・知己は、五の理由によって善家の子を憐れみます。①酔っているかれを保護する、②酔っているかれの財を保護する、③恐れているかれの庇護者になる、④もろもろの災難に際して見捨てない、⑤かれの子孫を尊重する」　（第二九節）

と。このようにして、また北方は礼拝され、保護される。

5．下方の奴隷・雑役夫

「資産家の子よ、五の理由によって、主人は下方である奴隷・雑役夫に奉仕すべきです。①能力に応じて仕事を割り当てることによる、②食べ物と賃金を与えることによる、③病人への看護による、④希有《けう》の珍味を分かち与えることによる、⑤適時に休息させることによる。

資産家の子よ、これら五の理由によって主人に奉仕された下方である奴隷・雑役夫は、五の理由によって、主人を憐れみます。①先に起きる、②後に寝る、③与えられたもののみを受け取る、④仕事をよく行なう、⑤名誉・称賛を吹聴《ふいちょう》する」

（第三〇節）

と。このようにして、また下方は礼拝され、保護される。

6．上方の沙門《しゃもん》・バラモン

「資産家の子よ、五の理由によって、善家の子は上方である沙門・バラモンに奉仕すべきです。①慈《いつく》しみのある身業《しんごう》による、②慈しみのある語業《ごごう》による、③慈しみのある意業《いごう》による、④門戸を開くことによる、⑤食を施すことによる。

資産家の子よ、これら五の理由によって善家の子に奉仕された上方である沙門・バラモンは、六の理由によって、善家の子を憐れみます。①悪を防止する、②善に入らせる、③善い心をもって憐れむ、④聞いていないことを聞かせる、⑤聞いていることを明白にさせる、⑥天への道を告げる」

（第三一節）

と。このようにして、また上方は礼拝され、保護される。

以上が仏によって示された六方礼拝の教えである。どの説明も明快であり、丁寧である。それは、東・南・西・北と下・上という六方を人間社会の立場に当てはめて、それぞれにふさわしい関係を、縦横《じゅうおう》無尽《むじん》に説いたものといえる。六方は、私たちのことばでいえば、親と子の関係、先生と生徒の関係、妻と夫の関係、友人・知人の関係、労使の関係、出家者と在家者の関係になる。その一切の関係が清浄《しょうじょう》と和合《わごう》に向かい、だれもが無畏、安穏となるように、これが教えである。大乗仏典『阿弥陀経《あみだきょう》』における「六方護念《ろっぽうごねん》」の趣旨もここにある。

この説示が終わると、ただちにシンガーラカは仏法僧《ぶっぽうそう》の三宝に帰依《きえ》する信者になったという。「一心《いっしん》欲見仏《よくけんぶつ》」である。まさに浄信をそなえた預流の両親との相見《しょうけん》である。

――四摂事《ししょうじ》

ここで、本経の最後に示された三偈を紹介しよう。

「布施と愛語なるものと　この世における利行なるもの
またそれぞれに相応《ふさわ》しく　物事に対して同事なること
これらは世界の愛護《あいご》にて　進む車の楔《くさび》の如し」
「もしもこれらの愛護がなければ　母は子から、あるいはまた父は子から、尊敬も　　　あるいは供養も得られない」
「もろもろの賢者はこれらの愛護を　正しく観察するゆえに
かれらは偉大な者となり　　称賛される者となる」
（第三三節）

と。すばらしい四摂事（四摂法《ししょうぼう》）の教えである。布施・愛語・利行・同事（協同）という人々を愛護する四摂事は、仏教の生活に不可欠な法であり、大乗仏典でもつねに尊重されているところである。たとえば、漢訳仏典『大般若波羅蜜多経《だいはんにゃはらみたきょう》』（巻第三八〇）に、

「善現《ぜんげん》、我れ仏眼《ぶつげん》を以て遍《あまね》く十方《じっぽう》無量《むりょう》殑伽沙《ごうがしゃ》等《とう》の世界を観るに、諸《もろもろ》の菩薩摩訶薩《まかさつ》は四摂事を以て諸の有情《うじょう》を摂《しょう》す。何等《なにとう》をか四《し》と為《な》す。一には布施、二には愛語、三には利行、四には同事なり」

とある。そして菩薩摩訶薩により、それぞれが六波羅蜜多《ろくはらみた》（布施・浄戒《じょうかい》・安忍《あんにん》・精進《しょうじん》・静慮《じょうりょ》・般若《はんにゃ》）をもって摂受《しょうじゅ》され、愛護されるべきことが詳説される。また『正法眼蔵《しょうぼうげんぞう》』（菩提薩埵《ぼだいさった》四摂法）もこれを受け、その巻頭が、

「一つには布施、二つには愛語、三つには利行、四つには同事」

とのことばで飾られている。四摂事の実践は、五戒を初めとする十善業道《じゅうぜんごうどう》の受持《じゅじ》とともに預流者の生活の根本をなすものである。すなわち自己を調《ととの》え、自己を知る六方礼にほかならない。

ちなみに、五戒とは、「不殺生」「不偸盗」「不邪婬」「不妄語」という他者を尊重する慈悲、および

「不飲酒」という自ら放逸と妄念に耽ることのない智慧、この両者による善い心であり、迷いのない、調和のとれた生活の基礎である。また、十善業道とは、「不殺生・不偸盗・不邪婬、不妄語・不両舌・不悪口・不綺語」と「不貪欲、不瞋恚、正見」の十福業（功徳）事をいう。

第二章　中部経典

中部経典《ちゅうぶ》の構成

さて、これまでパーリ仏典「長部《ちょうぶ》」を見たが、これより「中部」を簡潔に紹介したいと思う。ただし、量的には長部より大部なものであるため、それが概説的になることを予《あらかじ》めお断りしておかねばならない。

「中部」（Majjhima-nikāya）とは、すでに見たように（序章「パーリ仏典」三二一〜三三頁）、三蔵《さんぞう》中の「経蔵《きょうぞう》」に属し、五部の一としてあり、「中ぐらいの長さをもつ経の集成」をいう。その内容は長部と同じように豊かな物語性があり、相応部《そうおうぶ》のように深い哲学性も、増支部《ぞうしぶ》のように新しい註釈性もあって、だれにも親しみやすい経典といってよい。その全体は三篇、一五章、一五二経からなる。三篇とは、1．根本五十経篇、2．中分《ちゅうぶん》五十経篇、3．後分《ごぶん》五十経篇（五二経）をいう。

1 根本《こんぽん》五十経篇

――その構成

まず、根本五十経篇を見ることにしよう。つぎの五章五〇経からなる。

(1)根本法門《ほうもん》の章（一〇経）　1. **根本法門経**　2. **一切煩悩《ぼんのう》経**　3. **法相続《そうぞく》経**　4. **恐怖経**　5. 無垢《むく》経　6. 希望経　7. 布経　8. 削減経　9. **正見《しょうけん》経**　10. 念処《ねんじょ》経

(2)獅子吼《ししく》の章（一〇経）　11. **小獅子吼経**　12. **大獅子吼経**　13. **大苦蘊《くうん》経**　14. **小苦蘊経**　15. 推理経　16. 心不毛《しんふもう》経　17. 山林経　18. 蜜玉《みつぎょく》経　19. **二種考《にしゅこう》経**　20. 考相《こうそう》経

(3)比喩《ひゆ》の章（一〇経）　21. **鋸喩《こゆ》経**　22. **蛇喩《だゆ》経**　23. **蟻塚《ありづか》経**　24. 中継車経　25. 餌食《えじき》経　26. **聖求《しょうぐ》経**（罠群《みんぐん》経）　27. **小象跡喩《ぞうしゃくゆ》経**　28. **大象跡喩経**　29. **大心材喩《しんざいゆ》経**　30. 小心材喩経

(4)大一対の章（一〇経）　31. 小ゴーシンガ経　32. 大ゴーシンガ経　33. 大牧牛者経　34. 小牧牛者経　35. 小サッチャカ経　36. **大サッチャカ経**　37. 小愛尽《あいじん》経　38. **大愛尽経**　39. 大アッサプラ経　40. 小アッサプラ経

(5)小一対の章（一〇経）　41. サーレッヤカ経　42. ヴェーランジャカ経　43. **大有明《うみょう》経**　44. 小有明経　45. 小受法《じゅほう》経　46. 大受法経　47. **観察経**　48. コーサンビヤ経　49. 梵天《ぼんてん》招待経　50. 降魔《ごうま》経

以上の各章の名前は、(1)、(2)は章の第一経の名前に、(3)は比喩からなる経に、(4)、(5)は大小一対の経にちなむものであろう。ただし、経名の「大」「小」は経の分量、あるいは内容に応じた大まかな区別であり、厳密なものではない。たとえば『小象跡喩経』は『大象跡喩経』より量的に大きい。

また、説者と聞者についていえば、大部分の経は仏が比丘《びく》たちに説かれたものであるが、サーリプッタ長老、マハーモッガッラーナ長老、クマーラカッサパ長老、マハーチュンダ長老、サーティ比丘に、あるいはバラモン、ジャイナ教徒、サッカ（帝釈天《たいしゃくてん》）などに限定して説かれたものがある。ゴーシンガのサーラ林に和合して住むアヌルッダ、ナンディヤ、キミラという漏尽《ろじん》の三長老を訪ね、のどかに語られた経（第三一）、同じくサーラ林に住むサーリプッタなどの六大長老に「執《しゅう》さず坐禅瞑想する者こそ、この林を輝かす」と説示《せつじ》された経（第三二）もある。

これに対して、仏弟子によって説かれた経もいくつか知られる。サーリプッタ長老（第三、五、九、二八、四三）、マハーモッガッラーナ長老（第一五、五〇）、マハーカッチャーナ長老（第一八）、ダンマディンナー比丘尼《びくに》（第四四）によるものである。またサーリプッタ長老とマハーモッガッラーナ長老との「無垢」に関する対話（第五）、サーリプッタ長老とプンナ・マンターニプッタ長老との「七種清浄《しちしゅしょうじょう》」（涅槃にいたる道）に関する対話（第二四）の興味深い経も見られる。

――その教え

本篇にはその名前のとおり、仏の根本的な教えがさまざまに示されている。そのうちのいくつかを紹介したい。まず第一『**根本法門経**』は、あらゆる法の根拠である根本の法門を説き、仏教の凡夫《ぼんぶ》・有《う》学《がく》・阿羅漢《あらかん》・如来《にょらい》という四種の人による法の見方について述べ、妄執《もうしゅう》（愛《あい》・見《けん》・慢《まん》）によらず、知悉《ちしつ》による教えの根本を明らかにしたものである。ただし、本経は難解とされたようであり、その最後は「かれら比丘は世尊が説かれたことに歓喜（信受《しんじゅ》）しなかった」と、他経に見られない例外的な結びになっている（本書二〇一頁参照）。

第二『**一切煩悩経**』は、あらゆる煩悩を防止する法門（根拠）について説き、煩悩が、見ること（知《ち》見《けん》）、防護《ぼうご》、受用《じゅゆう》、忍耐、回避、除去、修習《しゅじゅう》という七種によって断たれることを具体的に示す有益な一経である。

第四『**恐怖経**』は仏の成道《じょうどう》以前の菩薩が「恐怖」をどのように体験されたかを語るものである。菩薩時代の苦行については、第一九『**二種考経**』に二種の考えによる修行が述べられ、第三六『**大サッチャカ経**』には最も過酷な止息禅《しそくぜん》、断食などの行《ぎょう》が語られている。また、これに関連して、菩薩の修行、成道、初転法輪《しょてんぽうりん》、僧団形成にいたるまでの様子を経として最もよく伝えたものに第二六『**聖求経**』（毘群経）がある。ここには出家の集まりにふさわしい「法の話」（法談《ほうだん》）と「聖なる沈黙」（坐禅）が語られ、ついで「聖なる求め」（無碍安穏《むげあんのん》なる涅槃《ねはん》の求め）が詳しく説かれる。

第九『**正見経**』はサーリプッタ長老による説法であり、正見とは何か、どのようにして正見者となり、正法《しょうぼう》（涅槃）に到達できるかを述べたものである。とくに善・不善、四食《しじき》（物質食・接触食・意思食・

意識食)、四諦《したい》、縁起《えんぎ》、煩悩についての説明は詳しい。なお、仏弟子が財の相続者とならず、法の相続者となるように勧めた第三『**法相続経**』、ジャングルに棲む象の足跡のように善法《ぜんぽう》はすべて四聖諦《ししょうたい》に包摂《ほうせつ》され、また「縁起を見る者は法を見る、法を見る者は縁起を見る」との教えを示した第二八『**大象跡喩経**』、無碍解《むげげ》第一の仏弟子マハーコッティカ長老に不動の心解脱《しんげだつ》について語る第四三『**大有明経**』も法将軍サーリプッタ長老による説法である。「有明」とは智慧と満足とを得るに従って質問された経をいう。

第一一『**小獅子吼経**』は仏が比丘たちに異教者の邪見《じゃけん》を指摘し、正しい仏教沙門《しゃもん》の在り方を示されたものである。第一二『**大獅子吼経**』は仏がサーリプッタ長老に説かれた大獅子吼であり、前半において仏の最勝智見《さいしょうちけん》、すなわち仏の十徳、十力智《じゅうりきち》・四無畏智《しむいち》などを明らかにし、後半において長部第八『大獅子吼経』にも見られる苦行を含む四種の梵行《ぼんぎょう》を説きつつ、如来の説法が生けるものたちの利益《りやく》と安らぎのために尽きないことを語られる。獅子吼とは仏などによるすぐれた説法をいう。なお、第四七『**観察経**』も仏による獅子吼経とされる。

第一三『**大苦蘊経**』は「欲」「色《しき》」「感受」におけるそれぞれの楽味《らくみ》・危難・出離《しゅつり》を、第一四『**小苦蘊経**』は「欲」における楽味・危難・出離を説く。「苦蘊」(苦の集まり)という危難を中心に、仏教の基本的立場を明らかにしたものである。

第二一『**鋸喩経**』は中部における最も印象深い経典の一つであろう。仏は比丘たちにさまざまな比喩をもって、ことばの道に、時と非時、真実と非真実、柔和と粗暴、利益と不利益、慈心《じしん》と怒りによる五種があることを語られる。そして、最後に「鋸《のこぎり》の喩」をもってこういわれる。

「比丘たちよ、もし卑しい盗賊たちが両側に柄のある鋸で手足を切断しようとするとき、それについて心を怒らすならば、かれはそのことにより、わが教えの実践者になりません。比丘たちよ、それについてまた、つぎのように学ぶべきです。『われわれはけっして心が変わらないようにしよう。悪しきことばを発しないようにしよう。また怒りをもたず、憐れみをもって、慈心をそなえて住むことにしよう。その人を……また一切の世界を……害意のない心で満たして住むことにしよう』と」

（第一一節）

と。なんという徹底した不害（慈悲）の実践、なんという智慧による決着であろうか。仏の教えはどこまでも優しく、また厳しい。

第二三『蟻塚経』は、いわば密意《みっち》によって告げられた神のこ

タイ・チェンマイの少年僧

とば（十五の問い）を理解し得ないクマーラカッサパ長老に、仏がこれを阿羅漢にいたる教えとして説かれたものである。如来（バラモン）により、有学の比丘（賢者）は、無常の身体（蟻塚）をもって励み（燃え）、考察し（煙を出し）、慧《え》（剣）をそなえ、精進《しょうじん》し（掘り）、無明《むみょう》（閂《かんぬき》）、怒り（蛙《かえる》）、疑い（岐路《きろ》）、五蓋《ごがい》（容器）、五取蘊《ごしゅうん》（亀）、五種妙欲《みょうよく》（屠殺場《とさつじょう》）、喜貪《きとん》（肉片）を除去し、漏尽者《ろじんしゃ》（龍）を拝すべきである、と。

第二七『**小象跡喩経**』は、仏の智慧が最上であり、仏には、一切の動物の足跡を包含する象の足跡のように、王族・バラモン・資産家・沙門の賢者のすべてを法話によって喜ばせ、弟子にさせる「四賢者に対する智の足跡」が見られることを語るものである。十徳をそなえた仏の法によって比丘が現われ、聖なる戒蘊《かいうん》などを保ち、「如来の足跡」とも呼ばれる四禅《しぜん》を修し、三明《さんみょう》（宿住智《しゅくじゅうち》・死生《ししょう》智・漏尽《ろじん》智）を得る、と。本経はだれにも親しまれ、紀元前三世紀、アソーカ王の息子マヒンダ長老により、スリランカでの伝道において説かれたことでも知られる。

第二九『**大心材喩経**』は、デーヴァダッタ（提婆達多《だいばだった》）が僧団を破壊し、仏身《ぶっしん》より血を流させて、間もなく説かれたものとされる。出家者には、利得や名声を得て放逸《ほういつ》になる「梵行（三学《さんがく》）の枝葉を得た者」、戒をそなえて放逸になる「皮苔《ひたい》を得た者」、定《じょう》（禅定《ぜんじょう》）をそなえて放逸になる「皮材《ひざい》を得た者」、智見《ちけん》（天眼《てんげん》）を得て放逸になる「軟材《なんざい》を得た者」、また智見を得ても放逸にならず、不時《ふじ》の解脱《げだつ》（九出世間《くしゅっせけん》法《ほう》)、不動の心解脱である「心材を得た者」がいる、と。デーヴァダッタはそのうちの軟材を得た者であり、だれも心材を得るべきである、との教えと解される。

――蛇の喩《たとえ》

ここで第二二『蛇喩経』を紹介しよう。これは、本篇で最もよく知られる経の一であり、蛇と筏《いかだ》の喩により「無執着」を教えたものである。かつて鷹飼い(鷹匠《たかじょう》)であったアリッタ比丘に「仏が障害であると述べられた法を行なっても障害にならない」との悪しき見解(誤った把握)が生じたという。仏はこのことを知り、比丘たちに、まず法をいかに学ぶべきかを、蛇の喩でもって説かれる。

「たとえば、比丘たちよ、蛇を欲し、蛇を求め、蛇を探し歩いている人がおり、かれが大蛇を見つけ、それを蜷局《とぐろ》か尾のところで捕まえるとします。その蛇は暴れ回り、かれの手か腕か、あるいは他の肢体に噛《か》みつきます。かれはそのため、死にいたるか、死ぬほどの苦にいたります。それはなぜか。比丘たちよ、蛇が悪く捕まえられているからです。

ちょうどそのように、比丘たちよ、ここに、ある愚人たちは、法を、すなわち経《きょう》・応頌《おうじゅ》・授記《じゅき》・偈《げ》・自説《じせつ》・如是語《にょぜご》・本生《ほんじょう》・未曾有法《みぞうほう》・有明《うみょう》を学びます。かれらはその法を学びながら、それらの法の意味を慧《え》によって考察することがありません。それらの意味を慧によって考察することがない者には、それらの法が現われることはありません。かれらは、ただ非難の利のために、また非難解消の利のために法を学ぶだけであり、法を学ぶその目的を得ることがないのです。誤って把握されたそれらの法は、かれらに長く不利益となり、苦となります。それはなぜか。比丘たちよ、もろもろの法が誤って把握されているからです」（第五節）

と。自己を害してはならない。法は正しく学ばれねばならない、というのである。

――筏《いかだ》の喩

つぎに、仏は筏の喩をもって正しく学んだ法をいかに行なうかを説かれる。

「たとえば、比丘たちよ、大道《だいどう》を進んでいる人がいるとします。かれは、こちらの岸は危険で恐怖のある、向こう岸は安全で恐怖のない、大きな水の流れを見ます。そこで、かれはこのように考えます。『これは大きな水の流れだ。こちらの岸は危険で恐怖があるが、向こう岸は安全で恐怖がない。しかし、こちらから向こうへ行くための橋も渡し舟もない。私は草・木・枝・葉を集め、筏を結び、その筏により、手足でもって努力し、無事に向こう岸へ渡ってみてはどうであろうか』と。

そこで、比丘たちよ、その人は草・木・枝・葉を集め、筏を結び、その筏により、手足でもって努力し、無事に向こう岸へ渡ります。向こう岸へ渡ったその人は、このように考えます。『この筏は私に役立った。私はこの筏により、手足でもって努力し、無事に岸を渡った。私はこの筏を頭に乗せるか、肩に担《かつ》ぐかして、好きなところへ出発してはどうであろうか』と。……

比丘たちよ、このように私は筏に喩えられる法を説きますが、それは渡るためであって、捉えるためではありません。比丘たちよ、そなたたちに説かれた筏に喩えられる法を理解し、そなたたちはもろもろの法をも捨てるべきです。ましてや悪法についてはなおさらです」（第七節）と。無執《むしゅう》の用である。いかなる法も、止観《しかん》の法も執着されるものはない、と。止（禅定）への執着を捨てるべきことは中部第六六『鶉喩経《じゅんゆ》』（第九節）に、観（正見《しょうけん》）への執着を捨てるべきことは中部第三八『大愛尽経』（第六節）に説かれている。

三八『大愛尽経』

ここで第三八『大愛尽経』をも見ることにしよう。これは豊富な縁起の説明をそなえ、筏の喩えをもつ経である。かつて漁師の子であったサーティ比丘は悪しき見解（常見《じょうけん》）を抱き、「世尊《せそん》は『この識《しき》は流転《るてん》し、輪廻《りんね》し、同一不変である』と説かれた」といい、自らは「識は語るもの、感受するもの、処々《しょしょ》で善悪業《ぜんあくごう》の果報《かほう》を受けるものである」と理解したという。そこで仏はかれにこういわれた。

「愚人よ、そなたはいったいだれのために私がそのように法を説いたと理解するのですか。愚人よ、私は多くの根拠をもって、縁《えん》より生じる識について述べてきたではありませんか。『縁がなければ、識の生起はない』と。

しかし、愚人よ、そなたは自分の誤った把握によってわれわれを誹謗《ひぼう》し、また自分をも傷つけ、多くの罪を作り出しています。愚人よ、それはそなたにとって長く不利益となり、苦となるはずです」

（第三節）

と。まことに厳しいことばである。自他を害してはならぬ、と。比丘でありながら、縁起を理解せず、いわゆる霊魂のような識が輪廻するとの常見を抱いた者、そのような愚人への叱責《しっせき》である。これより仏は、比丘たちと問答を交わし、つぎのようにいわれる。

「比丘たちよ、もしそなたたちが、このように清浄《しょうじょう》であり、このように純白であるこの見解《けんげ》（観の正見）に執着し、愛好し、貪《むさぼ》り求め、我がものとするならば、比丘たちよ、そなたたちは、執着するためにではなく、渡るために説かれた、筏に喩えられる法を、よく理解していることになるでしょうか」

「いいえ、尊師よ」

（第六節）

と。筏の喩えは後の大乗仏典にもしばしば引用されるところである。たとえば漢訳の『金剛般若経《こんごうはんにゃきょう》』に、仏のことばとしてつぎのように語られる。

「この故に、まさに法を取るべからず。まさに非法をも取るべからず。この義を以ての故に、如来は常に説けり、『汝ら比丘よ、わが説法を筏の喩えの如しと知る者は、法すら尚《なお》まさに捨つべし。

いかに況《いわ》んや非法をや』と」

と。法にも非法にも相を取ってはならない。善法にも悪法にも取るべき相はない。法に執着されるべき相はない。これが仏教の根本にある教えである。

私たちが因果の道理を信じ、邪見をもたずに住むならば、だれも自己と争わず、世界とも争わない、ということである。

2 中分《ちゅうぶん》五十経篇　3 後分《ごぶん》五十経篇

――その構成

これより中部《ちゅうぶ》経典の第二篇、第三篇を、その構成から見ることにしよう。

まず中部五十経篇である。

――

(1)資産家の章（一〇経）　51．カンダラカ経　52．アッタカ市人《しにん》経　53．有学《うがく》経　54．ポータリヤ経　55．ジーヴァカ経　56．ウパーリ経　57．犬行者《いぬぎょうじゃ》経　58．アバヤ王子経　59．多受《たじゅ》経

――

60. 無碍《むげ》経

(2)**比丘の章**（一〇経） 61. **アンバラッティカ・ラーフラ教誡《きょうかい》経** 62. **大ラーフラ教誡経** 63. チャートゥマ経 64. 大マールキヤ経 65. **バッダーリ経** 66. **鶉喩《じゅんゆ》経** 67. チャートゥマ経 68. ナラカパーナ経 69. ゴーリヤーニ経 70. **キーターギリ経**

(3)**遍歴行者の章**（一〇経） 71. 三明《さんみょう》ヴァッチャ経 72. 火ヴァッチャ経 73. 大ヴァッチャ経 74. **ディーガナカ経** 75. マーガンディヤ経 76. サンダカ経 77. **大サクルダーイー経** 78. **サマナムンディカ経** 79. 小サクルダーイー経 80. ヴェーカナサ経

(4)**王の章**（一〇経） 81. **ガティカーラ陶工経** 82. **ラッタパーラ経** 83. マガデーヴァ経 84. マドゥラ経 85. ボーディ王子経 86. **アングリマーラ経** 87. 愛生《あいしょう》経 88. 外衣《げえ》経 89. 法尊重《ほうそんじゅう》経 90. カンナカッタラ経

(5)**バラモンの章**（一〇経） 91. ブラフマーユ経 92. セーラ経 93. アッサラーヤナ経 94. ゴータムカ経 95. チャンキー経 96. エースカーリー経 97. ダナンジャーニ経 98. ヴァーセッタ経 99. **スバ経** 100. サンガーラヴァ経

中分五十経篇は以上の五章五〇経からなる。根本五十経篇に比べて、カタカナ（主として各階層の人名）の経名が目立ち、また感動的な内容をもつ話が多い。

経の大部分は仏による説法であるが、仏弟子のアーナンダ長老（第五二、五三、七六、八八）、サーリプッタ長老（第六九）によるもの、あるいは仏の入滅《にゅうめつ》後にマハーカッチャーナ長老（第八四）、ウデーナ長老（第九四）によって説かれたものもある。

つぎに後分五十経篇である。

(1)デーヴァダハの章（一〇経）　101.デーヴァダハ経　102.五三《ごさん》経　103.如何《いかん》経　104.サーマガーマ経　105.スナッカッタ経　106.不動適応経　107.ガナカ・モッガッラーナ経　108.ゴーパカ・モッガッラーナ経　109.**大満月経**　110.小満月経

(2)不断の章（一〇経）　111.不断経　112.六浄《ろくじょう》経　113.善人経　114.従不従経　115.多界《たかい》経　116.イシギリ経　117.**大四十《だいしじゅう》経**　118.**出入息念《しゅつにっそくねん》経**　119.**身至念《しんしいねん》経**　120.行生《ぎょうしょう》経

(3)空《くう》の章（一〇経）　121.**小空性《しょうくうしょう》経**　122.**大空性経**　123.稀有未曾有《けうみぞう》経　124.バークラ経　125.調御地《じょうごじ》経　126.ブーミジャ経　127.アヌルッダ経　128.付随煩悩《ふずいぼんのう》経　129.**賢愚《けんぐ》経**　130.**天使《てんし》経**

(4)分別《ふんべつ》の章（一二経）　131.**賢善一喜《けんぜんいっき》経**　132.アーナンダ賢善一喜経　133.マハーカッチャーナ賢善一喜経　134.ローマサカンギヤ賢善一喜経　135.**小業《しょうごう》分別経**　136.**大業《だいごう》分別経**　137.六処《ろくしょ》分別経　138.総説分別経　139.無諍《むじょう》分別経　140.**界《かい》分別経**　141.諦《たい》分別経　142.施《せ》分別経

(5)六処の章（一〇経）　143.アナータピンディカ教誡経　144.チャンナ教誡経　145.プンナ教誡

経 146・ナンダカ教誡経 147・**小ラーフラ教誡経** 148・**六六法《ろくろっぽう》経** 149・大六処経 150・ナガラヴィンデッヤ経 151・托鉢食清浄《たくはつじきしょうじょう》経 152・感官修習《かんかんしゅじゅう》経

後分五十経篇は以上の五章五二経からなる。全体として、実践的で最終的な覚《さと》りに導く教えを内容とし、そのために分別（解説）の形式をとるものが多い。本篇もその大部分は仏の説示《せつじ》であるが、仏とサーリプッタ長老（第一一四、一四二）、仏とアーナンダ長老（第一二三）、仏とアチラヴァッタ沙弥《しゃみ》（第一二五）によるもの、仏とマハーカッチャーナ長老（第一三三、一三八）によるものもある。また仏弟子のみの、バークラ長老（第一二四）、アヌルッダ長老（第一二七）、サーリプッタ長老（第一四四）、ナンダカ長老（第一四六）によるもの、仏の入滅後にアーナンダ長老（第一〇八、一三二）によって説かれたものも知られる。

――その教え

ここでまた、いくつかの経を、その教えを中心に見ることにしたい。

第五五『**ジーヴァカ経**』は仏が敬虔な名医ジーヴァカに肉食について説かれたものである。「仏は自分のために指定されて殺された生き物の肉を食べている」との噂《うわさ》があるが、それは不当な非難である。

仏教の沙門は、生き物が自分のために殺されるのを見たとき、聞いたとき、疑ったとき、その肉を食べることができない。見ないとき、聞かないとき、疑わないときにのみ、三点清浄《しょうじょう》の肉として食べることができる。なぜなら、仏も仏弟子も、無量《むりょう》の生き物に慈《じ》・悲《ひ》・喜《き》・捨《しゃ》の心をもって満たす者であり、食べ物（托鉢食）に縛られず、出離《しゅつり》の慧《え》をそなえて食べるからである、と。

殺生《せっしょう》の意思をもたない、これが仏教における沙門の生き方である。この説法に感激したジーヴァカは、ただちに仏法僧《ぶっぽうそう》に帰依《きえ》する信者になったという。無欲にして豊かな沙門の食生活を語る一経である。なお、食生活に関しては、一時食《いちじじき》（午前中に一度の食事）の妥当性を説くものに第六五『**バッダーリ経**』、第六六『**鶉喩経**』、あるいは第七〇『**キーターギリ経**』がある。

第五六『**ウパーリ経**』はニガンタ（ジャイナ教徒）であった資産家ウパーリに意業《いごう》の重要性を説かれたものである。仏を論破するために来たかれが、仏の教えの正しさ、仏の他師に対する心遣《づか》いに感動し、ただちに仏に帰依し、示した百種に及ぶ仏徳の賛嘆は圧巻である。仏の寛容を窺《うかが》いうるすぐれた経でもある。

第六一『**アンバラッティカ・ラーフラ教誡経**』は密行《みつぎょう》第一の弟子ラーフラ（羅睺羅《らごら》）長老（釈尊の実子、当時七歳）に仏教の基本を懇切に説かれたものである。水容器の喩《たと》え、王象の喩えをもって故意の嘘に対する無恥を誡《いまし》め、「戯れにも嘘をつかないようにしよう」と学ぶべきことを教えられる。また鏡を見るように、自己の身口意《しんくい》の業《ごう》をその前、中、後によく観察しなければならない、と。

釈尊とラーフラとの出会い（アジャンター）

第六二『**大ラーフラ教誡経**』もラーフラ長老（当時十六歳の沙弥）に説かれた出入息念の修習《しゅじゅう》についての丁寧な教えである。出入息念（安般念《あんぱんねん》）は第一一八『**出入息念経**』に、身に至る念の修習は第一一九『**身至念経**』に詳説されている。さらに第一四七『**小ラーフラ教誡経**』は機が熟している長老（比丘一年目）のために、問答形式で「六処」について説かれたものであり、これにより長老は解脱《げだつ》し、また数千の神々も「生じるものは滅する」との法眼《ほうげん》を得たという。

第六三『**小マールキヤ経**』は『毒矢経』としても知られ、仏が、「世界は常住《じょうじゅう》である」などの十種の「解答されないもの」（無記《むき》）に捉われたマールキヤプッタ比丘に、それが無益なことを毒矢の喩えによって説き、「四諦《したい》」こそ正覚《しょうがく》、涅槃《ねはん》のためになる「解答されるもの」であることを示されたものである。仏教の学びが自己の苦に関して今ここで行なわれるべきことを教えている。

第七四『**ディーガナカ経**』は「すべてを認めない」との見解をもつ遍歴行者ディーガナカ（長爪《ちょうそう》）に、

賢者はいかなる見解にも執着せず、争わない、と説かれたものである。この法話によってかれは法眼を得て仏に帰依し、またそのとき、この法を聞いていたサーリプッタ長老は執着がなくなり、解脱したという。

第六五『**バッダーリ経**』、第七八『**サマナムンディカ経**』、とくに第一一七『**大四十経**』は無学《むがく》の十法について、第七七『**大サクルダーイー経**』は仏道と智慧について詳しく語るものである。

第八一『**ガティカーラ陶工経**』は、「仏の微笑」に始まり、『本生《ほんじょう》』（ジャータカ）の形式をもつ。その内容は、浄信《じょうしん》をそなえ、目の見えない老いた両親を世話し、不還果《ふげんか》を得たガティカーラ陶工とその友人ジョーティパーラ（菩薩＝前世《ぜんせ》の釈尊）との深い友情が語られており、感動的である。第八二『**ラッタパーラ経**』もまた豊かな内容をもつ一経である。名門の子ラッタパーラが出家するまでの話、阿羅漢《あらかん》となった後の両親に対する説法、そして王との対話からなる。そこには「世界は渇愛《かつあい》の奴隷である」などの名言が知られる。

第一〇九『**大満月経**』は満月の夜に五蘊《ごうん》（五取蘊《ごしゅうん》）について詳細に説示したもので、これにより六十人の比丘が解脱したとされる。また第一四八『**六六法経**』は六内処《ろくないしょ》を初めとする六法《ろっぽう》の無我《むが》（非我）を説いた実践的で内容豊富な経である。この説示によってまた、六十人の比丘が解脱し、阿羅漢果を得たという。第一二一『**小空性経**』はパーリ仏典の中で「空《くう》」を説く最も代表的な経である。「空」の実践を説く第一二二『**大空性経**』もまた貴重である。

第一二九『**賢愚経**』は善悪業による業報輪廻《ごっぽうりんね》についての説示であり、第一三〇『**天使経**』は死神の使者（白髪）を天使として、とくに地獄の世界を中心に業報を説明したものである。第一三五『**小業分別経**』は「業自性《ごうじしょう》」の正見《しょうけん》を分別し説いており、第九九『**スバ経**』とともに見られるべきものである。第一三六『**大業分別経**』は、『小業分別経』が外に見える優劣の相から業を平面的に分別したものであるのに対して、業を順現受《じゅんげんじゅ》・順次受《じゅんじじゅ》・順後受《じゅんごじゅ》のいわゆる三時業《さんじごう》によって立体的に分別し、仏の大業分別智《だいごうふんべっち》を説いている。

第一三一『**賢善一喜経**』以下の四経はすべて「過去を追いゆくことなかれ、未来を願い行くことなかれ」云々の総説の偈を分別したものである。その偈は後代の禅宗などで親しまれる「生死事大無常迅速《しょうじじだいむじょうじんそく》」の句の根幹をなしている。

第一四〇『**界分別経**』は仏が陶工の住処《じゅうしょ》で同宿したプックサーティ比丘に説かれたものである。仏はかれがすぐれた比丘であることを知り、「界」に関する法を諄々《じゅんじゅん》と説かれる。かれは仏がだれであるかを知らないまま、法を聞き、理解を深める。そして最後に「このお方こそ、わが師、正自覚者《しょうじかくしゃ》である」と気づき、額《ぬか》づき、これまで仏に「友よ」と呼びかけた非礼を深く詫び、ただちに仏のもとでの入団を懇願する。そして入団のために鉢衣《はつえ》を求め歩いたが、そのとき、迷走してきた牝牛により命を落した、と。仏はいわれた、「かれは賢者、不還者である」と。これは第三篇の中で強く胸を打たれる経である。また法（真理）が単なる仏という名前によって得られるのではない、ということをも語る一経である。

――聖なる生まれ

最後に、中部経典のうち、最も印象的と思われる第八六『**アングリマーラ経**』を見ることにしよう。これは、仏が凶賊アングリマーラを調伏《ちょうぶく》し、出家させ、阿羅漢の境地に導くまでの出来事を教えとともに示されたものである。

伝えによれば、かれはコーサラ国王パセーナディの司祭バラモンの子として生まれ、アヒンサカ（不害）と呼ばれた。成長すると、タッカシラーで技芸を学び、師匠に可愛がられたが、これに嫉妬した仲間の謀略で、師匠から「技芸の完成は千人の右手の指を集めて来ることである」といい渡される。かれはそれを実行し、コーサラ国で殺戮に明け暮れる。人の指で華蔓《けまん》を作ったため、アングリマーラ（指《し》蔓《まん》）と呼ばれ、ついに九百九十九人を殺し、あと一人になったとき、仏に出会った、と。

かれは仏の神通力《じんづうりき》に圧倒され、また仏が語られた「私は止まって（棒を置いて）いる」とのことばにすべての武器を投げ捨て、仏のもとで出家し、比丘となる。

あるとき、そのアングリマーラ長老は托鉢の最中に、難産で苦しんでいる女性を見てこう思ったという。「ああ、なんと生けるものたちは苦しむことか」と。かれはそれを仏に報告した。すると仏はこういわれた。

「アングリマーラよ、そなたはその女性がいるところへ近づいて行きなさい。行って、このようにいうのです。『婦人よ、私は生まれて以来、故意に生き物の命を奪った覚えがありません。その真実によって、あなたは安らかになりますように、胎児は安らかになりますように』と」

「尊師よ、それでは意識的な嘘をつくことになります。なぜなら、尊師よ、私は故意に多くの生き物の命を奪ったからです」

「それでは、アングリマーラよ、そなたはその女性がいるところへ近づいて行きなさい。行って、このようにいうのです。『婦人よ、私は聖なる生まれによって生まれて以来、故意に生き物の命を奪った覚えがありません。その真実によって、あなたは安らかになりますように、胎児は安らかになりますように』と」　（第五節）

と。なんという仏のご配慮であろう。かれはそのとおりに行ない、女性も胎児も安らかになったという。その後、長老は修行に励み、阿羅漢になった。しかし、托鉢に出ると、他の者から石や棒が投げつけられる。鉢も割れ、大衣《だいえ》も裂かれ、頭から血が流れる。仏はそのようなかれをご覧になり、こういわれた。

「バラモン（漏尽者《ろじんしゃ》）よ、そなたは耐えなさい。バラモンよ、そなたが地獄で数年、数百年、数千年にわたって受けなければならない業の果報《かほう》を、バラモンよ、そなたは現世において受けるのです」

（第六節）

と。智慧と慈悲にあふれたことばである。ときに長老は静かに独坐し、解脱の安らぎを味わったという。その心境はつぎの感嘆のことばに知ることができる。

「かつてなした悪業を　善によって包むならば
かれはこの世を輝かす　雲を離れた月の如くに」

（第六節、『法句』第一七三偈）

托鉢食の布施（タイ・バンコク）

ところで、なぜかつて多くの人を殺《あや》めた長老に難産の女性を見ただけで悲心《ひしん》が生じたのであろうか。出家の力、仏の説示の威力によるのである。また、なぜ阿羅漢になりえたのであろうか。それは、仏という善友《ぜんゆう》を得て、不放逸《ふほういつ》に努め、悪を善によって包んだからである。すべてを知り、執着が消えたのである。

「仏世《ぶっせ》のときのごとき……央掘摩羅《おうくつまら》はいよいよ殺していよいよ慈あり……提婆達多《だいばだった》は邪見《じゃけん》に

してすなわち正《しょう》なり。……故に知りぬ、悪も道を妨げざることを」

「仏世のときの（阿《あ》）闍《じゃ》（世《せ》）王、央掘（摩羅）はその人なることを示す。逆罪《ぎゃくざい》あり、遮《しゃ》重くしてまさに地獄に入るべきも、仏を見たてまつりて法を聞き、豁然《かつねん》として聖《しょう》となる。根《こん》は利《り》なるをもっての故に遮も障《さ》うること能《あた》わず。今時《こんじ》の行人《ぎょうにん》が悪の法のなかにおいても止観《しかん》を修《しゅ》するはすなわちこの意なり」

（『摩訶止観《まかしかん》』巻第二下）

これは止観を説く中で語られた天台智顗大師《てんだいちぎだいし》によるそのとおりのことばである。

仏（覚者《かくしゃ》）に見《まみ》える、慈しみ、憐れみに生きる、これが聖なる生まれに生まれることである。私たちの学びはここに尽きるであろう。

第三章　相応部経典

相応部《そうおうぶ》経典の構成

さて、これより五部における第三の相応部経典を見ることにしたい。

「相応部」（Saṃyutta-nikāya）とは、すでに見たとおり、三蔵《さんぞう》中の経蔵《きょうぞう》に属し、長部《ちょうぶ》、中部が経をその長さ、あるいは量によって分類したものであるのに対して、その内容、主題によって分類し、結合（相応）したものである。またここに含まれる経の数は非常に多く、各経は総じて短いが、そこには縁《えん》起《ぎ》、四諦《したい》、五蘊《ごうん》、十二処《じゅうにしょ》、十八界《じゅうはっかい》、三十七菩提分法《さんじゅうしちぼだいぶんぽう》、三学《さんがく》など、あらゆる教理が網羅されている。

その全体は五篇、五六相応からなる。経の数については、伝統の諸註釈によれば総計七七六二経となる。しかし、現行のテキストでは、たとえばビルマ（ミャンマー）版（本書で紹介する経典の底本）には二八五四経が、パーリ聖典協会版（ＰＴＳ本）には二八八九経、その他さまざまに計算された数の経が収められている。いずれにしても現行のものは、その経数が少なく、伝統のものの半分にも満たない。パーリの相応部に相当する漢訳の『雑阿含経《ぞうあごんきょう》』は古来「雑説《ぞうせつ》なり」ともいわれているが、その数だけを見れば、パーリの場合も複雑な様相を呈している。なぜ、そうなのかは明らかでない。

ただ、その理由として、経数が多いこと、二千年余にわたる六回の結集《けつじゅう》に個人あるいは寺院からさまざまな関係資料が蒐集《しゅうしゅう》され整理されたこと、また六処《ろくしょ》篇と大篇の本文に「中略」やくり返し部分が多いこと、などが考えられるであろう。

ここでビルマ版によって各篇の相応数、経数を確認すれば、つぎのようになる。

1. **有偈《うげ》篇**（一一相応、二七一経）
2. **因縁《いんねん》篇**（一〇相応、二四六経）
3. **蘊《うん》　篇**（一三相応、七一六経）
4. **六処篇**（一〇相応、四二〇経）
5. **大　篇**（一二相応、一二〇一経）

さて、「相応」とは何か。『相応部復註《ふくちゅう》』によれば、相応（saṃyutta）とは「結合」（saṃyoga）という意味である。それぞれの経（sutta）を主題によって篇（vagga）、章（vagga）として集め、経と篇、章とを結合したものをさしている。従って「相応部」とは「主題ごとにまとめられた経の集成」を意味している。ここでそのやや紛《まぎ》らわしい用語で相応部の全体構成を示すと、つぎのようになる。

相応部（saṃyutta）＝**五篇**（vagga）＝**五六相応**（saṃyutta）＝**諸章**（vagga）＝**諸経**

1　有偈《うげ》篇

――その構成

それではまず、有偈篇（Sagātha-vagga）から見ることにしたい。これは「偈（詩句）の有る経と結ばれた篇」であり、つぎの一一相応、二七一経からなる。

---

(1)天相応　1．葦《あし》の章、2．歓喜の章、3．剣の章、4．サトゥッラパ天群の章、5．燃焼の章、6．老の章、7．征服の章、8．「切断して」の章　（八一経）

(2)天子《てんし》相応　1．第一の章、2．アナータピンディカの章、3．種々異教者の章　（三〇経）

(3)コーサラ相応　1．第一の章、2．第二の章、3．第三の章　（二五経）

(4)悪魔相応　1．第一の章、2．第二の章、3．第三の章　（二五経）

(5)比丘尼《びくに》相応　（一〇経）

(6)梵天《ぼんてん》相応　1．第一の章、2．第二の章　（一五経）

(7)バラモン相応　1．阿羅漢《あらかん》の章、2．男性信者の章　（二二経）

(8)ヴァンギーサ相応　（一二経）

---

(9)林相応　（一四経）
(10)夜叉《やしゃ》相応　（一二経）
(11)サッカ相応　1．第一の章、2．第二の章、3．第三の章　（二五経）

各相応の名前は、そこにまとめられた経の主題から付けられたものである。たとえば、第一の天相応は八章の八一経がいずれも天、すなわち神々に関する内容であることを示している。同じく、第二は天子（名をもつ神）、第三はコーサラ国王パセーナディ、第四は仏と仏弟子の前に現われる悪魔、第五は悪魔の誘惑を受ける比丘尼、第六は梵天サハンパティなど、第七は仏教に帰依《きえ》するバラモン、第八は詩人であるヴァンギーサ長老、第九は林における比丘《びく》の生活、第十は夜叉、第十一はサッカ、すなわち帝《たい》釈《しゃく》天《てん》を主題にして説かれた経の集成である。

――中《ちゅう》の行道《ぎょうどう》

各相応は同じ主題の多くの経からなるが、その中からとくに重要と思われるものをここに紹介してみよう。それは相応部第一経の『暴流《ぼる》超越経《ちょうおつきょう》』である。

「このように私は聞いた――あるとき、世尊《せそん》は、サーヴァッティに近いジェータ林のアナータピンデ

イカ僧院（祇園精舎《ぎおんしょうじゃ》）に住んでおられた。

ときに、ある神が麗しい容色をそなえ、夜更けにジェータ林を隈なく照らし、世尊がおられるところへ近づいて行った。行って、世尊を礼拝し、一方に立った。一方に立ったその神は、世尊にこのようにいった。

『尊師よ、あなたはどのようにして暴流を渡ったのですか』と。

『友よ、私は、止まることなく、求めることなく、暴流を渡りました』

『尊師よ、それでは、あなたはどのようにして、止まることなく、求めることなく、暴流を渡ったのですか』と。

『友よ、私は止まるとき、沈みます。友よ、私は求めるとき、流されます。友よ、このように私は止まることなく、求めることなく暴流を渡りました』と。

『実に久しく私は見た　寂滅《じゃくめつ》しているバラモンを
止まることなく求めることなく　世の執着を超えたお方を』

と、このようにその神はいった。師は是認された。そこで、その神は『わが師は是認された』と世尊を礼拝し、右回りをしてその場で消え失せた、と」

これは短い経であるが、充分な形式と豊かな内容をそなえたものである。

この神には賢者の慢心があったらしい。そこで仏は意味を隠して語られた。かれは最初の「止まることなく、求めることなく暴流（欲・有《う》・見《けん》・無明）を渡りました」ということばの意味がまったく理解できず、慢心を捨て、「私がわかるように語ってください」と、さらに質問した。そこで仏は、「止まれば沈み、求めれば流される」とわかりやすく説き示された。かれはそれを聞くと、ただちに預流果《よるか》を得て、自己の満足と浄信《じょうしん》とを説明し、この偈を唱えたという。

ここに説かれた「止まれば沈み、求めれば流される」とは、どのようなことかといえば、たとえば、欲楽の実践によって止まれば沈み、自虐の実践によって求めれば流されるということである。あるいは、常見《じょうけん》によって止まれば沈み、断見《だんけん》によって求めれば流される。煩悩によって止まれば沈み、行作《ぎょうさ》によって求めれば流される、などということである。中による行道である。

なお、仏が「意味を隠して語られる」とは、仏の説示《せつじ》法を示している。仏には、抑止（放行《ほうぎょう》）による説示と摂受《しょうじゅ》（把住《はじゅう》）による説示との二があるのである。そのうち、賢者の慢心がある者たちには、たとえば五百人のバラモン出家のような者には、慢心を抑止するために、かれらがわからないように、『根《こん》本法門経《ぽんほうもんきょう》』（中部第一）などのような法を説かれた。これが「抑止による説示」である。それに対して、真直《まっす》ぐに学を求める者たちには、よくわかるようにして、『希望経』（中部第六）などのような法を説かれた。これが「摂受による説示」である。後代の禅に見られる把住放行の方便《ほうべん》をここに窺《うかが》うことができる。

もう一つ、第一〇『森林経』（葦の章）を紹介しよう。

「ある神が仏に近づき、つぎの偈を唱えた。

『森林に住む寂静《じゃくじょう》の　梵行《ぼんぎょう》をそなえている者らは
ただ一食を摂りながら　なにゆえ皮膚が輝いている』

と。すると世尊はいわれた。

『かれらは過去を嘆かない　未来を願うこともない
ただ現在に生きている　それゆえ皮膚が輝いている
未来を願うことにより　過去を嘆くことにより
そのため愚者らは干乾《ひから》びる　緑の葦が刈られたように』」と

今ここに生きる、爽《さわ》やかな出家生活、自然の道理を語られた一偈である。中部第一三一『賢善一喜《けんぜんいっき》経《きょう》』の教えを髣髴《ほうふつ》させるものがある。

本篇にはとくに『法句』『経集《きょうしゅう》』とともに学ばれるべき古い貴重な偈が多い。

2 因縁《いんねん》篇

――その構成

つぎに因縁篇（Nidāna-vagga）を見ることにしたい。これは「因縁」、すなわち縁起、十二縁起に関する経の集成であり、つぎの一〇相応、二四六経からなる。

---

(1)因縁相応　1．仏陀の章、2．**食《じき》の章**、3．**十力《じゅうりき》の章**、4．カラーラ王族の章、5．資産家の章、6．苦の章、7．大の章、8．沙門《しゃもん》・バラモンの章、9．中略の章（七三経）

(2)現観《げんかん》相応（一一経）

(3)界《かい》相応　1．種々の章、2．第二の章、3．業道《ごうどう》の章、4．第四の章（三九経）

(4)無始《むし》相応　1．第一の章、2．第二の章（二〇経）

(5)カッサパ相応（一三経）

(6)利得恭敬《りとくくぎょう》相応　1．第一の章、2．第二の章、3．第三の章、4．第四の章（三一経）

(7)ラーフラ相応　1．第一の章、2．第二の章（一四経）

(8)ラッカナ相応　1．第一の章、2．第二の章（二一経）

(9)比喩相応（一二経）

(10)比丘相応（一二経）

第一の因縁相応は十二縁起を主題にした経の集成である。第二は現観という法眼《ほうげん》（四諦の智）、第三

は十八界などの界、第四は始まりのない輪廻、第五は頭陀行《ずだぎょう》第一のマハーカッサパ（摩訶迦葉《まかかしょう》）長老、第六は利得と恭敬と名声による障害、第七は密行《みつぎょう》第一のラーフラ（羅睺羅《らごら》）長老への仏の説示、第八は第一経がラッカナ長老にちなむことから名づけられたもので、他の経は悪業者《あくごう》の前世《ぜんせ》の話を主とする。第九は比喩による説法、第十はすぐれた比丘を主題にした経の集成である。

――縁起の教え

ここでは本篇を代表する因縁相応「**十力の章**」の『**縁由経**《えんゆうきょう》』を紹介しておきたい。仏教の最も重要な縁起の教えを実践的に説き尽くしたものといえる。

仏はまず「比丘たちよ、私は知る者に、見る者にもろもろの煩悩の滅尽《めつじん》があると説きます」といわれる。そして五蘊（色《しき》・受《じゅ》・想《そう》・行《ぎょう》・識《しき》）の滅尽を説き、つぎのように述べられる。

「**比丘たちよ、たとえば、山頂で大水滴の雨が降ると、その水は低きに従って流れ、山の峡谷・渓谷・渓流を満たします。山の峡谷・渓谷・渓流は満ちて、もろもろの小池を満たします。もろもろの小池は満ちてもろもろの大池を満たします。もろもろの大池は満ちてもろもろの小川を満たします。もろもろの小川は満ちてもろもろの大川を満たします。もろもろの大川は満ちて大海を満たします。**

比丘たちよ、ちょうどそのように、

（世間の縁起）

無明を縁としてもろもろの行《ぎょう》があります。もろもろの行を縁として識《しき》があります。識を縁として名色《みょうしき》があります。名色を縁として六処があります。六処を縁として触《そく》があります。触を縁として受《じゅ》があります。受を縁として愛があります。愛を縁として取《しゅ》があります。取を縁として有《う》（業有《う》）があります。有を縁として生《しょう》（変化を伴う蘊《うん》の生まれ）があります。生を縁として苦（輪転《りんてん》の苦）があります。

（出世間の縁起）

苦を縁として信《しん》があります。信を縁として満足（弱い喜び）があります。満足を縁として喜（強い喜び）があります。喜を縁として軽快（楽の縁）があります。軽快を縁として楽（基礎禅の縁）があります。楽を縁として定《じょう》（基礎禅＝弱い観《かん》の縁）があります。定を縁として如実智見《にょじつちけん》（弱い観）があります。如実智見を縁として厭離《おんり》（厭離智《ち》＝強い観）があります。厭離を縁として離貪《りとん》（阿羅漢道《あらかんどう》）があります。離貪を縁として解脱《げだつ》（阿羅漢果《か》）があります。解脱を縁として滅尽智《めつじんち》（省察智）があります」

と。蔵外《ぞうがい》文献（三蔵《さんぞう》以外の文献）の『指導論《しどうろん》』によれば、この縁起は世間と出世間《しゅっせけん》の縁起であるという。前半は縁起の順観《じゅんかん》（輪転）、後半は実践による証得《しょうとく》（還転《げんてん》）を説くからである。とくにこの経より、苦を縁として信があり、滅尽智がある、と学ぶことができる。

あと一つ、縁起の根本的な見方を説く、因縁相応「**食の章**」の『**モーリヤ・パッグナ経**』を紹介しておきたい。

仏はまず、四食《しじき》があり、有情《うじょう》（人々）の維持と保護のためになることを説かれる。四食とは、ふつうの食べ物という食（段食《だんじき》）、苦・楽・非苦非楽の三受《さんじゅ》を運ぶ眼触《げんそく》などの接触という食（触食《そくじき》）、欲・色《しき》・無色《むしき》の三有《さんう》を運ぶ善悪の意思という食（思食《しじき》）、結生《けっしょう》の名色《みょうしき》（身心《しんじん》）を運ぶ意識という食（識食《しきじき》）である。すると邪見《じゃけん》者のモーリヤ・パッグナ比丘が、前の三食は知っていると思い込み、つぎのように質問する。

「**尊師よ、いったいだれが識食を食べるのでしょうか**」

と。そこで、仏はかれにそのような問いはふさわしくない、

「**尊師よ、いったい識食は何によるのでしょうか**」

と問わねばならない、と述べられる。そして、その場合のふさわしい答えは、

「**識食は、未来の再生という生起の縁です。それが生じるとき、六処があります。六処を縁として触があります**」

というものである、と。このようにして仏は、縁起による、食という縁起の、正しい問いと答えとを明

らかにされる。
私のものである、私である、私の我《が》である、との戯論《けろん》、妄執《もうしゅう》を見よ、である。

3 蘊《うん》篇

――その構成

さて、蘊篇（Khandha-vagga）はつぎの一三相応、七一六経からなる。

⑴蘊相応《うんそうおう》　1．ナクラの父の章、2．無常の章、3．負担の章、4．「あなたの所有でないもの」の章、5．「自己の島」の章、6．**接近の章**、7．阿羅漢の章、8．硬食《こうじき》の章、9．長老の章、10．**花の章**、11．辺の章、12．説法者の章、13．無明《むみょう》の章、14．熱灰の章、15．見《けん》の章　（一五九経）
⑵ラーダ相応　（四六経）
⑶見相応　（九六経）
⑷入《にゅう》相応　（一〇経）
⑸生起相応　（一〇経）

(6)煩悩相応　（一〇経）
(7)サーリプッタ相応　（一〇経）
(8)龍相応　（五〇経）
(9)金翅鳥《こんじちょう》相応　（四六経）
(10)ガンダッバ（乾達婆《けんだつば》）身《しん》相応　（一一二経）
(11)雲相応　（五七経）
(12)ヴァッチャゴッタ相応　（五五経）
(13)禅相応　（五五経）

このうち、第一の蘊相応は五蘊《ごうん》を主題とする経の集成であり、量的に最も大部なものである。

第二はラーダ長老への五蘊に関する仏の説法、第三は種々の異見、第四は眼《げん》・色《しき》・識《しき》などの無常を信じて聖者の道に入ること、第五は眼・色・識などの生起（苦などの生起）、第六は眼・色・識などにおける欲貪《よくとん》（付随煩悩）、第七はサーリプッタ長老による九次第定《くしだいじょう》の実践の話と女性遍歴行者への説法、第八は四生《ししょう》（卵《らん》・胎《たい》・湿《しつ》・化《け》）による龍の生まれ、第九は四生による金翅鳥の生まれ、第十はガンダッバ身（香の天）の生まれ、第十一は雲（雲の天）の生まれなど、第十二は遍歴行者ヴァッチャゴッタに対する五蘊《ごうん》の説法、第十三は禅定《ぜんじょう》に巧みな者・巧みでない者などに関する経の集成である。

——無我《むが》の教え

蘊篇の蘊とは集まりを意味するが、ここでは五蘊をさしている。五蘊とは色蘊《しき》、受蘊《じゅ》、想蘊《そう》、行蘊《ぎょう》、識蘊《しき》、すなわち色（身体）、受（感受）、想（想念・判断）、行（意思）、識（意識）という私たちの身心《しんじん》を構成する五要素である。先の因縁篇《いんねん》が仏教の中心的な教えである「縁起《えんぎ》」を扱うのに対して、この蘊篇は同じく重要な教えである「無我」を扱っている。

ここで、その教えを知るために、蘊相応の「**接近の章**」における『**無我相経**《むがそうきょう》』を見ることにしよう。これは釈尊が、初転法輪《しょてんぼうりん》の五日後にバーラーナシーの鹿園林《ろくおんりん》（サールナート）で、いわゆる五比丘《ごびく》に説かれたものである。

「比丘たちよ、色は無我です。比丘たちよ、もしも色が我であるならば、色は（変化せず）病にかかりません。また色に対して『私の色はこのようになれ。私の色はこのようになるな』ということができます。しかし比丘たちよ、色は無我です。それゆえ色は（変化し）病にかか

金翅鳥（カンボジア・バンテアイスレイ）

ります。また色に対して『私の色はこのようになれ。私の色はこのようになるな』ということができません。

受は無我です。……想は無我です。……もろもろの行は無我です。……

識は無我です。……私の識はこのようになるな』ということができません」

と。すなわち「五蘊は無我である」というのである。色は泡沫《ほうまつ》、受は水泡《すいほう》、想は陽炎《かげろう》、行は芭蕉《ばしょう》、識は幻にも喩えられる（「**花の章**」『**泡沫経**』）。いずれも霊魂とかアートマンとか我といった実体的なものではなく、相互に依存しているものでしかない。それゆえ無主、無支配、空《くう》のものであり、そこに、すなわち自己に執着すべきものは何もない、と。

つぎに釈尊独特の丁寧な問答がなされる。

「比丘たちよ、そのことをどう思いますか。つまり、色は常でしょうか、それとも無常でしょうか」

「無常です、尊師よ」

「それでは、無常なるものは苦でしょうか、それとも楽でしょうか」

「苦です、尊師よ」

「それでは、無常であり、苦であり、変化する性質のものを、『これは私のものである』『これは私である』『これは私の我である』と見ることはふさわしいでしょうか」

「ふさわしくありません、尊師よ」

と。このように色ないし識の五蘊が無常であり、苦（空虚）であり、無我である、と三相《さんそう》によって見られるべきことが確認される。

さらにその実践として、五蘊はすべて「これは私のものではない」「これは私ではない」「これは私の我ではない」と如実に正しく慧《え》によって見られるべきである、と説かれる。「私のもの」という渇愛《かつあい》、「私」という慢心、「私の我」という邪見《じゃけん》、このような妄執《もうしゅう》（輪転《りんてん》）によらず、如実に正しく智慧（還《げん》転《てん》）によって見よ、である。

そしてつぎのように結ばれる。

「比丘たちよ、聞《もん》のある聖なる弟子は、このように見つつ、色を厭《いと》い、受をも厭い、想をも厭い、もろもろの行をも厭い、識をも厭います。厭いつつ、離貪《りとん》します。離貪によって解脱《げだつ》します。解脱したとき、『解脱した』という智《ち》が生じます。『生まれは尽きた。梵行《ぼんぎょう》は完成された。なすべきことはなされた。この状態のほかにはない』と知ります」

と。この五蘊の教えによって五比丘は執着が消え、心がもろもろの煩悩から解脱し、阿羅漢になったとされる。五蘊、すなわち自己を見たのである。

4 六処篇《ろくしょ》

――その構成

つぎに六処篇（Saḷāyatana-vagga）を見よう。一〇相応、四二〇経からなる。

---

(1)六処相応　1．無常の章、2．一対の章、3．一切の章、4．生法《しょうほう》の章、5．一切無常の章、6．無明の章、7．鹿網《ろくもう》の章、8．病の章、9．チャンナの章、10．六の章、11．無碍《むげ》安穏者の章、12．世間妙欲《みょうよく》の章、13．資産家の章、14．デーヴァダハの章、15．新古の章、16．歓喜滅尽《めつじん》の章、17．六十中略の章、18．海の章、19．毒蛇の章　（二四八経）

(2)受相応　1．有偈《うげ》の章、2．独坐《どくざ》の章、3．百八根拠の章　（三一経）

(3)女性相応　1．第一中略の章、2．第二中略の章、3．力の章　（三四経）

(4)ジャンブカーダカ相応　（一六経）

(5)サーマンダカ相応　（二経）

(6)モッガッラーナ相応　（一一経）

(7)チッタ相応　（一〇経）

⑻村長相応　（一三経）
⑼無為相応　1．第一の章、2．第二の章　（四四経）
⑽無記相応　（一一経）

このうち、第一の六処相応は六処に関する経を集めたもので、本篇で最も大部な相応である。第二は楽・苦・非苦非楽という三の感受、第三は女性の徳、第四は遍歴行者ジャンブカーダカの、第五は遍歴行者サーマンダカの、涅槃《ねはん》など十六の質問に対するサーリプッタ長老の解答、第六はマハーモッガラーナ長老の禅定など、第七はチッタ居士と比丘や異教者との十二処《じゅうにしょ》・四無量心《しむりょうしん》などに関する問答、第八は村長チャンダ（暴悪）による暴悪・柔和に関する質問に対する解答など、第九は無為《むい》という涅槃に関する説法、第十は「タターガタ（有情《うじょう》、我《が》）は死後存在するか」など十種の無記《むき》（解答されないもの）に関する経をまとめたものである。

――すべては燃えている

六処とは六の接触処、接触場所であり、眼《げん》・耳《に》・鼻《び》・舌《ぜつ》・身《しん》・意《い》という内《ない》の六処（六根《ろっこん》、六感官）、色《しき》・声《しょう》・香《こう》・味《み》・触《そく》・法《ほう》という外《げ》の六処（六境《ろっきょう》、六対象）に分けられる。この内処《ないしょ》と外処《げしょ》、自己と世界、生命と環境が接触して六識《ろくしき》が生じる。眼が色に触れてハッと意識するように。根・境・識が和合し、接触し、認識し、感受が生じる。このように六処は苦楽の感受を生む重要な場所である。

ここでは、その教えを知るために**『燃焼経』**（**六処相応「一切の章」**）を見ることにしたい。これは仏が成道《じょうどう》され、二大弟子サーリプッタとマハーモッガッラーナとその仲間二百五十人が入団した後、まもなく入団した三カッサパたち千人の比丘にガヤーに近いガヤーシーサの丘で説かれたものである。かつて拝火教徒のかれらには最適の説法であったにちがいない。仏はつぎのように語られる。

「比丘たちよ、すべては燃えています。では、比丘たちよ、すべては燃えているとは何か。眼は燃えています。もろもろの色は燃えています。眼識《げんしき》は燃えています。眼触《げんそく》は燃えています。眼触を縁として生じる、楽、あるいは苦、あるいは非苦非楽という感受もまた燃えています。何によって燃えているのか。貪《とん》の火によって、瞋《しん》の火によって、痴《ち》の火によって燃えています。生まれによって、老いによって、死によって、もろもろの愁いによって、もろもろの悲しみによって、もろもろの苦しみによって、もろもろの憂いによって、もろもろの悩みによって燃えています。

このように私は説きます。

耳は……鼻は……舌は……身は……意は……燃えています。このように私は説きます。

比丘たちよ、このように見る、聞《もん》をそなえた、聖なる弟子は、眼を厭《いと》います。もろもろの色をも厭います。眼識をも厭います。眼触をも厭います。眼触を縁として生じる、楽、あるいは苦、あるいは非苦非楽という感受をも厭います。

耳をも……鼻をも……舌をも……身をも……意をも……厭います」

と。私たちの六処の根《こん》・境《きょう》・識《しき》・触《そく》・受《じゅ》というすべてが貪・瞋・痴などの十一種の火によって燃えている、というのである。それは六処のすべてが縁によって生じる（中部第一四九『大六処経』）、あるいは無我である（同第一四八『六六法経《ろくろっぽう》』）、と如実に見られねばならない、ということにほかならない。そして仏は、先の『無我相経《むがそう》』と同様に、このように見る者はそのすべてを厭い解脱する、と結ばれる。かれら千人の比丘はだれも執着がなくなり、解脱し、阿羅漢になったという。

5　大篇

――その構成

つぎに、大篇（Mahā-vagga）を見よう。相応部最後の篇であり、題名のとおり最大の分量をもつもので、つぎの一二相応、一二〇一経からなる。

(1) **道《どう》相応**　1．無明の章、2．住《じゅう》の章、3．邪性《じゃしょう》の章、4．行道《ぎょうどう》の章、5．異学の章、6．太陽中略の章、7．一法《いっぽう》中略の章、8．第二の一法中略の章／1．ガンジス中略の章、2．第二のガンジス中略の章／5．不放逸《ふほういつ》中略の章、6．力所作《りきしょさ》の章、7．求《ぐ》の章、8．暴流《ぼる》の章　（一八一経）

(2) **覚支《かくし》相応**　1．山の章、2．病の章、3．ウダーイーの章、4．蓋《がい》の章、5．転輪《てんりん》の章、6．議論の章、7．出入息《しゅつにっそく》の章、8．滅《めつ》の章、9．ガンジス中略の章、10．不放逸の章、11．力所作の章、12．求の章、13．暴流の章、14．再ガンジス中略の章、15．再不放逸の章、16．再力所作の章、17．再求の章、18．再暴流の章　（一八五経）

(3) **念処《ねんじょ》相応**　1．アンバパーリの章、2．ナーランダーの章、3．戒住《かいじゅう》の章、4．未聞《みもん》の章、5．不死の章、6．ガンジス中略の章、7．不放逸の章、8．力所作の章、9．求の章、10．暴流の章　（一〇四経）

(4) **根《こん》相応**　1．清浄《しょうじょう》の章、2．柔軟《にゅうなん》の章、3．六根《ろっこん》の章、4．楽根《らくこん》の章、5．老の章、6．スーカラカターの章、7．菩提分《ぼだいぶん》の章、8．ガンジス中略の章／12．暴流の章、13．ガンジス中略の章／17．暴流の章　（一八〇経）

(5) **正勤《しょうごん》相応**　1．ガンジス中略の章、2．不放逸の章（目録偈《もくろくげ》）、3．力所作の章、4．求の章、5．暴流の章　（五四経）

(6) **力《りき》相応**　1．ガンジス中略の章／5．暴流の章、6．ガンジス中略の章／9．求の章、10．

暴流の章　（一〇八経）
(7)神足《じんそく》相応　1．チャーパーラの章、2．殿堂《でんどう》震動の章、3．鉄丸の章、4．ガンジス中略の章／8．暴流の章　（八六経）
(8)アヌルッダ相応　1．独処《どくしょ》の章、2．第二の章　（二四経）
(9)禅相応　1．ガンジス中略の章／5．暴流の章　（五四経）
(10)出入息《しゅつにっそく》相応　1．一法の章、2．第二の章　（二〇経）
(11)預流《よる》相応　1．ヴェールドヴァーラの章、2．王園の章、3．サラナーニの章、4．功徳等《くどくとう》流《る》の章、5．有偈《うげ》功徳等流の章、6．有慧《うえ》の章、7．大慧《だいえ》の章　（七四経）
(12)諦《たい》相応　1．定《じょう》の章、2．**転法輪《てんぼうりん》の章**、3．コーティ村の章、4．シーサパー林の章、5．深淵《しんえん》の章、6．現観《げんかん》の章、7．第一の生穀《しょうこく》中略の章、8．第二の生穀中略の章、9．第三の生穀中略の章、10．第四の生穀中略の章、11．第五の生穀中略の章　（一三一経）

このうち、第一は八正道《はっしょうどう》、第二は七覚支《しちかくし》、第三は四念処《しねんじょ》、第四は五根《ごこん》、第五は四正勤《ししょうごん》、第六は五力《ごりき》、第七は四神足《しじんそく》、第八はアヌルッダ長老による四念処の実践、第九は四禅《しぜん》、第十は出入息念《しゅつにっそくねん》、第十一は仏《ぶっ》・法《ぽう》・僧《そう》・戒《かい》を主とする預流支《よるし》、第十二は四諦《したい》に関する経を集成したものである。全篇は三十七菩提分法《さんじゅうしちぼだいぶんほう》を中心にまとめられた道《どう》・果《か》・涅槃の説法である。

――初転法輪《しょてんぼうりん》の教え

ここでは仏教の最も代表的な経として、釈尊が成道《じょうどう》後初めてバーラーナシーの鹿園林で五比丘に説かれたという『転法輪経』（諦相応「転法輪の章」）を紹介しよう。

「比丘たちよ、出家者はこれら二の極端に従うべきではありません。二とは何か。下劣、粗野、凡俗の、聖ならざる、利益を伴わない、諸欲の快楽に耽ること、および、苦しい、聖ならざる、利益を伴わない、自虐に耽ることです。

比丘たちよ、如来はこれらの両極端に近づかず、中道《ちゅうどう》をよく覚《さと》りました。それは眼を作り、智を作り、寂止《じゃくし》のためになり、勝智《しょうち》のためになり、正覚《しょうがく》のためになり、涅槃のためになります。……その中道とは何か。それは聖なる八支《はっし》の道です。すなわち正見《しょうけん》・正思《しょうし》・正語《しょうご》・正業《しょうごう》・正命《しょうみょう》・正精進《しょうしょうじん》・正念《しょうねん》・正定《しょうじょう》です。……

つぎに、比丘たちよ、これが苦という聖諦《しょうたい》です。生まれも苦です。老いも苦です。病も苦です。死も苦です。愛さない者たちと会うのも苦です。愛する者たちと別れるのも苦です。求めるものを得ないのも苦です。要するに五取蘊《ごしゅうん》は苦です。

比丘たちよ、これが苦の生起という聖諦です。それは再生をもたらし、歓喜・愛着を伴い、あちこちに歓喜する渇愛です。すなわち欲愛、有愛《う》、無有愛《むう》です。

比丘たちよ、これが苦の滅尽という聖諦です。それはその渇愛の、消滅による残りなき滅尽、捨棄、破棄、解脱、無執着です。

比丘たちよ、これが苦の滅尽にいたる行道《ぎょうどう》という聖諦です。それは聖なる八支の道です。すなわち正見・正思・正語・正業・正命・正精進・正念・正定です」

と。ここに示されたものは中道、すなわち八正道《はっしょうどう》、そして四《し》聖諦《しょうたい》という教えの根本である。それは釈尊の覚りの内容である。「縁起」が自内証の教えとされるのに対して、「四諦《したい》」は他者への教えであり、具体的な目的と実践をもつ真理であるといってよい。

ここには渇愛（因）によって苦（果）があるという生起の縁起（順観《じゅんかん》）が苦諦《くたい》・集諦《じったい》として、また八正道（因）によって涅槃（果）が見られるという滅尽の縁起（逆観《ぎゃっかん》）が滅諦《めったい》・道諦《どうたい》として説かれている。仏はこれに続き、四諦という真理を実践し、省察し、いわゆる示《じ》・勧《かん》・証《しょう》の三転《さんてん》による十二行相《じゅうにぎょうそう》の如実智見《にょじつちけん》が清《しょう》

初転法輪の地・サールナート

浄《じょう》になったとき、人天《にんてん》の世界で初めて「私は正自覚者《しょうじかくしゃ》である」と自称したと語られる。初《しょ》・中《ちゅう》・後《ご》の成就をいうものである。

なおこの説示《せつじ》により、コンダンニャ長老は法の眼を得て、「覚ったコンダンニャ」と呼ばれたという。

相応部経典は仏の教えの宝庫である。法を見、自己を見るための道である。

第四章　増支部経典

増《ぞう》支《し》部《ぶ》経典の構成

さて、これより五部における第四の増支部経典を見ることにしたい。

「増支部」（Aṅguttara-nikāya）は、三蔵《さんぞう》中の経蔵《きょうぞう》に属し、四部《しぶ》（四ニカーヤ）の中で最大の分量があり、一二〇誦唱分《じゅしょうぶん》からなる。長部《ちょうぶ》、中部《ちゅうぶ》が経をその長さや量によって、相応部がその内容、主題によってまとめたものであるのに対して、これは、経をその内容の法数《ほっすう》によって一法から十一法に分類したものである。すなわち、一法を説く経を集めて「一法集《ほっしゅう》」とし、一支《いっし》ずつ増して、最後を「十一法集」とし、「増支」と呼ぶ。漢訳経典ではこれを「増一《ぞういつ》」（増一阿含《あごん》 Skt. Ekottarikāgama）と呼んでいる。この呼称については、パーリ仏典でも、蔵外《ぞうがい》経典とされる『ミリンダの問い』のＰＴＳ（パーリ聖典協会）版は「増一部」と呼び、ビルマ版は「増支部」と呼んでいることが知られる。

また、経数は増支部の最後に置かれた結文、あるいは伝統の諸註釈から、総計九五五七とされている。しかし、現行のＰＴＳ版では約二三〇八経、あるいは二三六三経などとされ、ここに用いるビルマ版では約七二三六の経（説明項目）が数えられる。ただし「経」の数え方は難しく、いずれの版においても、経名のあるもの、経名のない説明項目、名目のみのもの、中略など、さまざまな形で紹介されているため、正確なものを示すことはできない。たとえば、ビルマ版の一法集は二〇章からなり、六一一の項目（六一一節）を含んでいるが、そこには経と名づけられたものは存在しない。しかし、従来これを経と見なし、ＰＴＳ版は「一集の千経が終わる」と結んでいる。

　以上のことから、増支部は、ビルマ版によれば、全体が十一法の「集」（nipāta）、一七九の「章」（vagga）、七二三六の経（sutta）からなる、ということができる。また、各章はほぼ十の経、あるいは説明項目（節）でもって構成されている。各集の第一経はすべて「このように私は聞いた」という本来の経の形式で説かれているが、他は経の形式をもつものとそうでないものとの混交である。説法は主として仏によるが、サーリプッタ（舎利弗《しゃりほつ》）長老やアーナンダ（阿難《あなん》）長老によるものもある。

サーリプッタ

　全体の説法形式は、智慧第一の仏弟子サーリプッタ長老を中心にして説かれた長部第三三『結集経《けつじゅうきょう》』、あるいは第三四『十増経《じゅうぞうきょう》』に見られる法数名目の説示《せつじ》と同類である。また小部《しょうぶ》第四『如是語《にょぜご》』の説示法にも類似する。それは法の詳細な分類と分析を特徴とする論（アビダンマ）の源泉となり、先駆をなしたものといってよいであろう。その全体的な内容についていえば、相応部が法を内容から深く吟味したものであるのに対して、これは法を形式（数）から広く吟味し、仏教の教理を個別的に余すところなく説いたものである。相応部と同様に、ここにもまたあらゆる仏の教えを見ることができる。

1 一法集

――その構成

それでは最初の一法集から入ることにしよう。その構成はつぎのとおりである。

---

1. **色《しき》等の章**、2. 蓋捨断《がいしゃだん》の章、3. 不適業《ごう》の章、4. 不調御《ふじょうご》の章、5. 志向と浄信《じょうしん》の章、6. 弾指《だんし》の章、7. 精進《しょうじん》努力の章、8. 善友《ぜんゆう》の章、9. 放逸《ほういつ》等の章、10. 第二放逸の章、11. 非法等の章、12. 無罪の章、13. **一人《いちにん》の章**、14. **第一人者の章**、15. 無処《むしょ》の章、16. 一法の章、17. 浄信作法の章、18. 別弾指の章、19. 身至念《しんしいねん》の章、20. 不死の章

一法集は二〇章、六一一経（節）からなる。各章の名はそのもとにまとめられた約十経のいずれかの経の名、あるいは内容にちなむものである。各経は総じて短く、明快な説明、内容をもつ。以下にその

教えのいくつかを紹介したい。

――心の清浄《しょうじょう》

まずこの一法集は、「このように男性の心を固く捉える色《しき》を他に一つも見ません。それは女性の色です」というように、色という一法から「**色等の章**」が説き始められる。「**一人の章**」では如来について説かれ、「**第一人者の章**」では智慧第一人者としてサーリプッタ長老、ケーマー長老尼《に》、神通《じんづう》第一人者としてマハーモッガッラーナ長老、ウッパラヴァンナー長老尼など、男女の在家者を含む仏弟子の第一人者が列挙され、語られている。この一法集ではつぎの仏のことばが注意される。

「比丘たちよ、この心は清浄です。それはまた、外来のもろもろの付随煩悩によって汚れています。聞《もん》のない凡夫《ぼんぶ》はそれを如実に知りません。それゆえ、聞のない凡夫に心の修習《しゅじゅう》はない、と私は説きます」

「比丘たちよ、この心は清浄です。それはまた、外来のもろもろの付随煩悩から解脱《げだつ》しています。聞のある聖なる弟子はそれを如実に知ります。それゆえ、聞のある聖なる弟子には心の修習がある、と私は説きます」

心、すなわち有分心《うぶんしん》、潜在意識は清浄である。もとから白いものでも黒いものでもない。いわば無色透明であり、その意味において清浄である。いわゆる自性清浄心《じしょうしょうじょうしん》ではない。随縁《ずいえん》である。悪によれば黒くなり、善によれば白くなる。煩悩で汚さず、静かに坐ろう、慈《いつく》しみの心を起こそう、といわれたものである。

2 二法集

——その構成

つぎに二法集を見ることにしたい。その構成はつぎのとおりである。

第一の五十 1. 刑罰の章、2. 争論の章、3. 愚人の章、4. **等心《とうしん》の章**、5. 会衆《えしゅ》の章
第二の五十 6. 人の章、7. 安楽の章、8. 有因《ういん》の章、9. 法の章、10. 愚者の章
第三の五十 11. 欲望難捨断《なんしゃだん》の章、12. 希望の章、13. 布施《ふせ》の章、14. 歓迎の章、15. 入定《にゅうじょう》の章

——仏教における孝

二法集は一五章（三の五十）、二四六経（節）からなる。この「**等心の章**」に、つぎのような父母という二法に関するすばらしい無名の経が知られる。

「比丘たちよ、二人のために報《むく》い尽くすことができない、と私は説きます。二人とはだれか。母

と父です。比丘たちよ、百歳の寿命があり、百歳を生きて、一方の肩で母を背負わねばなりません。一方の肩で父を背負わねばなりません。また、かれは、両親に、塗香《ずこう》、按摩《あんま》、沐浴、揉《も》み解《ほぐ》しをもって、また、母父がその肩で大小便をもらしても、世話をすべきです。比丘たちよ、それでも母父に仕え、報いたことにはなりません。比丘たちよ、またこの大地の広大な輝く宝（七宝《しちほう》）をもって、母父を王中の王（転輪聖王《てんりんじょうおう》）たる位に就《つ》かせても、なお母父に仕え、報いたことにはなりません。それはなぜか。比丘たちよ、母父は子を養い、育て、多くの利益をもたらし、この世を見せてくれたからです。

比丘たちよ、母父が不信者であるならば、信をそなえるように、得させ、入らせ、確立させることです。破戒者であるならば、戒をそなえるように、得させ、入らせ、確立させることです。吝嗇者《りんしょくしゃ》であるならば、施捨《せしゃ》をそなえるように、得させ、入らせ、確立させることです。少慧者《しょうえしゃ》であるならば、慧をそなえるように、得させ、入らせ、確立させることです。比丘たちよ、これだけをもってすれば、母父に仕え、報いたことになります」

と。仏教における孝の意義を明かされたものである。親に仕え、親が浄信《じょうしん》・智慧をそなえたときにこそ、親の恩に報いうる、と。後代のよく知られた『父母恩重経《ぶもおんじゅうきょう》』の教えの根幹をなしており、人間の共生に不可欠な信《しん》、戒、捨《しゃ》、慧、すなわち智慧と慈悲の心を世間・出世間《しゅっせけん》両方の立場から示している。

その他、観察力と修習力という二の力、財施《ざいせ》と法施《ほうせ》という二の布施、僧団の安楽と比丘の楽住《らくじゅう》という二の利益のある学処《がくしょ》（戒律）なども説かれている。

3 三法集

――その構成

つぎに三法集を見ることにしよう。その構成はつぎのとおりである。

第一の五十　1．愚人の章、2．車作りの章、3．**人の章**、4．天使の章、5．小の章

第二の五十　6．バラモンの章、7．**大の章**、8．アーナンダの章、9．沙門《しゃもん》の章、10．塩釜の章

第三の五十　11．正覚《しょうがく》の章、12．悪趣《あくしゅ》の章、13．クシナーラーの章、14．戦士の章、15．吉祥《きちじょう》の章、16．裸行者《らぎょうじゃ》の章、17．業道《ごうどう》中略の章、18．貪欲《とんよく》中略の章

――認めるべきもの

三法集は一八章（三の五十）、一八四経（節）からなる。この「**人の章**」には二法集の二人と同じく、利益をもたらす三人が語られている。(1)仏法僧《ぶっぽうそう》に帰依《きえ》をし、帰依を与える人、(2)四聖諦《ししょうたい》を如実に知り、

預流道《よるどう》を成就させる人、⑶無漏《むろ》の心解脱《しんげだつ》・慧解脱《えげだつ》を了知し、阿羅漢道《あらかんどう》を成就させる人である。この三人にはいかなる合掌、礼拝、資具《しぐ》によっても報い尽くしえない、と。無上《むじょう》の信、法眼《ほうげん》、智慧の成就に代わるものはないからである。ここで、本集を代表する「**大の章**」の『**ケーサムッティ経**』（あるいは『カーラーマ経』）を紹介しよう。

これは仏がコーサラ国を遊行《ゆぎょう》し、ケーサムッタというカーラーマ族の町に入られたときの説示である。その町には多くの沙門《しゃもん》・バラモンがやって来ては、自説を称賛し、他説を非難していたという。人々はだれの説が真実であるかに迷い、仏に質問する。そこで仏はこういわれる。

「**カーラーマの者たちよ、そなたたちが迷うのも当然です。疑うのも当然です。迷うところに疑いが生じるからです。**

さあ、カーラーマの者たちよ、そなたたちは風聞によって（以前に聞いたことがあると）認めてはなりません。伝統によっても（代々伝えられていると）認めてはなりません。聖典との合致のみによっても認めてはなりません。理屈によっても認めてはなりません。原理によっても認めてはなりません。様相の考察によっても認めてはなりません。憶説によっても認めてはなりません。見解の歓受《かんじゅ》によっても（単なる予見によって）認めてはなりません。見せ掛けの可能性によっても（認められそうだと）認めてはなりません。『この沙門はわれわれの師である』ということによ

って も 認めてはなりません」

と。仏はさらに続けられる。その法が「善である」「無罪（非難されないもの）である」「知者の称賛するものである」「利益のため、安楽のためになる」と知るならば、それをそなえて住むべきである。貪《とん》・瞋《じん》・痴《ち》を離れ、正念《しょうねん》と正知《しょうち》をそなえ、慈《じ》・悲《ひ》・喜《き》・捨《しゃ》の心を満たすように、と。

一切の権威、固定観念によらず、智慧により、無貪・無瞋・無痴を見よ、自己を見よ、と教えられたものである。

4 四法集

――その構成

つぎに四法集を見よう。その構成はつぎのとおりである。

第一の五十　1. バンダ村の章、2. 歩行の章、3. ウルヴェーラの章、4. 輪の章、5. 赤《しゃく》馬《め》の章

第二の五十　6. 功徳等流《くどくとうる》の章、7. 得業《とくごう》の章、8. 無戯論《むけろん》の章、9. 不動の章、10. アスラの章

第三の五十　11．雲の章、12．ケーシーの章、13．恐怖の章、14．人の章、15．光明の章
第四の五十　16．根の章、17．行道《ぎょうどう》の章、18．故思《こし》の章、19．バラモンの章　20．大の章
第五の五十　21．善人の章、22．会衆の章、23．悪行《あくぎょう》の章、24．業《ごう》の章、25．罪の章、26．通《つう》智《ち》の章、27．業道の章、28．貪欲中略の章

――馬をめぐって

四法集は二八章（五の五十）、七八三経（節）からなる。ここでは、「**赤馬の章**」の『**赤馬経**《しゃくめきょう》』というすぐれた経を見ておきたい。

あるとき、赤馬天子《てんし》が仏に、「生も死も没も再生もない世界の終わりを、歩行によって知り、極めることができるのでしょうか」と尋ね、つぎのように語る。

自分は昔、赤馬と呼ばれた仙人、神通をそなえ、虚空を駆け行く者であった。あるとき『歩行によって世界の終わりを極めよう』との欲望が起こり、飲食、大小便、眠気と疲労のとき以外、百年を生きる者として、百年間、歩きつづけた。しかし世界の終わりを極めず、途中で死んだ、と。そこで、仏はこう説かれる。

「友よ、私は、生まれることのない、死ぬことのない、没することのない、再生することのない世界の終わりを、歩行によって、知る、あるいは見る、あるいは極めることができる、とは説きません。私は、世界の終わりを極めないまま、苦（輪転苦）の終わりを作ることを説きません。

友よ、私は、想があり意があるわずか一尋《ひとひろ》のこの身体における、世界（苦諦《くたい》）と世界の生起と世界の滅尽《めつじん》と世界の滅尽にいたる行道とを説くのみです。

世界の終わりは歩行によって　けっして極められ得ない
世界の終わりを極めなければ　苦から解放され得ない
それゆえ世界を知る賢者　梵行《ぼんぎょう》修めた世界の達人
寂者《じゃくしゃ》は世界の終わりを知って　この世あの世を願い求めず」

と。このわずか一尋の身に世界の一切を知る、見る、と教えられたものである。まさに尽十方《じんじっぽう》世界、これ沙門の全身、自己にあらざるなし、である。

また、「**ケーシーの章**」につぎのような興味深い『**鞭経**《べんきょう》』が収められている。

世界に四頭の良き駿馬《しゅんめ》がいる。第一の駿馬は、鞭《むち》の影を見ると驚怖し、調馬師が私に何をしようとするのか、私はかれにどう対処すればよいのか、とその事態を知る。第二の駿馬は、鞭の影を見ても驚怖せず、鞭が毛穴に入ると驚怖し、その事態を知る。第三の駿馬は、鞭の影を見ても、鞭が毛穴に入っても驚怖せず、皮に入ると驚怖し、その事態を知る。第四の駿馬は、鞭の影を見ても、鞭が毛穴に入っても、皮に入っても驚怖せず、骨に入ると驚怖し、その事態を知る。

ちょうどそのように、世界に良き駿馬のような四人がいる。第一の人は他者の苦や死を聞いて驚怖し、第二の人は他者の苦や死を見て驚怖し、第三の人は自分の親族の苦や死を知って驚怖し、第四の人は自分の苦や死にいたる状況によって驚怖し、自ら励み、身（名身《みょうしん》）により最勝諦《さいしょうたい》（涅槃《ねはん》）を実証し、智慧（観《かん》を伴う道慧《どうえ》）により洞察する、と。驚怖とは宗教的感動をいう。

これは良き四馬のような四人を語り、それが仏の調御によることを説くものである。大乗の『大般涅槃経《だいはつねはんぎょう》』（北本《ほっぽん》・巻第一八）には、これを引用して、つぎのように述べられている。

「善男子《ぜんなんし》、調馬者《ちょうめしゃ》の如き、およそ四種《ししゅ》あり。一には触毛《そくもう》、二には触皮、三には触肉、四には触骨なり。その触る所に随って御者《ぎょしゃ》の意に称《かな》ふ。如来もまた爾《しか》なり。四種の法を以て衆生《しゅじょう》を調伏《ちょうぶく》したまふ。一には為《ため》に生《しょう》を説きたまふに便《すなわ》ち仏語《ぶつご》を受く。その毛に触るれば御者の意に随ふが如し。二には生・老を……三には生および老・病を……四には生および老・病・死を説きたまふに便ち仏語を受く。毛・皮・肉・骨に触るれば御者の意に随ふが如し」

と。如来による衆生の調伏法は定まっていないが、その成就は定まっている。それゆえ仏は調御丈夫《じょうごじょうぶ》と呼ばれる、と。これはまた『正法眼蔵』「四馬《しめ》」にも、

「人のために句を説くは、快馬《かいめ》の鞭影《べんえい》を見て、即ち正路《しょうろ》に入るが如し」

と、龍樹《りゅうじゅ》祖師のことばを引いて、その意味が明らかにされている。如来の説法は自在であり、道を学ぶ者はかならず鞭による、というのである。

5 五法集

その構成

さて、五法集の構成は以下のとおりである。

第一の五十　1. 有学力《うがくりき》の章、2. 力《りき》の章、3. 五支《ごし》の章、4. スマナーの章、5. ムンダ王の章
第二の五十　6. **蓋《がい》の章**、7. 想《そう》の章、8. 戦士の章、9. 長老の章、10. カクダの章
第三の五十　11. 楽住《らくじゅう》の章、12. アンダカヴィンダの章、13. 病の章、14. 王の章、15. ティカンダキーの章
第四の五十　16. **正法《しょうぼう》の章**、17. 害心《がいしん》の章、18. 男性信者の章、19. 森の章　20. バラモンの章
第五の五十　21. キミラの章、22. 罵《ののし》りの章、23. 長い遊行《ゆぎょう》の章、24. 居住の章、25. 悪行《あくぎょう》の章、26. 入団の章、27. 許可の章、28. 学処《がくしょ》の章、29. 貪欲《とんよく》中略の章

無常の省察

五法集は二九章（五の五十）、一一五一経（節）からなる。この集では、第六章にある『**時々省察経**《じじしょうさつきょう》』の教えに学びたい。

「比丘《びく》たちよ、これら五の道理は女性、男性、在家者、出家者のいずれによっても、つねに省察されなければなりません。

五とは何か。①私は老いるものであり、老いを超えていない、と。……②私は病むものであり、病を超えていない、と。……③私は死ぬものであり、死を超えていない、と。……④私の愛するもの、好ましいものはすべて変化し、滅亡する、と。……⑤私は業《ごう》を自己とし、業を相続者とし、業を胎《たい》とし、業を親族とし、業を帰依所《きえしょ》とし、その善あるいは悪の業を作り、その相続者になるであろう、と」

これは、私たちにある若さ、健康、命に対する驕《おご》り、愛するものに対する欲望、身口意《しんくい》の悪行《あくぎょう》を誡《いまし》め、その省察によって十結《じっけつ》、七随眠《しちずいめん》という煩悩が断たれること、あるいは薄くなることを教えるものである。

また、第十六章の『ウダーイー経』にも注意されてよい。他者に法を説く場合、⑴次第に（施《せ》・戒《かい》・天などの順に）、⑵根拠（それぞれの意味）を示し、⑶憐愍《れんみん》により、⑷利益《りやく》（衣食住薬の四資具《ししぐ》）を求めず、⑸自他を害さず（自賛せず、他を貶《けな》さず）、話を語ろう、と内心を確立して説くべきである、と。大事な心得である。

6 六法集

その構成

つぎに六法集を見よう。その構成は以下のとおりである。

第一の五十　1．**供養《くよう》されるべきものの章**、2．憶念《おくねん》されるべきものの章、3．無上《むじょう》の章、4．天の章、5．ダンミカの章

第二の五十　6．大の章、7．神々の章、8．阿羅漢の章、9．清涼《せいりょう》の章、10．功徳《くどく》の章、11．三法の章、12．一般の章

功徳《くどく》を念じる

六法集は一二章（二の五十）、六四九経（節）からなる。

ここでは、第一章の『**六随念処経**《ろくずいねんじょきょう》』を紹介しよう。これは、仏の従兄弟であり、釈迦族のマハーナーマ王による「教え（三学《さんがく》）を知り、果を得ている聖なる弟子はどのように住むのでしょうか」との問いに、仏が答えられたものである。

「マハーナーマよ、聖なる弟子は如来を随念《ずいねん》します。『このことによっても、かの世尊《せそん》は阿羅漢であり……』と。聖なる弟子が如来を随念するとき、その心が貪《とん》・瞋《じん》・痴《ち》に纏《まと》われることはありません。その心は如来について真直ぐになります。……心は安定します。……かれは害心《がいしん》（苦）のある人々の中で害心がなく住み、（観《かん》と称される）法の流れに入り、仏の随念を修習《しゅじゅう》します」

と。このようにまず仏《ぶつ》随念が、そして順に法随念、僧随念、戒随念、施《せ》随念、天随念が説かれ、六随念が示される。仏は十徳、法は六徳、僧は九徳について、戒は聖なる戒の徳、施は吝嗇《りんしょく》のない無欲の施についていわれたものである。また、天（神）を随念するということは、四大王天《しだいおうてん》から梵衆天《ぼんしゅてん》、さらに上位の天がそなえる信《しん》・戒・聞《もん》・施《せ》・慧《え》という五徳を念じ、私も同じようにそなえている、と念じることをいう。なお、この経では預流果《よるか》について語られている。

7 七法集

――その構成

つぎに七法集を見ることにしたい。その構成は以下のとおりである。

（第一の）五十　1.財の章、2.随眠の章、3.ヴァッジ七法《しちほう》の章、4.神々の章、5.大供《だいく》犠《ぎ》の章
（第二の五十）6.**無記の章**、7.**大の章**、8.律《りつ》の章、9.沙門の章、10.供養されるべきものの章、11.貪欲中略の章

──妻の心得

七法集は十一章（二の五十）、一一三七経（節）からなり、ここには漢訳経典の『玉耶経《ぎょくやきょう》』の名でよく知られる『**妻女経**』がある。妻の道に欠けていたスジャーター（善生《ぜんしょう》）に、仏が七種の喩えをもって説法されたものであり、その教えには学ぶべきことが多い。本集ではこれを紹介することにしよう。

ある早朝、仏はアナータピンディカ（給孤独《きっこどく》）長者の家に行かれた。すると大きな騒がしい声が聞こえてきたので、いったいだれがいるのか、と尋ねられた。「あれはスジャーターというわが家の嫁です。裕福な家から迎えましたが、姑《しゅうとめ》も舅《しゅうと》も夫も世話をせず、尊敬もしません」と。仏は彼女を呼び、こういわれた。

「スジャーターよ、**男性にはこれら七人の妻がおります**。すなわち、**殺人者**のようなもの、**盗人**のようなもの、**主人**のようなもの、**母**のようなもの、**姉妹**のようなもの、**友人**のようなもの、**奴隷**のようなものです。

と。

スジャーターよ、そなたはそのうちの何《いず》れですか」

と。

「尊師よ、私には世尊が略説して語られたことばの意味がよくわかりません。どうか、私にその意味がわかるように法をお説きくださいますように」

そこで、仏は偈《げ》によって、その意味をつぎのように明らかにされたのである。

「悪意があって、他人を利さず　他人に染まり、夫を軽んじ
財で買われて殺そうとする　このような妻は男性にとって
『殺人者のような妻』といわれる、

夫が工・商・農業に励み　妻のために得る財を
彼から少しでも取ろうとする　このような妻は男性にとって
『盗人のような妻』といわれる、

仕事を好まず、怠惰、大食　粗暴、凶暴、粗悪に語り
勤勉な者を抑えつける　このような妻は男性にとって
『主人のような妻』といわれる、

つねに他人の利を願い　母の子のように夫を護《まも》り

それよりその蓄財を護る
このような妻は男性にとって
『母のような妻』といわれる、
妹の姉に対するように
自分の夫を尊敬し
羞恥《しゅうち》をそなえ、夫に順《したが》う
このような妻は男性にとって
『姉妹のような妻』といわれる、
友の久しく来た友のように
ここで夫を見てまた喜ぶ
善、戒をそなえ、夫を護る
このような妻は男性にとって
『友人のような妻』といわれる、
打ち棒の威嚇《いかく》に怒らず静まり
悪意をもたず夫に耐えて
怒ることなく夫に順う
このような妻は男性にとって
『奴隷のような妻』といわれる、
ここに妻が『殺人者』といわれ
『盗人』『主人』といわれるならば
破戒者のように粗悪、不敬の
彼女は身が壊《こわ》れ（死ぬと）、地獄に行く、
しかし妻が『母』『姉妹』
また『友人』『奴隷』といわれるならば
戒を確立し、長く守られ
彼女は身が壊れ、天界に行く、

スジャーターよ、以上のように、男性にはこれら七人の妻がおります。そなたはそのうちの何れですか」

「尊師よ、今より以後、世尊は私を、夫の奴隷のような妻として、お認めくださいますように」

と。これは傲岸不遜《ごうがんふそん》という高ぶりの心を最も低くして、最も気高い心を確立した妻の話であるが、人間社会のだれにも望まれる大事な心のあり方を示している。漢訳『玉耶経』の一つにはこの七種を母、妹(姉妹)、善知識《ぜんちしき》(友人)、婦(主人)、婢《ひ》(奴隷)、怨家《おんけ》(盗人)、奪命《だつみょう》(殺人)とする。なお、スジャーターは布施第一の女性信者ヴィサーカーの妹とされる。

その他にまた、本集第七章の『**アラカ経**』には、異教の師アラカによる「人間の命は短い、生まれた者に死がないことはない」などの説がいくつもの興味深い比喩によって語られている。

8 八法集

——その構成

つぎに八法集を見よう。その構成は以下のとおりである。

第一の五十　1．慈《じ》の章、2．**大の章**、3．居士《こじ》の章、4．布施《ふせ》の章、5．布薩《ふさつ》の章

第二の五十　6．ゴータミーの章、7．地震の章、8．**一対の章**、9．念《ねん》の章、10．一般の章、11．貪欲中略の章

——ジャイナ教徒への答え

八法集は一一章（二の五十）、六二六経（節）からなる。興味ある説示《せつじ》として、第二章の『**シーハ経**』にジャイナ教徒のシーハ将軍に問われて答えられたものがある。そこでは仏が不作業《ふさごう》論者（身口意の悪行、悪不善法《あくふぜんほう》の不作《ふさ》を説く者）であり、作業《さごう》論者（身口意の善行、善法《ぜんほう》の作《さ》を説く者）であり、断滅《だんめつ》論者（貪瞋痴の断滅を説く者）、嫌悪者（身口意の悪行などを嫌悪する者）、調伏《ちょうぶく》者（貪瞋痴の調伏法を説く者）、苦行者（身口意の悪行などを焼き尽くす者）、離胎《りたい》者（再有《さいう》〔再生〕の入胎《にゅうたい》を離れている者）、安《あん》息《そく》者（最勝《さいしょう》の安息による安息者）であることが説かれ、かれは仏に帰依《きえ》する者となったという。

そのほかに、同章の『**パハーラーダ経**』にはガンジス河などの大河も大海に入ればもとの名を捨てて大海とのみ呼ばれるように、王族などの四階級の人々も法と律《りつ》、すなわち仏教のもとで出家すればもとの名を捨ててただ釈子《しゃくし》の沙門と呼ばれる、などの「大海の八稀有未曾有法《はちけうみぞうほう》」と「法と律の八稀有未曾有法」が説かれている。

また、第八章の『**死念経**《しねんきょう》』（第二）は、一日一夜、あるいは一日、あるいは半日、あるいは一鉢食《いっぱつじき》を

食べる間、あるいは半鉢食《はんはつじき》を食べる間、あるいは四、五口を呑《の》み込む間、あるいは一口を呑み込む間、あるいは一呼吸する間生きて、仏の教えを思惟《しゆい》し、死念を修習するならば、諸煩悩の滅尽《めつじん》に資する、と死念による不放逸《ふほういつ》の教えを説いている。なお死念とは「死が起こること」「命根《みょうこん》が断たれること」「死」を思惟する実践をいう。

9 九法集

――その構成

つぎに九法集を見よう。その構成は以下のとおりである。

――

第一の五十　1．正覚《しょうがく》の章、2．獅子吼《ししく》の章、3．有情居《うじょうご》の章、4．大の章、5．一般の章

第二の五十　6．安穏の章、7．念処《ねんじょ》の章、8．正勤《しょうごん》の章、9．神足《じんそく》の章、10．貪欲中略の章

――

――修行の拠り所

九法集は一〇章（二の五十）、四三二経（節）からなる。第一章の『正覚経《しょうがくきょう》』には、九法を二分し、菩提分法《ぼだいぶんほう》を修習する依拠として善友《ぜんゆう》、戒、削減（少欲知足《しょうよくちそく》）論、精進《しょうじん》努力、苦の滅尽にいたる慧《え》とい

う五法が示され、そして不浄、慈悲、出入息《しゅつにっそく》、無常想《むじょうそう》という四法《しほう》が実践されて涅槃《ねはん》を得ることが説かれている。

第三章には九有情居《くうじょうご》（九種の有情の住処《じゅうしょ》）、第四章には九次第住《くしだいじゅう》（九種の次第に入定《にゅうじょう》する住まい、禅定《ぜんじょう》）などが説かれている。

10 十法集

——その構成

つぎに十法集を見よう。その構成は以下のとおりである。

第一の五十　1. 功徳の章、2. 救護《くご》の章、3. 大の章、4. ウパーリの章、5. 罵りの章

第二の五十　6. 自心の章、7. 一対の章、8. 願《がん》の章、9. 長老の章、10. ウパーリの章

第三の五十　11. 沙門想《しゃもんそう》の章、12. 捨法《しゃほう》の章、13. 清浄《しょうじょう》の章、14. 善良の章、15. 聖《しょう》の章

第四の五十　16. 人《にん》の章、17. ジャーヌッソーニの章、18. 善良の章、19. 聖道《しょうどう》の章、20. 別人の章、21. 業生身《ごっしょうしん》の章、22. 一般の章、23. 貪欲中略の章

——病を克服する十想

十法集は二三章（四の五十）、七四六経（節）からなる。ここでは第六章の『ギリマーナンダ経』を紹介したい。これは「十想《じっそう》」を説くもので、重病に苦しむ者に大いなる力をもたらすお経とされる。

祇園精舎の遺跡

仏がサーヴァッティに近いアナータピンディカ僧院（祇《ぎ》園精《おんしょう》舎《じゃ》）に住んでおられたとき、ギリマーナンダ長老は重病に苦しんでいたという。そこで仏はアーナンダ長老に「十想」を語り、これをかれのために説かせられる。

(1)五取蘊について無常を観察する無常想、(2)内外の六処《ろくしょ》について無我を観察する無我想、(3)髪など三十二の部分からなる身体について不浄を観察する不浄想、(4)この身体には苦しみが多くさまざまな病が起こると危難《きなん》を観察する危難想、(5)すでに生じている欲・怒り・害意の考えを断つ捨断《しゃだん》想、(6)あらゆる行の寂止《じゃくし》、生存の因の捨棄《しゃき》、涅槃は寂静《じゃくじょう》であると見る離貪《りとん》（消滅）想、(7)同じく滅尽《めつじん》想、(8)一切の世界に対する不歓喜《ふかんぎ》想、(9)あらゆる行に愁《うれ》い、厭《いと》う無常想、(10)結跏趺坐《けっかふざ》し、長く息をしているときは息が長い、短く息をしているときは息が短い、と学ぶ出入息念、以上からなる十種の想である。これを聞いて、ギリマーナンダ長老はただちに病が消えた、と。

11 十一法集

——その構成

つぎに最後の十一法集を見よう。その構成は以下のとおりである。

一　1. **依止《えし》の章**、2. **随念の章**　一

——慈しみの功徳

十一法集は二章、六七一経（節）からなる。全体として増支部経典はもと十法集からなり、本集は後に付加されたものではないかとの見方もある。

ここには、いくつかの項目の組み合わせと考えられるものが多く、たとえば第一章の『**孔雀林経《くじゃくりんきょう》**』は、無学《むがく》の戒蘊《かいうん》・定蘊《じょううん》・慧蘊《えうん》の三法、神通《じんずう》奇跡・予言奇跡・教誡《きょうかい》奇跡の三法、正見《しょうけん》・正智《しょうち》・正解脱《しょうげだつ》の三法、明《みょう》・行《ぎょう》の二法の十一法を説いている。しかし第二章の『**牧牛者経《ぼくぎゅうしゃきょう》**』は、中部第三三『大牧

牛者経』と同内容で、単独の事柄として、牧牛者のそなえるべき十一種の事柄と比丘のそなえるべき十一種の事柄とを説いている。また『慈経《じきょう》』には慈心《じしん》の修習による十一種の功徳が示されている。

「比丘たちよ、慈しみの心解脱《しんげだつ》を習い、修習し、復習し、乗り物とし、基礎とし、確立し、習熟し、よく励むならば、十一の功徳が期待されます。十一とは何か。①安楽に眠ります。②安楽に目覚めます。③悪夢を見ません。④人々に愛されます。⑤人ならざるもの（精霊）たちに愛されます。⑥神々が守護します。⑦火とか毒とか刀を受けません。⑧速《すみ》やかに心が安定します。⑨顔色が輝きます。⑩昏迷《こんめい》することなく命終《みょうじゅう》します。⑪上位（阿羅漢果）を証得しない場合、梵天界《ぼんてんかい》に至ります」

と。

このおびただしい数の経をもつ増支部経典もまた、仏の智慧と慈悲の教えをそのとおりに説き、どの経もつねに私たちに寂静を与えるものである。

第五章　小部経典

小部《しょうぶ》経典の構成

さて、これまで、いわゆるパーリ仏典の要《かなめ》となる四の部（ニカーヤ）、すなわち長部経典、中部経典、相応《そうおう》部経典、増支《ぞうし》部経典を見てきた。どの部もそれぞれ経蔵《きょうぞう》の体をなし、仏教の真髄を語るものである。もちろん、これらの四部に小部を含めて経蔵、五部と呼ぶのであるが、どの部によっても仏語《ぶつご》の内容は尽くされている。それぞれに何か別の、あるいは新しい教えがあるのではない。ただ、私たちの理解が千差万別であるために、仏はまさに八万四千の法門《ほうもん》をもって教え導かれたのである。あたかも昨日のご馳走《ちそう》、今日のご馳走、明日のご馳走、というように。いつ、どこで、何をいただいても、仏の法は法味《ほうみ》のご馳走である。

「この世、あの世のいかなる財も　諸天《しょてん》におけるすぐれた宝も
如来《にょらい》に等しいものはない　この仏宝《ぶっぽう》はすばらしい
この真理により幸いあれ」

（『小誦《しょうじゅ》』「宝経《ほうきょう》」第三偈）

と。たしかに仏は最上の宝であり、その法もまた最上の宝である。

小部経典は「小部」（Khuddaka-nikāya）と呼ばれるように、「小さな（khuddaka）部（nikāya）」、「雑

多な部」を意味するが、五部のうち最も大部なものであり、ここには『法句《ほっく》』（ダンマパダ）、『経集《きょうしゅう》』（スッタニパータ）、『本生《ほんじょう》』（ジャータカ）など、一般によく知られた経が多い。全体はつぎの一五経からなっている。

1. **小誦**、2. **法句**、3. **自説**《じせつ》、4. **如是語**《にょぜご》、5. **経集**、6. **天宮事**《てんぐうじ》、7. **餓鬼事**《がきじ》、8. **長老偈**《ちょうろうげ》、9. **長老尼偈**《ちょうろうにげ》、10. **本生**《ほんじょう》、11. **義釈**《ぎしゃく》、12. **無碍解道**《むげげどう》、13. **譬喩**《ひゆ》、14. **仏種姓**《ぶつしゅしょう》、15. **所行蔵**《しょぎょうぞう》

これらはすべて経蔵に属し、「経」（sutta）と呼ばれるべきものであるが、『経集』以外、いずれの経名にも「経」という名がないため、ここでは原名に沿ってそれを示しておきたい。それが伝統における扱いでもある。

また、この小部経典について、伝統の註釈は、長部誦師《じゅし》の伝承によれば第二～一二の一一経からなるものとし、中部誦師の伝承によれば第一～一五の一五経からなるものとしている。つまり長部誦師によれば、『小誦』、および『譬喩』『仏種姓』『所行蔵』の四経は小部経典には含まれないというのである。あるいはこの四経は他の一一経より新しい編纂であるか、新しい入蔵《にゅうぞう》（経蔵《きょうぞう》への加入）である、ということになる。しかし実際には、中部誦師の伝承のように、小部は一五部からなるものとされ、しかもその『小誦』が小部経典の第一に配置されているから、そこには大事な意味があるように思われる。

なおまた、

16. 指導論《しどうろん》、17. 蔵釈《ぞうしゃく》、18. ミリンダの問い

の三種を加え、小部を一八種に数える場合もあることを付言しておきたい。

それでは、これより小部経典の一五経を順に紹介することにしよう。

一 小誦《しょうじゅ》（クッダカパータ）

――その構成

その第一は『小誦』（Khuddaka-pātha）であり、つぎの九部分からなる。

(1)三帰依《さんきえ》、(2)十学処《じゅうがくしょ》、(3)三十二身分《しんぶん》、(4)童子の問い、(5)吉祥《きちじょう》経、(6)宝経、(7)壁外《ひゃくげ》経、(8)伏《ふく》蔵《ぞう》経、(9)慈《じ》経

最初に、この『小誦』が小部の第一に置かれ、これら九部分によって何を示そうとしたのかを考えてみよう。註釈によれば、つぎのように理解される。

「三帰依」によって教えに入り、「十学処」によって戒を確立する。「三十二身分」によって貪《むさぼ》りを断つ業処《ごっしょ》（瞑想対象）を示し、「童子の問い」によって愚痴《ぐち》を断つ業処を示す。つぎに「吉祥経」によってそれを行なうことにより吉祥の状態と自己の守護を、「宝経」によってそれにふさわしい他者の守護を示す。「壁外経」によって宝経に述べられている鬼神たちの一部の鬼神を示し、また述べられている類の功徳《くどく》の成功に対する失敗と放逸《ほういつ》を示す。さらに「伏蔵経」によって壁外経で述べられている失敗に対する成功を示す。最後に怒りを断つ業処を示すために「慈経」を置く。このようにして『小誦』は完全なものになる、と。

この説明から、『小誦』は、信によって帰依し、戒をたもち、自利《じり》、利他《りた》のために行ない、無貪、無瞋、無痴に努める、という仏教の根本的な教えと実践を説いたものであることが知られる。それゆえこれは、小部における最後の入蔵であったとしても、小部の最初に置かれるにふさわしい内容のものといってよい。

――三帰依

『小誦』第一の「三帰依」とはつぎのことば、三帰礼文《さんきらいもん》をさしている。

「仏に帰依したてまつる、法に帰依したてまつる、僧に帰依したてまつる。

ふたたび仏に帰依したてまつる、ふたたび法に帰依したてまつる、ふたたび僧に帰依したてまつる。
みたび仏に帰依したてまつる、みたび法に帰依したてまつる、みたび僧に帰依したてまつる」

直訳すれば、私は仏という帰依所《きえしょ》に行きます、法という帰依所に行きます、僧という帰依所に行きます、となる。私は仏に、法に、僧に仕えます、学びます、ということにほかならない。これは仏・法・僧という仏教の宝に対する帰依、信仰を表明することばであり、その誦唱《じゅしょう》によってだれも仏教の信者となる。

仏教の歴史においては、釈尊がウルヴェーラーの菩提座《ぼだいざ》で智慧を完成し、成道《じょうどう》された後、バーラーナシーに近いイシパタナの鹿園林《ろくおんりん》で、いわゆる五比丘《びく》に最初の説法を、その後、富豪の子ヤサに説法をされたが、かれらはすべて出家し、阿羅漢《あらかん》になった。また、ヤサの父親、そしてヤサの母親とかつての妻がこの三帰依を唱えて、それぞれ仏教で最初の男性信者、最初の女性信者になったとされる。三帰依は仏教徒に不可欠なことばであり、そのために『小誦』の最初に置かれたといえる。

なお、大乗仏教においては、一般に三帰礼文はつぎのように唱えられる。

「自《みずか》ら仏《ほとけ》に帰依したてまつる、当《まさ》に願わくは衆生《しゅじょう》とともに、大道《だいどう》を体解《たいげ》して、無上意《むじょうい》を発《おこ》さん。
自ら法に帰依したてまつる、当に願わくは衆生とともに、深く経蔵《きょうぞう》に入りて、智慧海の如くならん。
自ら僧に帰依したてまつる、当に願わくは衆生とともに、大衆《だいしゅ》を統理《とうり》して、一切無碍《いっさいむげ》ならん」

と。『華厳経《けごんきょう》』（六〇巻本・浄行品《じょうぎょうぼん》第七）に基づくことばであるが、ここには「衆生とともに」との願《がん》があり、菩薩による自未得度先度他《じみとくどせんどた》（自らより先に他者を救う）の心がよく示されている。

――十学処

つぎに、第二の「十学処」とは以下の十種の戒律をいう。教えに入った信者、あるいは出家者が最初に受持《じゅじ》し学ばなければならないもの（学処）とされる。

「①私は生き物を殺すことから離れる学処を守ります。
②私は与えられないものを取ることから離れる学処を守ります。
③私は不梵行《ふぼんぎょう》（男女の交わり）から離れる学処を守ります。
④私は嘘をつくことから離れる学処を守ります。
⑤私は穀酒《こくしゅ》・果酒という放逸《ほういつ》の原因となるものに耽《ふけ》ることから離れる学処を守ります。
⑥私は非時《ひじ》の食べ物をとることから離れる学処を守

ミャンマーの在家信者

ります。

⑦私は踊り、歌、音楽、娯楽を観ることから離れる学処を守ります。

⑧私は装飾、虚飾・粉飾のもとになる華鬘《けまん》、香水、白粉《おしろい》から離れる学処を守ります。

⑨私は高い寝台や立派な寝具から離れる学処を守ります。

⑩私は金や銀を受けることから離れる学処を守ります」

と。これらは、釈尊がカピラヴァットゥで七歳のラーフラ（羅睺羅《らごら》）尊者《そんじゃ》（実子）を出家させた後、サーヴァッティへ行き、アナータピンディカ僧院（祇園精舎《ぎおんしょうじゃ》）で沙弥《しゃみ》たちのために説かれたものであるとされる。なお、①〜⑤はいわゆる五戒の内容とほぼ同じであるが、③の「不梵行」が五戒では「邪婬《じゃいん》」（邪《よこしま》な男女の交わり）になっている点が異なる。その全体は『梵網経《ぼんもうきょう》』の「小戒」にも学ぶことができる。

――三十二身分

つぎに「三十二身分」が説かれる。これは心の修習《しゅじゅう》（定学《じょうがく》）のために仏によって示された身の観察であり、異教者たちの領域外のものである。以下の三十二様相をいう。

「この身には、

髪・毛・爪・歯・皮、肉・筋・骨・骨髄・腎臓、
心臓・肝臓・肋膜《ろくまく》・脾臓《ひぞう》・肺臓、腸・腸間膜・胃物・大便・脳髄、
胆汁《たんじゅう》・痰《たん》・膿《うみ》・血・汗・脂肪、涙・脂肪油・唾・鼻液・関節液・小便がある」

と。これは長部第二二『大念処経《だいねんじょきょう》』（第六節）に述べられた定を主とする「厭逆思惟《おんぎゃくしゆい》の部」の観察と異ならない。この身を、足の裏より上、頭髪より下の、皮を周辺とする種々の不浄に満ちたもの、と観る実践をいう。これにより「身のみがある」との念が現前し、いかなるものにも執《しゅう》さず、空性《くうしょう》を知るのである。

――童子の問い

つぎに、「童子の問い」は慧《え》の修習（慧学《えがく》）を示すために置かれたものである。

「一とは何か。一切の有情《うじょう》（五蘊《ごうん》）は食《じき》（縁）によってとどまる。〔それは縁起である〕
二とは何か。名《みょう》（心）と色《しき》（身）である。〔それらは無我《むが》である〕
三とは何か。三の感受（楽・苦・非苦非楽）である。〔それらは無常である〕
四とは何か。四聖諦《ししょうたい》（苦《く》・集《じゅう》・滅《めつ》・道《どう》）である。〔あるいは四食《しじき》、四念処《しねんじょ》である〕
五とは何か。五取蘊《ごしゅうん》（執着の対象となる色《しき》・受《じゅ》・想《そう》・行《ぎょう》・識《しき》の五蘊）である。〔それらは無我である〕

六とは何か。六内処《ろくないしょ》（眼《げん》・耳《に》・鼻《び》・舌《ぜつ》・身《しん》・意《い》）である。〔それらは無我である〕

七とは何か。七覚支《しちかくし》（念《ねん》・法の吟味・精進・喜び・軽快・禅定《ぜんじょう》・平静という覚《さと》りの部分）である。〔それらによって覚る〕

八とは何か。聖なる八支《はっし》の道（正見《しょうけん》・正思《しょうし》・正語《しょうご》・正業《しょうごう》・正命《しょうみょう》・正 精進《しょうしょうじん》・正念《しょうねん》・正定《しょうじょう》）である。〔これによって涅槃《ねはん》を見る〕

九とは何か。九の有情居《うじょうご》（九の有情の住処《じゅうしょ》＝悪処《あくしょ》・梵身天《ぼんしんてん》・光音天《こうおんてん》・遍浄天《へんじょうてん》・無想天《むそうてん》・空無《くうむ》辺処《へんじょ》・識無辺処《しきむへんじょ》・無所有処《むしょうしょ》・非想非非想処《ひそうひひそうしょ》）である。〔それらは無常・苦・無我である〕

十とは何か。十支《じっし》（十の無学法《むがくほう》＝無学の正見・正思・正語・正業・正命・正精進・正念・正定・正智・正解脱《げだつ》）をそなえた者であり、阿羅漢といわれる。〔あるいは十不善業道《じゅうふぜんごうどう》である〕」

と。これは、わずか七歳にして完全智を得ていたソーパーカ童子に入団戒を与えるために、仏が問いを発され、かれがそれに答えた十種の問答である。簡単な教理の問答集（カテキズム）であるが、その内容は簡単に理解されるものではない。

――吉祥経

このように「三帰依」によって教えに入ること、「十学処」「三十二身分」「童子の問い」によって戒、定、慧の学びが示されたが、そのすべては最上の吉祥となるものである。それではどのように最上の吉祥は修習されるのか。そこで語られたものが「吉祥経」(全一二偈)である。そのいくつかの偈を紹介してみよう。

「愚かな者に親しまず　賢き者に親しんで
供養すべきを供養する　これ最上の吉祥なり　(第二偈)

母にも父にもよく仕え　子をも妻をも愛護して
また仕事にも乱れなし　これ最上の吉祥なり　(第五偈)

忍辱《にんにく》、ことばに柔和あり　沙門《しゃもん》たちにあい見《まみ》え
時に応じて法談《ほうだん》す　これ最上の吉祥なり　(第九偈)

修行、梵行《ぼんぎょう》よくそなえ　聖なる真理を見通して
涅槃を目のあたり見る　これ最上の吉祥なり」　(第一〇偈)

と。このように修習すれば、どこにおいても不動であり、安らかであるという。

――宝経

つぎに「宝経」が説かれる。これはヴェーサーリーの飢饉時に、仏法僧《ぶっぽうそう》の三宝の徳により、人々を災

釈尊に衣を布施する神々（ボロブドゥール）

害から守るために示されたものであり、全体は一七偈からなる。

「ここに集まる鬼神たち　地上のものも空中のものも
すべての鬼神は心喜べ　また説くところを心して聞け」
（第一偈）

に始まる第一〜五偈は仏によることばであり、人間の供物《くもつ》を受ける鬼神たちに人間を慈しみ、守護すべきことが語られ、また如来である仏宝、不死涅槃、無間定《むけんじょう》（直ちに果をもたらす禅《ぜん》定《じょう》）である法宝《ほうぼう》の徳が説かれる。第六〜一四偈はアーナンダ長老のことばであり、四双八輩《しそうはっぱい》、出離《しゅつり》者、見諦《けんたい》者、極七返生《ごくしっぽんしょう》者、不邪見《ふじゃけん》者、懺悔《さんげ》者、出世間法《しゅっせけんほう》の証得《しょうとく》者、離貪《りとん》者である僧《そう》宝《ぼう》の徳が語られる。第一五〜一七偈はサッカ（帝釈天《たいしゃくてん》）のことばであり、すべての鬼神は「如来なる仏」「如来なる法」「如来なる僧」に礼拝しよう、と語られたものである。

これは短いお経であるが、功徳の最も大きいものの一つとされ、パリッタ（護呪《ごじゅ》）経典の中でもとくに重要な位置を占めている。なお、本経は小部第五『経集』にも収められている。

――壁外経

ここに示された「壁外経」は、だれであれ、放逸、あるいは激しい貪りによって生まれかわりうる悲惨な餓鬼の状態を説き、また「宝経」に述べられた飢饉において人々を悩ます一部の鬼神の姿を示し、それゆえに不放逸により、怠らず、貪らず、努めるように、と教えたものである。全体は一三偈からなる。

「かれらは壁の外にまた　交差点や四辻《よつつじ》に立ち
　また自分の家に来て　門の両脇に立つ」（第一偈）

に始まるもので、小部第七『餓鬼事』にも収められている。

――伏蔵経

「伏蔵経」は、先の壁外経が人間の失敗、不幸を説くのに対して、人間の成功、幸福を伏蔵（財宝）として説くものである。一偈を示せばつぎのとおりである。

「他の者たちとは共通せず　その財宝は賊も奪わず
　賢者は諸功徳を作るべし　財宝はつき従うゆえに」（第九偈）

と。全体は一六偈からなる。本経は『小誦』にのみ収められ、他には知られない。

――慈経

『小誦』の最後、第九の「慈経」は、十偈からなるものである。仏の広大無辺の慈悲を説いており、つぎのことばはそれを余すところなく示している。

「あたかも母がわが独り子を　命をかけて守るように
生きとし生けるものに対して　無量《むりょう》の心を起こすべし、
あらゆる世界に無量なる　慈《いつく》しみの心を起こすべし
上にも下にも四方にも　障害、怨恨《えんこん》、敵意なく、
行く、立つ、坐る、臥すときも　眠りを離れている限り
この念をよく保つべし　ここにこれを梵住《ぼんじゅう》という」

（第七〜九偈）

日常の行動の中に、すなわち行《ぎょう》、住《じゅう》、坐《ざ》、臥《が》の一切の威儀《いぎ》において、親が子に対するように、生きとし生けるものに対して無量の慈しみの心を起こし、念じるべきである、と。本経もまた『経集』に収められている。

以上が『小誦』の概要である。小さな形式の中に溢れるばかりの内容を見ることができるお経である。

2 法句《ほっく》（ダンマパダ）

――その構成

小部経典《しょうぶ》第二の『法句』（Dhammapada）を見ることにしよう。

これは人間の限りない知性と努力によって最上の智慧を完成された仏のことば、法（dhamma）の句（pada）である。

パーリ仏典中、最もよく知られたお経であり、時代や地理を超えてだれにも愛誦《あいしょう》される古典中の古典、永遠のベストセラーといわれるべきものかもしれない。全体は六章、四二三偈からなる金口《こんく》の詩篇である。この中には、他のパーリ仏典に共通するものが、重複的なもの（第八〇偈と第一四五偈）を除いて一三七偈あり、また、インドの諸宗教における聖典や文献に共通、類似する偈《げ》も数多く存する、といわれる。それはこれがだれにも親しまれる仏のことばであるということを示すものであろう。

「法句」は一般に「真理のことば」と訳されている。その真理とは法、すなわち世間、出世間《しゅっせけん》の法であり、教えも徳も含まれ、涅槃に収まるものである（「法」については序章「仏語の世界」四〇～四八頁参照）。従って「法句」とは、涅槃にいたることば、あるいは涅槃のことばと解されてよい。

ガンダーラの仏塔（タキシラ）

また、このお経は一般に「法句経《ほっくきょう》」と呼ばれているが、正式の名は「ダンマパダ」、すなわち「法句」である。なぜならば、経名に「経」という語がなく、伝統的な仏典の分類（九分《くぶん》教《きょう》）においても「経」に分類されず、「偈」（詩句）に分類されているからである。「法句経」という呼称は漢訳仏典の『法句経』（維祇難《いぎなん》等訳、三世紀）に由来するが、ここに「経」が付されているのは、訳経者の読者に対する慎重な配慮からであろうと思われる。ちなみに支謙《しけん》師の作とされる「法句経序」（『法句経（上巻末）』大正蔵第五巻）のことばを紹介し、維祇難師の真摯な訳経姿勢を見ておきたい。

「維祇難《いぎなん》いわく。仏言《ぶつごん》はその義により、飾りを用いず。その法を取り、厳《かざり》をもってせず。それ経を伝える者は暁《わか》り易く、厥《そ》の義を失う勿《なか》れ。これ則《すなわ》ち善となす。座中《ざちゅう》、咸曰《みないわ》く。老氏《ろうし》（老子）称《しょう》す、『美言《びげん》は信《まこと》ならず、信の言は美ならず』と。仲尼《ちゅうじ》（孔子）また云《いわ》く、『書は言《げん》を尽くさず、言は意を尽くさず』と。聖人《せいじん》の意を明かすに深邃《じんすい》、極まりなし。今、胡義《こぎ》（外国語の意味）を伝えるに実に宜《よろ》しく経に達《たっ》すべきなり」

と。なお、このほかに関係経類として、漢訳の『法句譬喩経《ひゆきょう》』『出曜経《しゅつようきょう》』『法集要頌経《ほっしゅうようじゅきょう》』があり、サンスクリット語の『ウダーナヴァルガ』、ガンダーラ語、チベット語の「法句」なども知られる。また、パーリ語の『法句註』（ブッダゴーサ、五世紀）があり、ここには各偈に対する興味深い因縁《いんねん》話が語られている。

つぎに、この『法句』の構成を示すことにしよう。以下のとおりである。

(1)一対の章、(2)不放逸《ふほういつ》の章、(3)心の章、(4)花の章、(5)愚者の章、(6)賢者の章、(7)阿羅漢《あらかん》の章、(8)千の章、(9)悪の章、(10)鞭《むち》の章、(11)老いの章、(12)自己の章、(13)世界の章、(14)仏の章、(15)安楽の章、(16)愛するものの章、(17)怒りの章、(18)垢《く》の章、(19)法住《ほうじゅう》の章、(20)道の章、(21)種々の章、(22)地獄の章、(23)象の章、(24)渇愛の章、(25)比丘の章、(26)バラモンの章

ここに掲げられた章名は、そこに含まれる偈の共通主題を示すものである。

――法句の教え

以下に、各章から代表的な一偈を紹介することにしたい。

(1)一対の章

「この世の怨《うら》みは怨みをもって　静まることはありえない
怨みを捨ててこそ静まる　これは永遠の法である」（第五偈）

怨みは怨みの連鎖を生むのみである。心の静まり、平和はない。慈《いつく》しみをもってこそ静まり、安らぐ、と。「慈悲」を表にした智慧のことばである。

「他の者たちは知ることがない　『我らはここで死ぬのだ』と
しかしそこで知る者らに　どの争いもそれより静まる」（第六偈）

人間は死すべきもの、無常であると知れば、争いは消える。因果の道理を学ぶがよい、人生の目的は何か、と。「智慧」を表にした慈悲のことばである。

(2)不放逸の章

「努めることは不死の道　怠けることは死への道
努める者は死にゆかず　怠ける者は死者のよう」（第二一偈）

努め（不放逸）、正念《しょうねん》を不死の道という。怠け（放逸）、邪念を死の道という。正しく念をそなえて真直《まっす》ぐ行く者に動揺はない、恐れはない、死はない、と。

⑶心の章

「震《ふる》え動き揺《ゆ》れ動く　守り難く防ぎ難い
心を慧者《えしゃ》は直《なお》くする　弓師が矢に対する如く」（第三三偈）

心は猿が木々を飛び回るように、見ては動き、聞いては揺れる。心を浄信《じょうしん》で濡らすがよい。智慧ある者は、止（定《じょう》）と観（慧《え》）により、真直ぐ行くがよい、と。

⑷花の章

「花の香りは風に逆らわず　栴檀《せんだん》、タガラ、ジャスミンも
善き人の香りは風に逆らい　あらゆる方位に善き人は香る」（第五四偈）

善き人には戒、徳の芳香がただよう。天界にも、人間界にも、いつ、どこにも香る。頭陀《ずだ》第一の人、マハーカッサパ（摩訶迦葉《まかかしょう》）長老のように、と。

(5)愚者の章

「愚者は虚栄を求めてしまう　諸比丘《びく》においては尊敬を
諸寺においては権力を　他者の家においては供養《くよう》を」（第七三偈）

愚かな者は嫉妬、慢心により、虚栄、尊敬、権力、供養（四資具《ししぐ》＝衣・食・住・薬）のみを求め、外形のみを逐《お》う。大小、有無を見よ、超えよ、と。

(6)賢者の章

「あたかも堅い岩山が　風によって揺るがぬように
賢者は非難と称賛に　けっして動じることがない」（第八一偈）

賢者は愛・憎によって動じることがない。人天《にんでん》の二世界に不動である。八風《はっぷう》（利《り》・衰《すい》・毀《き》・誉《よ》・称《しょう》・譏《き》・苦《く》・楽《らく》）吹けども動ぜず、と。

(7)阿羅漢の章

「もろもろの煩悩が滅尽《めつじん》し　食べる物にも囚《とら》われず

空《くう》にしてまた無相《むそう》なる　解脱《げだつ》の境地をえた者の
かかる跡は辿《たど》り難い　空とぶ鳥の跡のように」
（第九三偈）

欲《よく》・見《けん》・戒禁《かいごん》・我語《がご》の煩悩がなく、渇愛《かつあい》・邪見《じゃけん》に囚われず、無相・無願《むがん》・空なる解脱の境地を得ている者に、執着の跡は見られない、と。

⑻千の章

「戦場において百万（千千《せんぜん》）の　敵を征服するよりも
唯一自己にうち克《か》てる　かれこそ真の勝者なり」
（第一〇三偈）

いかに多くの敵と戦い、勝利しようと、自己を措《お》いてほかに何もない。自己に勝利する者、すなわち自己の煩悩に勝利する者こそ最上である、と。

⑼悪の章

「悪がいまだ熟さぬうちは　悪人さえも善を見る
しかし悪が熟したときは　悪人はもろもろの悪を見る」
（第一一九偈）

悪人、愚人は因果を撥無《はつむ》し、道理を知らない。業《ごう》はだれにも例外なく、過不足なく果を与える。やがて機が熟し、悪人は苦の果を、善人は楽の果を得る、と。

⑽鞭の章

「すべての者は鞭に怯《おび》える　すべての者は死に怯える
自分のことに引きあてて　打つなかれ、打たせるなかれ」
（第一二九偈）

だれも自分の命は愛しい。だれも死に怯える。それゆえ、他を害してはならない。害させてはならない。ただし、自己に執《しゅう》することのない漏尽者《ろじんしゃ》を除く、と。

⑾老いの章

「王の豪華な車も朽ちる　身体も老いに近づけど
善人の法は老いに至らず　善人は実に善人と語る」
（第一五一偈）

王の見事な車も朽ち、肉体も老いる。しかし仏などの善人の法、九出世間法《くしゅっせけんほう》（四道《しどう》・四果《しか》・涅槃）は滅ぶことがない。善人は善人と語る、唯仏与仏乃能究尽《ゆいぶつよぶつないのうぐうじん》である、と。

⑿自己の章

「まずは自己を第一に　ふさわしきものに調《ととの》えよ
それより他者を教誡《きょうかい》すれば　賢き者は汚れることなし」
（第一五八偈）

少欲知足《しょうよくちそく》などの徳により、聖者の伝統を語ろうとするなら、まず自己を調えよ。徳をそなえよ。さもなければ非難があるのみ。賢者に非難、汚れはない、と。

⒀世界の章

「泡沫《ほうまつ》の如しと見るがよい　陽炎《かげろう》の如しと見るがよい
このように世を観る者を　死王が見つけることはない」
（第一七〇偈）

この世界という自己、五蘊《ごうん》を泡沫のように生滅《しょうめつ》するもの、陽炎のように空虚なものと観《み》よ。観《かん》の眼をもつ無欲無執《むしゅう》の者を欲望の魔、死王が見ることはない、と。

⒁仏の章

「人間の身は受け難く　死すべきものは生き難い
正しい法は聞き難く　もろもろの仏は出現し難い」
（第一八二偈）

大いなる善、功徳《くどく》によって人として生まれ、生きることができ、正法《しょうぼう》を聞き、仏にお会いできることは有難い。今ここを大切にせよ、怠るなかれ、と。

⒂安楽の章

「無病は最上の利得《りとく》にして　満足は最上の財産なり
信頼は最上の親族にして　涅槃は最上の安楽なり」（第二〇四偈）

不精《ぶしょう》でしかも大食し、眠り転々《てんでん》する愚者は、餌で育つ大豚のように、再三再四《さいさんさいし》母胎に入る。自制なき者はすべてを損ない、自制ある者はすべてをそなえる、と。

⒃愛するものの章

「愛するものより憂いが生じ　愛するものより恐れが生じる
愛するものを離れた者に　憂いはありえず、況《いわん》や恐れは」（第二一二偈）

愛がすべて悪いのではない。慈愛はすばらしい。偏愛《へんあい》、溺愛《できあい》により憂いが生じ、恐れが生じる。愛に執するなかれ。生あれば死あり、と知るがよい、と。

⒄怒りの章

「怒りを捨てよ、慢《まん》を捨て去れ　あらゆる縛《しば》りを脱するがよい
名《みょう》と色《しき》とに執着しない　無一物者《むいちもつしゃ》に苦は従わず」（第二二一偈）

怒りを捨てよ。慢心を除け。欲貪《よくとん》などの縛りを脱せよ。わが身（色《しき》）、わが心（名《みょう》）に執着しなければ、苦しむことがない。執《しゅう》するなかれ、と。

⒅垢の章

「鉄より生じた錆《さび》はまさに　それより生じそれを食《は》む
自己の諸業《しょごう》はそのように　違犯の者らを悪趣《あくしゅ》に導く」（第二四〇偈）

四資具（衣・食・住・薬）はその目的を観察して受用《じゅゆう》されねばならない。それを怠る者は垢《く》に汚れ、自業によって地獄に導かれる。愚者は自縄自縛《じじょうじばく》する、と。

⒆法住の章

「力によらず法により　他を公平に導くならば
法の守護者、智慧の者　法の住者《じゅうしゃ》と称される」（第二五七偈）

権力によらず、法により、法に適《かな》い、正と不正をわきまえ、正しく語り導く者は、法に住む者、智慧

ある者である。貪《とん》・瞋《じん》・痴《ち》によるなかれ、と。

⑳道の章

「この道の他に道はない　見《けん》が清まるそのために
そなたらはこれを歩むべし　これは悪魔の迷うものゆえ」
（第二七四偈）

この八正道《はっしょうどう》という道、中道《ちゅうどう》こそ最上である。道《どう》・果《か》という見《けん》、智慧の清まりのためにこの道を行くがよい。貪・瞋・痴という煩悩、悪魔は消え失せる、と。

㉑種々の章

「母を滅ぼし父を滅ぼし　また司祭族の二王を滅ぼし
第五に虎を滅ぼして　バラモンは行く、揺ぎなく」
（第二九五偈）

渇愛《かつあい》（母）と我《が》の慢《まん》（父）、常見《じょうけん》と断見《だんけん》（司祭族の二王）、第五に虎（五蓋《ごがい》）を滅ぼし、バラモン（漏尽者《ろじんしゃ》）は苦しまずに行く、と。密意《みっち》のことばである。

㉒地獄の章

「握り方が悪ければ　草でさえ手を切るように
沙門《しゃもん》の修行も間違えば　地獄に引きずり落とされる」
（第三一一偈）

戒を軽んじて実践すれば、ターラ葉によっても手を切るように、地獄に堕ちて苦しむであろう。油断するなかれ。毫釐《ごうり》も差あれば、天地はるかに隔たる、と。

㉓象の章

「よく御《ぎょ》された騾馬《らば》はよく　シンドゥ産の駿馬《しゅんめ》もまたよい
クンジャラという大象もよく　自己の調御者《じょうごしゃ》はさらによい」
（第三二二偈）

名馬、名象もよい。人間においては、四聖道《ししょうどう》（預流道《よるどう》ないし阿羅漢道《あらかんどう》）による自己の調御者こそ最上である。いかなる非難にも耐え、敵対しないゆえに、と。

㉔渇愛の章

「もろもろの財は愚者を害し　彼岸を求める者を害さず
愚者は財の渇愛により　他人のように自己を害する」
（第三五五偈）

もとより財に善悪はない。愚者は欲望のために財に害され、彼岸（涅槃・無欲）を求める賢者は財に害されない。時は善悪にあらず、善悪が時なり、と。

⑵⑸比丘の章

「身《しん》が静まり、語《ご》が静まり　意《い》が静まり、安定し
世俗の味を吐いた比丘は　寂静そなえた者といわれる」

（第三七八偈）

殺生《せっしょう》などがなく身が静まり、妄語《もうご》などがなく口が静まり、意（心）が静まり、四聖道により世俗の味を吐いた比丘は、内に貪《むさぼ》りなどがなく、寂静者といわれる、と。

⑵⑹バラモンの章

「蓮葉《はちすば》にある露《つゆ》のように　錐先《きりさき》にある芥子《からし》種のように
もろもろの欲に染まらない者　かれを私はバラモンと呼ぶ」

（第四〇一偈）

煩悩を尽くしている者は、たとえ犯されても、欲に染まることがない。ウッパラヴァンナー（蓮華《れんげ》色《しき》）長老尼のように、と。

いずれの偈も確かに真理のことばである。ここに説かれた教えは今も瑞々《みずみず》しく、二千五百年前の人々と同じく、この私たちに無上《むじょう》の安らぎとなるからである。

3　自《じ》説《せつ》（ウダーナ）

――その構成

これより小部《しょうぶ》第三の『自説』（Udāna）について見ることにしたい。これは仏が自ら発し、説かれた「感嘆のことば」をもつ経の集成である。「自説」とは、「息を出す」「語を発する」などの意味をもつ動詞（ud-√an）から作られた語であり、感興《かんきょう》に応じて語られたことばであることから「感興語」とも訳される。

また、これは仏典の分類法の一つである九分教《くぶんきょう》（序章「仏語の世界」三八〜三九頁）の中に第五の「自説」として知られるものである。「喜悦《きえつ》の智からなる偈をともなう経」とされ、各経はいずれも本文中に「そこで、世尊《せそん》はこの意味を知り、そのとき、つぎの感嘆のことばを発せられた」という定型的表現と感嘆のことばとをもつ。

全体は八章、八〇経からなる。伝統のダンマパーラ師の『自説註』によれば、九五の感嘆の偈（ウダーナ）、八・五誦唱分《じゅしょうぶん》の量があり、六七三八二音（音節）、また八一の結論（随結《ずいけつ》）をもつ。ただし、ブッダゴーサ師の『長部註《ちょうぶちゅう》』によれば、この『自説』に収められる経数を「八二経」としており、現行本のものとも、『自説註』で説明されるものとも異なっている。

この「自説」という「感嘆のことば」は、仏だけでなく、辟支仏《びゃくしぶつ》（独覚《どっかく》）、仏弟子によっても発せられるが、小部の『自説』（ウダーナ）においては、そのすべてが仏によるものである。また、それは二種からなり、一つは偈（詩句）によるものであり、もう一つは散文によるものである。ただし、そのほとんどは偈によって語られており、散文によるものは極めて少ない。なお、註釈によれば、『法句』（ダンマパダ）の諸偈は仏のことばであり、そのほとんどが「自説」（感嘆のことば）であるという。そのように仏の自説は仏典中に数多く存在するが、どのようにしてその中からこの小部の『自説』八〇経が選ばれたかは明らかでない。

ここにその構成と内容を概観するために、『自説』の全経名を掲げておきたい。

---

(1)**菩提の章**　一〇経（**第一菩提**、第二菩提、第三菩提、傲慢者《ごうまんしゃ》、バラモン、マハーカッサパ、アジャカラーパカ、サンガーマジ、結髪行者《けっぱつぎょうじゃ》、バーヒヤ）

(2)**ムチャリンダの章**　一〇経（ムチャリンダ、王、棒、尊敬、優婆塞《うばそく》、妊婦、独り子、スッパヴァーサー、ヴィサーカー、バッディヤ）

(3)**ナンダの章**　一〇経（業異熟《ごういじゅく》、ナンダ、ヤソージャ、サーリプッタ、マハーモッガッラーナ、ピリンダヴァッチャ、サッカ自説、托鉢者《たくはつしゃ》、技術、世界）

---

(4)**メーギヤの章**　一〇経（メーギヤ、浮《うわ》つき、牛飼《うしかい》、夜叉《やしゃ》一撃、象、ピンドーラ、サーリプッタ、スンダリー、ウパセーナ、サーリプッタ寂静《じゃくじょう》）

(5)**ソーナの章**　一〇経（可愛《かあい》、短命、スッパブッダ癩《らい》病人、童子、布薩《ふさつ》、ソーナ、カンカーレーヴァタ、破僧《はそう》、喧騒、チューラパンタカ）

(6)**生来盲目者の章**　一〇経（寿命放棄、七結髪行者、省察、第一異教徒、第二異教徒、第三異教徒、スブーティ、遊女、走り寄る、出現する）

(7)**小の章**　一〇経（第一ラクンダカバッディヤ、第二ラクンダカバッディヤ、第一執着、第二執着、別のラクンダカバッディヤ、渇愛滅尽《かつあいめつじん》、迷妄滅尽、カッチャーナ、井戸、ウデーナ）

(8)**パータリ村民の章**　一〇経（**第一涅槃《ねはん》関係**、第二涅槃関係、第三涅槃関係、第四涅槃関係、チュンダ、パータリ村民、岐路《きろ》、ヴィサーカー、第一ダッバ、第二ダッバ）

以上のように全体は八章、八〇経からなり、各章は短い一〇経からなっている。各章の題名はそこに含まれる諸経の大まかな共通テーマであるといってよい。

この『自説』は、全体的にいえば、釈尊の教えを直接に伝え、古い経の形を保存しているように思われる。とくに第一章の「菩提」に関する最初の四経は成道《じょうどう》を語るもので律蔵《りつぞう》の「大《だい》の章」に、また第八章の「涅槃」に関する最初の四経は長部第一六『大般涅槃経《だいはつねはんぎょう》』に共通する重要な内容をもつ。ちなみに、最初の

『第一菩提経』を以下に紹介しておきたい（傍点部分は自説の特徴を示す）。

――第一菩提経

このように私は聞いた――あるとき、世尊は、ウルヴェーラーに近いネーランジャラー川の岸辺にある、菩提樹の根もとで、初めて正覚者《しょうがくしゃ》として住まわれた。そしてそのとき、世尊は、七日間、一つの結跏趺坐《けっかふざ》によって坐り、解脱《げだつ》の安らぎを感受された。さて、世尊は、その七日後、その禅定《ぜんじょう》より出て、夜の初分《しょぶん》に、縁起《えんぎ》を順に、よく思惟《しゆい》された。

「このように、『これあれば、かれあり。これ生ずれば、かれ生ず』、すなわち、無明《むみょう》を縁《えん》として諸《しょ》行《ぎょう》が生じる。行を縁として識《しき》が生じる。識を縁として名色《みょうしき》が生じる。名色を縁として六処《ろくしょ》が生じる。六処を縁として接触が生じる。接触を縁として感受が生じる。感受を縁として渇愛《かつあい》が生じる。渇愛を縁として取著《しゅじゃく》が生じる。取著を縁として生存が生じる。生存を縁として生まれが生じる。生まれを縁として老死、愁《うれ》い・悲しみ・苦しみ・憂《うれ》い・悩みが生じる。このように、この全体の苦の集まりの生起がある」と。

そこで、世尊はこの意味を知り、そのとき、つぎの感嘆のことばを発せられた。

「ひたすら瞑想するバラモンに　実に諸法《しょほう》が明らかとなるとき

かれのすべての疑惑は消える　因《いん》のある法を知るゆえに」と。――
これは釈尊が成道されたときに発せられた「感嘆のことば」とされる。その内容は縁起の順観《じゅんかん》を示しており、私たちがどのように苦しみ、輪廻《りんね》するか、その輪《りん》転《てん》のプロセスを説明したものである。

釈尊の降魔成道（ナーガールジュナ・コーンダ）

そのうち、「これあればかれあり」、「これ生ずればかれ生ず」とは縁起の根本を語るもので、「これ」とは縁を、「かれ」とは果《か》をさしている。たとえば、無明を「縁」として「行」が生じ、その果である「行」が縁として「識」が生じ、このように転々して、「生まれ」を縁として「老死」という「果」が生じる。すなわち「全体の苦の集まり」（全苦蘊《ぜんくうん》）、あるいは「苦のみの集まり」（純苦蘊《じゅんくうん》）が生じる、ということである。このように「縁」によって「果」が生じる、と縁起、縁相《えんそう》を説いたものである。

この第一経は順観による「縁相の省察」を、これに続く第二経は逆観《ぎゃっかん》による「涅槃の省察」を、第三経は順逆観《じゅんぎゃっかん》による「道《どう》の省察」を説くもので、仏教の根本を示している。

なお、感嘆のことば（ウダーナ）として発せられた偈のうち、「バラモン」とは悪を除いている漏尽《ろじん》者《しゃ》をいい、「諸法」とは縁相の洞察を完成させる諸菩提分法《しょぼだいぶんぽう》、あるいは四聖諦法《ししょうたいほう》をさし、単に理法といわれるものではない。また「因のある法」とは「無明」などによって因のある「行」などの法、ということである。

もう一つ、最後の第八章の『第一涅槃関係経』を紹介しておきたい。

――第一涅槃関係経

このように私は聞いた――あるとき、世尊は、サーヴァッティに近いジェータ林のアナータピンディカ僧院に住んでおられた。ちょうどそのとき、世尊は比丘《びく》たちを涅槃に関する法によって教示し、訓誡《くんかい》し、激励し、喜ばせられた。かれら比丘は熟考し、思惟し、すべてに心を集中し、耳を傾け、法を聞いた。

そこで、世尊はこの意味を知り、そのとき、つぎの感嘆のことばを発せられた。

「比丘たちよ、このような境地があります。そこには、地《ち》もなく、水《すい》もなく、火《か》もなく、風《ふう》もなく、空無辺処《くうむへんじょ》もなく、識《しき》無辺処もなく、無所有処《むしょうしょ》もなく、非想非非想処《ひそうひひそうしょ》もなく、この世もなく、あの世もなく、月・太陽の両者もありません。比丘たちよ、私はそこに来ることも、行くことも、止まることも、没することも、生まれかわることも説きません。拠り所のないもの、生起のないもの、所縁《しょえん》のないものが、すなわちこれです。これがすなわち苦の終わりです」と。――

難しい内容であるが、これは涅槃という無為界《むいかい》が存在することを勝義《しょうぎ》の立場から説かれたものである。「境地」とは根拠、涅槃をさしている。それは、色界《しきかい》（地水火風の四大《しだい》）、無色界《むしきかい》（空無辺処ないし非想非非想処）の世間を超えた甚深《じんじん》、微妙《みみょう》の出世間《しゅっせけん》であり、この世・あの世、月・太陽、去来、生滅《しょうめつ》など一切の差別、分別《ふんべつ》を超えた不死、輪転苦《りんてんく》の終わりにほかならない、と。比丘たちに、涅槃の徳を随《ずい》念《ねん》することの喜びを語り、涅槃が存在することを示された教えである。

4　如是語《にょぜご》（イティヴッタカ）

――その構成

つぎに、小部第四の『如是語』（Itivuttaka）について見ることにしよう。「如是語」ということばは、「是《かく》の如く語られた」、つまり「このように説かれた」という意味をもっている。この語も「自説」と同じように「九分教」に知られ、その第六に置かれたものである。「たしかにこれは世尊によって説かれた」などの定型句で始まる経が「如是語」と呼ばれており、そのような形式をもつ経を集めたものを『如是語』と呼ぶ。

これは、一法集《ほっしゅう》、二法集、三法集、四法集、という「四集《ししゅう》」からなり、一法集は三章二七経、二法集は二章二二経、三法集は五章五〇経、四法集は章のない一三経、という一〇章一一二経をもつ。ただし、ブッダゴーサ師の『長部註』によれば「一一〇経」とあり、現行本のものとも、ダンマパーラ師の『如是語註』で説明される数とも異なっている。

また、このうち「四法集」は後世の付加であると見られる。なぜなら、これは他の法集のような章立てがなく、しかもその最初と最後の二経を除く残り一一経のすべてが「たしかにこれは世尊によって説かれた」という「如是語」の形式をもたないからである。また、これに相当する漢訳『本事経《ほんじきょう》』も三集で終わり、第四集を持たない。「三法集」についても、全五章のうち最初の三章は「如是語」の形式をもつが、第四章と第五章は各章の最初と最後の二経を除く経のすべてがその形式をもたないことから、後世の付加を含むものとも見なされている。

なお、この『如是語』の説示《せつじ》法は、十一法集からなる『増支部《ぞうしぶ》』（第四章「増支部経典の構成」参照）と同類であり、論蔵《ろんぞう》の第四『人施設論《にんせせつろん》』とも類似する。とくに『如是語』の四法集の七経は『増支部』（四法集）にその相当経を見ることができる。

ここに『如是語』の全経名を掲げて、その構成と内容を概観することにしよう。

(1)**一法集**（二七経）**第一章**（**証人章**）一〇経（貪《とん》、瞋《しん》、痴《ち》、忿怒《ふんぬ》、被覆《ひふく》、慢《まん》、一切知悉《いっさいちしつ》、慢知悉、貪知悉、瞋知悉）／第二章　一〇経（痴知悉、忿怒知悉、被覆知悉、無明蓋《むみょうがい》、愛縛《あいばく》、第一有学《うがく》、第二有学、僧団《そうだん》破壊、僧団和合《わごう》、染汚心《ぜんなしん》）／第三章　七経（浄心《じょうしん》、慈《じ》、両得《りょうとく》、骨山《こっせん》、妄語《もうご》、布施《ふせ》、慈修習《じしゅじゅう》）

(2)**二法集**（二二経）第一章　一〇経（苦住《くじゅう》、楽住《らくじゅう》、焼尽《しょうじん》、不焼尽、第一戒、第二戒、熱心、第一不詭作《ふきさ》、第二不詭作、喜悦）／第二章　一二経（考察、説示、明《みょう》、慧衰《えすい》、白法《びゃくほう》、不生《ふしょう》、涅槃界、独坐《どくざ》、学功徳《がくくどく》、覚醒《かくせい》、苦界《くかい》、悪見《あっけん》）

(3)**三法集**（五〇経）第一章　一〇経（根本、界《かい》、第一感受、第二感受、第一求《ぐ》、第二求、第一漏《ろ》、第二漏、渇愛《かつあい》、魔界）／第二章　一〇経（福業事《ふくごうじ》、眼《げん》、根《こん》、時《じ》、悪行《あくぎょう》、善行、浄行、寂黙《じゃくもく》、第一貪欲《とんよく》、第二貪欲）／第三章　一〇経（邪見、正見《しょうけん》、出離《しゅつり》、更善《こうぜん》、子、旱魃《かんばつ》、楽願《ぎょうがん》、破戒《はかい》、世界交流、衰退）／第四章　一〇経（考察、尊敬、天声《てんしょう》、五前兆、万人利益《りやく》、不浄随観《ふじょうずいかん》、法随《ほうずい》法行道《ほうぎょうどう》、造作暗愚《ぞうさあんぐ》、内魔《ないま》、デーヴァダッタ）／第五章　一〇経（最浄信《さいじょうしん》、生活、大衣端《だいえたん》、火、観察、欲再生《よくさいしょう》、欲縛《よくばく》、善戒《ぜんかい》、布施、三明《さんみょう》）

(4)**四法集**　一三経（バラモン法供養《ほうくよう》、善得《ぜんとく》、漏尽《ろじん》、沙門《しゃもん》バラモン、戒具足《かいぐそく》、渇愛生起、梵天《ぼんてん》共住、多利《たり》、欺瞞《ぎまん》、河流、歩行、具足戒《ぐそくかい》、**世界**）

以上、四集一一二経からなるが、全体として巧みな比喩をもつ経が多い。ここでは第一章の第一経を紹介しておきたい（傍点部分は如是語の特徴を示す）。

――貪《とん》経

たしかにこれは世尊によって説かれた、阿羅漢によって説かれた、と私は聞いている――

「比丘たちよ、一法《いっぽう》を捨てなさい。私は、そなたたちにとって、不還性《ふげんしょう》のための保証者（不還道《ふげんどう》の獲得に導く者）です。一法とは何か。

比丘たちよ、貪という一法を捨てなさい。私は、そなたたちにとって、不還性のための保証者です」

と。

このことを世尊は説かれた。それについてつぎのように説かれる。

「貪《むさぼ》りにより貪っている　生けるものらは悪趣《あくしゅ》にいたる
観行《かんぎょう》の者らはその貪りを　正しく知って捨断《しゃだん》する
捨断し、再び来ることがない　この世のいかなるところにも」

と。このこともまた世尊によって説かれた、と私は聞いている、と。――

教えの根幹を説くものである。苦の根本は内外の貪りにあり、これを楽味《らくみ》・危難《きなん》・出離《しゅつり》の相から正しく観る者は道慧《どうえ》により煩悩を断ち、執《しゅう》することがない、と。

もう一つ、最後の第四章第一三（第一一二経）の『世界経』を紹介したい。これは『増支部』（四法集）に知られる経でもある。

――世界経

たしかにこれは世尊によって説かれた、阿羅漢によって説かれた、と私は聞いている――

「比丘たちよ、①世界（苦諦《くたい》）は如来によってよく覚《さと》られ、如来は世界から離縛《りばく》しています。比丘たちよ、②世界の生起（集諦《じったい》＝渇愛）は如来によってよく覚られ、如来には世界の生起が捨断《しゃだん》されています。比丘たちよ、③世界の滅尽《めつじん》（滅諦《めったい》＝涅槃）は如来によってよく覚られ、如来には世界の滅尽が現《げん》証《しょう》されています。比丘たちよ、④世界の滅尽にいたる行道《ぎょうどう》（道諦《どうたい》＝八正道《はっしょうどう》＝三学《さんがく》）は如来によってよく覚られ、如来には世界の滅尽にいたる行道が修習《しゅじゅう》されています。

比丘たちよ、⑤神々を含む、魔を含む、梵天を含む世界の、沙門・バラモンを含む、天・人《にん》を含む衆の、見られるもの（色処《しきしょ》）、聞かれるもの（声《しょう》処）、知覚されるもの（香《こう》処・味《み》処・触《そく》処）、識《し》られるもの（楽苦などの法《ほう》処）、得られるもの、求められるもの、意によって探されるもの、そのすべてが、如

仏立像（ナーガールジュナ・コーンダ）

来によってよく覚られています。それゆえ、如来といわれます。

比丘たちよ、⑥如来がよく覚った夜と入滅《にゅうめつ》した夜との、この間に語られ、話され、説かれたそのすべては、真実そのものであり、異なるものではありません。それゆえ、如来といわれます。

比丘たちよ、⑦如来は語るとおりに行ない、また行なうとおりに語る者である、というように、語るとおりに行ない、また行なうとおりに語る者です。それゆえ、如来といわれます。

比丘たちよ、⑧如来は、神々を含む、魔を含む、梵天を含む世界の、沙門・バラモンを含む、天・人を含む衆における、征服者であり、征服されない者、全見者《ぜんけんしゃ》、自在者《じざいしゃ》です。それゆえ、如来といわれます」と。

このことを世尊は説かれた。それについてつぎのように説かれる。

「すべての世界、すべての世界に　住めるものを如実《にょじつ》に証知《しょうち》し
かれはすべての世界を離れ　すべての世界に執着しない、

智慧あるかれはすべてを征し　すべての縛りを解きほぐす
かれは（智により）最上の　寂静《じゃくじょう》、無畏《むい》の涅槃に触れる、
漏尽者《ろじんしゃ》にして疑いを断ち　動転（苦）のないこの仏陀は
すべての業《ごう》の滅尽《めつじん》を得て　素因《そいん》を破壊し解脱《げだつ》している、
それゆえかれは仏世尊《ぶつせそん》　かれは無上の獅子にして
天を含む世界のために　すぐれた梵《ぼん》の輪《りん》を転《てん》ず、
このように神々、人間は　その御仏《みほとけ》に帰依《きえ》をなし
共に集い、大いなる　その無畏者に帰命《きみょう》する、
『調御者《じょうごしゃ》中の最勝《さいしょう》調御者　寂静者《じゃくじょうしゃ》中の寂静仙人
解脱者《げだつしゃ》中の最高解脱者　度脱者《どだつしゃ》中の最上度脱者』、
このようにかれらは大いなる　この無畏者に帰命する
『天を含む世界には　御身《おんみ》（如来）に等しい人はいない』

と。このこともまた世尊によって説かれた、と私は聞いている、と。——

これは如来にそなわる八種の徳を説くものである。如来は、「世界」という「自己」、すなわち五取蘊《ごしゅうん》という「苦」を見通された仏（覚者《かくしゃ》）であり、執《しゅう》さず、無畏にして四諦《したい》を説くお方である。世界のため

に「世界」を説くお方である。

『自説』も『如是語』も短い経の集成であるが、どの一経も仏が自ら語られたことばであり、深い内容をもつものばかりである。

5 経《きょう》集《しゅう》（スッタニパータ）

――その構成

これより小部《しょうぶ》経典第五の『経集』（Suttanipāta）を見ることにしたい。これは、仏の真理の詩篇とされる『法句』（ダンマパダ）とともに、だれにもよく親しまれている偈《げ》をもつ経の集成である。その伝統的な註釈の序偈の中で、ブッダゴーサ師は、この「経集」という名前について、つぎのように述べておられる。いかなる経も如是者《にょぜしゃ》である仏のことばであり、利益《りやく》を生み、守り、よく説かれたものである。その「経」をあちこちから「集めたもの」がこの『経集』であって、この名前、名称には特徴がない、と。とくに「仏のことば」とか「真理のことば」とか呼ばれるべきものではない、ということである。もちろんその内容はすばらしく、それが「仏の真理のことば」であることは言《ごん》を待たない。どの偈も簡素な表現の中に仏の智慧と慈悲による深い教えが窺《うかが》われるものばかりである。

さて、『経集』は全体が五章に分類され、七〇経、八誦唱分《じゅしょうぶん》（六四〇〇〇音節）、一一五六偈を有するものである。「偈」のみの部分と、散文と偈とによる「経」の部分からなり、ビルマ版では第五章を除く第一～四章のすべての経は「経」という名が付されている。

まず、ここに含まれる偈の総数は、ビルマ（ミャンマー）第六結集《けつじゅう》版（底本）によれば、一一五六である。ただし、現行のビルマ版に示されている実際の数は一一五五偈になっているが、それは「第二七四偈」の次を「第二七五偈」とせず、「第二七四偈」とした単純なミスプリントによるものと思われる。また、全偈のうち、一三偈に重複が見られるから、全実数は一一四三偈となる。ちなみに、諸版の総偈数は、インド・ナーランダー版、タイ版がビルマ版と同じく一一五六偈、セイロン版は一一五四偈、ロンドン・PTS版は一一四九偈である。

つぎに、この『経集』は五章からなるが、そのうち、第四「八偈の章」、第五「彼岸道《ひがんどう》の章」という両章は成立が古く、本来は独立して知られていたとされる。それは、これらには伝統の『経集註』とは別に、独立した註釈ともいうべき『義釈《ぎしゃく》』が存在しており、その『義釈』（大義釈・小義釈）もまた小部第一一の地位を占めているからである（本章12「義釈」参照）。この両章については、その名前や偈が相応部《そうおうぶ》や増支部《ぞうしぶ》、あるいは律蔵《りつぞう》（大の章）などにも引用されているから、内容も大変古いということになるであろう。しかし、そのように古い内容の二章をもつものであっても、『経集』全体の編纂は、

『義釈』に『経集』の第一〜三章が触れられていないことなどから、『義釈』より新しいものとされている。なお、この『経集』はいわゆる南方上座部《じょうざぶ》独自の編纂であり、とくに異本も存在しないが、第四章に相当するものとして漢訳の『義足経《ぎそくきょう》』二巻（支謙《しけん》訳・三世紀）が知られる。

――蛇の章

以下に各章の経名を紹介し、その内容を概観することにしたい（ただし、傍線を付した経名は一般的な経の形式をもつもの、他は偈のみのものを示す）。

⑴蛇の章

1. **蛇経**、2. ダニヤ経、3. **犀角《さいかく》経**、4. **耕田《こうでん》バーラドヴァージャ経**、5. チュンダ経、6. 敗北経、7. 賤民経、8. 慈《じ》経、9. 雪山《せっせん》（夜叉《やしゃ》）経、10. アーラヴァカ（夜叉）経、11. 勝利経、**12.** 牟尼《むに》経

第一章は一二経、二二三偈からなる。どの経もよく知られ、第八『慈経』は小部第一『小誦《しょうじゅ》経』にも収められている。また第一二『牟尼経』は、アショーカ王碑文（カルカッタ・バイラート法勅《ほうちょく》）に列挙された「七種の法門《ほうもん》」の第四「牟尼偈《むにげ》」に比定されるものでもある。ここにまず、第一『**蛇経**』の

第一偈を紹介しよう（以下に示される偈の番号は便宜上、ＰＴＳ版による）。『蛇経』は一七偈からなり、どの偈も「蛇が古い旧皮を脱ぐように」との句をもつ。

「広がる蛇毒を薬で消すように　生じた怒りを抑える比丘は
　こちらの劣った岸を捨てる　蛇が古い旧皮を脱ぐように」

この偈についてはつぎのような話が伝えられている。あるとき、アーラヴィーに住む比丘たちが普請《ふしん》のために樹を伐採したり、伐採させたりしたため、樹神《じゅしん》が中止するように求めた。しかしそれを聞かず、一比丘が伐採し、神の子の腕が打ちつけられた。樹神は怒り、かれの命を奪おうとしたが、それは神にふさわしいことではないと思いとどまり、仏のもとへ行き、事の次第を告げた。すると仏は樹神に「そなたは立派です」といわれ、つぎの偈を唱えられた。

「暴走の車を止めるように　噴き出す怒りを抑える者
　かれを私は御者《ぎょしゃ》と呼ぶ　その他はただ手綱《たづな》を執《と》る人」
（『法句』第二二二偈）

と。また、一般の人々からも「なぜ釈子《しゃくし》の沙門は樹を伐採し、一根《いっこん》の命を奪うのか」との非難が起こった。そこで仏はつぎの学処《がくしょ》（戒律）を定められた。

「植物を伐り落とすならば単堕《たんだ》（波逸提《はいつだい》）となる」
（「単堕」第一一条）

と。そして、そのとき、この『経集』の偈を示されたのである。このように「怒り」の一事から、仏は

インドの農村風景

『法句』『律蔵』『経集』の三ヵ所で法を説き、また律を制定されたという。それは「怒り」がつねに欲という「貪り《むさぼ》」に発し、因果《いんが》を知らない「愚かさ」に基づいているということであって、それがいかに私たちに大きな苦しみを生み、その適切な対処がいかに大切であるかを語るものであろう。

この第一偈は、阿羅漢果を頂点とし、有身見《うしんけん》・疑《ぎ》・戒禁取《かいこんじゅ》・欲貪《よくとん》・瞋恚《しんい》という五つの下位の束縛（五下分結《ごげぶんけつ》）のない不還《ふげん》という聖者の静まりが説かれたものである。それは一般にいう貪《とん》瞋痴《じんち》が、とくに怒りが第三道である不還道《ふげんどう》なる智慧によって捨《しゃ》断《だん》されるからである。なお、「こちらの劣った（ora）岸（pāra）」については、「こちらの岸（ora）とあちらの岸（pāra）」として、つまり「自己と他己《たこ》」、「六内処《ろくないしょ》と六外処《げしょ》」、「人界《にんかい》と天界」、「欲《よく》界《かい》と色《しき》・無色界《むしきかい》」、「欲・色界と無色界」とも解されるが、その全体の意味は変わらない。いずれにしても、この偈は『経集』の第一偈にふさわしい内容をもっている。

つぎに第二『犀角経』の第七三偈を見ることにしよう。

「慈《じ》、悲《ひ》、喜《き》、また捨《しゃ》なる解脱《げだつ》を　時に応じて修しつつ
あらゆる世界に違背《いはい》せず　独り行ぜよ、犀角のように」

私たち人間は他者とともに生き、あらゆる世界の生きもの、環境と共存している。これはそのために説かれた調和の心と道である。他者の楽を願う心（慈）、他者の苦に同情する心（悲）、他者の喜びを喜ぶ心（喜）、そしてそれらの中立、平静を見る心（捨）であり、これを四無量心《しむりょうしん》、あるいは四梵住《しぼんじゅう》と呼ぶ。慈・悲・喜は人の世界、捨は法の世界を示す。すぐれた心、禅定《ぜんじょう》、心の解脱である。『慈経』にも強調されている。

あと一つ、第四の『耕田バーラドヴァージャ経』の三偈を見ることにしよう。

これは、耕作するバラモンが配食しているとき、托鉢に来られた仏に、「私は田を耕し、種を蒔《ま》いてから食べます。あなたもそうしなさい」といって始まったバラモンと仏との問答によることばである。

『耕作者だ』と自称されるが　われらはあなたの耕作を見ず
われらに問われ耕作を説かれよ　あなたの耕作がわかるように」（第七六偈）

「信《しん》は種子、修行は雨　智慧は私の軛《くびき》と鋤《すき》

慚《ざん》は轅《ながえ》、意《い》は結び紐　念《ねん》は私の鋤先《すきさき》と鞭《むち》なり、
身を慎《つつし》み、語を慎み　腹において食を節し
真理によって草を刈る　柔和が私の解脱なり」

（第七七〜七八偈）

見事な比喩による説法である。バラモンによる「田の耕作」に対して、仏による「心の耕作」によれば、信の種子により、戒の根が張り、止観《しかん》の芽が出て、聖道《しょうどう》という茎を通して、聖なる果が得られる。それは、信の種子が心の相続《そうぞく》という田に蒔かれ、修行（苦行）の雨により、また慚（恥らい）の轅と智慧の軛と鋤を、意という結び紐で、精進《しょうじん》という牛に結び、念の鋤先と鞭によって、心は耕作される、と。ついで、田の耕作においては穀物を害する雑草を刈り取るように、心の耕作においては善の穀物を害する欺瞞《ぎまん》、我想《がそう》という雑草を智の真実、如実智《にょじっち》によって刈り取り、根絶する。また柔和という阿羅漢果が私の解脱である、と説かれたものである。

これは後代の「大慈悲を室《しつ》となし、柔和忍辱《にんにく》を衣《え》とし、諸法の空《くう》を座となし」（『法華経《ほけきょう》』安楽行《あんらくぎょう》品《ほん》）との説示《せつじ》に至るものであろう。ただ、いかに巧みな比喩であれ、「仏の一字も心田《しんでん》の汚れ」となることに注意したい。

――小の章

(2)小の章

1.宝《ほう》経、2.生臭《しょうしゅう》経、3.慚《ざん》経、4.吉祥《きちじょう》経、5.スーチローマ（夜叉）経、6.カピラ経（法行《ほうぎょう》経）、7.バラモン法経、8.法経（船経）、9.何戒《かかい》経、10.**起立経**、11.ラーフラ経、12.ニグローダ・カッパ経（ヴァンギーサ経）、13.正遍歴行《しょうへんれきぎょう》経、14.ダンミカ経

第二章は一四経、一八四偈からなる。短小の経が多く、そのうち『宝経』『吉祥経』は第二章の『慈経』とともに護呪《ごじゅ》経典（パリッタ）の中心をなすもので、『小誦《しょうじゅ》』にも収められる。ここでは第一〇『**起立経**』の四偈を見ることにしたい。

「起立するのだ、坐るのだ　そなたらに眠りが何になる
病に悩み、矢に射られ　苦しむ者らに眠りがあろうか、
起立するのだ、坐るのだ　寂静《じゃくじょう》のため、堅固に学べ
死王《しおう》がそなたらの放逸を知り　支配し、迷わすことがなきよう、
神々もまた人間も　欲し、求め、依存する
この愛着を渡り切れ　時を空しく過ごすなかれ
時を空しく過ごす者らは　地獄に堕ちて悲しむゆえに、
放逸《ほういつ》は塵《ちり》なり、放逸に　従う放逸もまた塵なり

放逸ならず明智《みょうち》によって　自らの矢を抜くがよい」（第三三一〜三三四偈）

と。つねに正しい念を保ち、油断がないように、ということである。「いかなるものも移ろい行きます。怠ることなく努めなさい」（長部《ちょうぶ》第一六『大般涅槃経《だいはつねはんぎょう》』）と、釈尊が最後まで説き続けられたものがこの「不放逸の教え」であった。

――大の章

(3)大の章

1. 出家経、2. 精勤《しょうごん》経、3. 善説《ぜんせつ》経、4. **スンダリカ・バーラドヴァージャ経**、5. マーガ経、6. サビヤ経、7. セーラ経、8. 矢経、9. ヴァーセッタ経、10. コーカーリカ経、11. ナーラカ経、12. 二種随観《ずいかん》経

第三章は一二経、三六五偈からなる。第一、第二、第一一の経は釈尊の伝記を、とくに最初の二経は出家と修行（苦行）を語る重要なものである。本章には中部《ちゅうぶ》第九二経として収められている第七『セーラ経』や第九『ヴァーセッタ経』など、業報輪廻《ごっぽうりんね》、正しい業《ごう》（行為）を説く教えが多い。ここでは第四『**スンダリカ・バーラドヴァージャ経**』の第四六二偈を見ることにしよう。

「**生まれを問うな、行ないを問え　火は実に薪《たきぎ》から生じる**
恥らい、慎み、堅固であれば　卑家者も高貴な牟尼《むに》となる」

と。これは火を祭るバラモンに、その祭、供養《くよう》の成就《じょうじゅ》が生まれによるのではなく、行ないによること、社会の四階級は清浄《しょうじょう》、平等であることを説かれたものである。人間の尊厳は生まれにではなく、行為、業、すなわち心にある、と。

八偈の章

⑷八偈の章

1. 欲経、2. 洞窟八偈経、3. **悪意八偈経**、4. 清浄八偈経、5. 最上八偈経、6. 老《ろう》経、7. ティッサ・メッテッヤ経、8. パスーラ経、9. マーガンディヤ経、10. 死前《しぜん》経、11. 闘争経、12. 小論争経、13. 大論争経、14. 迅速《じんそく》経、15. 執杖《しゅうじょう》経、16. サーリプッタ経

第四章は一六経、二一〇偈からなる。この章名である「八偈の章」(aṭṭhaka-vagga) は「八の章」とも「八《はっ》法《ぽう》の章」とも「義《ぎ》の章」とも訳されてよい。本章は、次章とともに、仏の教えの根本、仏教の真髄《しんずい》を窺うに足るすばらしい内容をもっている。ここでは第三『**悪意八偈経**』(第七八〇〜七八七偈) を紹介しよう。

「ある者らは悪意をもって語り　また真実と思って語る
牟尼《むに》は生じた語（誹謗）に近づかず　それゆえどこにも不毛（迷妄）なし（第七八〇偈＝一）

自分の見方をいかに超えるか　欲に引かれ、好みに執《しゅう》し
自分を完全と見なす者は　知るがままに語るであろう（第七八一偈＝二）
自分の戒と務め（頭陀支《ずだし》）とを　問われず他人に語るかれは
自分で自分を語るのみ　善者らはそれを非聖法《ひしょうぼう》という（第七八二偈＝三）
自ら静まる寂静《じゃくじょう》の比丘は　『私はこうだ』と戒に誇らず
世界のどこにもその（貪《とん》などの）増長《ぞうちょう》がない　善者らはそれを聖法《しょうぼう》という（第七八三偈＝四）
分別《ふんべつ》（妄想）され、作られた　不浄の諸法を重視して
自分に功徳《くどく》を見る者は　動揺による寂止《じゃくし》に依存す（第七八四偈＝五）
諸法（六十二見《けん》）の執着を確知し　見執《けんしゅう》（真理への執）を超えることは難しい
それゆえそれらの住処《じゅうしょ》（執着）において　人は法を捨て、またこれを取る（第七八五偈＝六）
除遣《じょけん》（洗浄）者には世界のどこにも　どの生存にも分別見《ふんべつけん》なし
欺瞞《ぎまん》と慢《まん》を捨て、除遣者なる　かれがなぜ（輪廻に）行く、近づかずして

近づく者（執する者）は諸法の語《ご》に近づく　近づかぬ者をどう呼び得よう
かれ（漏尽者《ろじんしゃ》）には我《が》も非我《ひが》もなく　一切の見《けん》をここに除遣したゆえ」
（第七八六偈＝七）
（第七八七偈＝八）

これは、仏の名声などに嫉妬した異教者たちが美しい女性遍歴行者スンダリーをそそのかし、仏に汚名を着せ、やがてそれが暴露され、かれらは処刑され、仏たちへの尊敬はいよいよ大きなものになったという話（『自説《じせつ》』第四「スンダリー経」、『法句』第三〇六偈、因縁話《いんねんわ》）を背景に説かれたものという。一切の執着を離れた漏尽者の阿羅漢果を頂点にして説示された教えである。如是《にょぜ》の法をいう。

——彼岸道の章

⑸彼岸道《ひがんどう》の章

序偈、1．アジタ学人《がくにん》の問い、2．**ティッサ・メッテッヤ学人の問い**、3．プンナカ学人の問い、4．メッタグー学人の問い、5．ドータカ学人の問い、6．ウパシーヴァ学人の問い、7．ナンダ学人の問い、8．ヘーマカ学人の問い、9．トーデッヤ学人の問い、10．カッパ学人の問い、11．ジャトゥカンニ学人の問い、12．バドラーヴダ学人の問い、13．ウダヤ学人の問い、

14. ポーサーラ学人の問い、15. モーガラージャ学人の問い、16. ピンギヤ学人の問い、彼岸道称賛の偈、彼岸道随唱《ずいしょう》の偈

第五章は一六経、一七四偈からなり、そのうち序は五六偈、終わりの彼岸道称賛は七偈、彼岸道随唱は一八偈をもつ。いずれも「彼岸」という涅槃、涅槃にいたる道を明らかにしたものである。ここでは第二の「ティッサ・メッテッヤ学人の問い」（第一〇四〇〜一〇四二偈）を見ることにしよう。

「尊者《そんじゃ》ティッサ・メッテッヤはいった。

(1)『だれがこの世で満足し　だれが動揺しないのか
だれが両《りょう》の辺《へん》を知り　慧《え》により、中《ちゅう》に汚されないのか
だれを偉大な人といい　だれがここで縫い目（渇愛《かつあい》）を超えたか』（ビルマ版第一〇四七偈）

世尊はいわれた。メッテッヤよ、

(2)『諸欲に対して梵行《ぼんぎょう》をそなえ　渇愛を離れてつねに念あり
慧により、寂滅《じゃくめつ》している比丘　かれは動揺することがない
(3)かれは両の辺を知り　慧により、中に汚されず
かれを偉大な人という　かれはここで縫い目を超えた』と」（ビルマ版第一〇四八偈）

これは、渇愛という縫い目を超えた涅槃、寂滅について説かれたものである。両の辺、中とは何か。触《そく》と触の集《じゅう》、触の滅《めつ》をいう。過去と未来、現在をいう。楽と苦、非苦非楽をいう。名《みょう》と色《しき》、識《しき》をいう。漢訳の大乗仏典にも、「牟尼は三世《さんぜ》を離れて、諸相を悉《ことごと》く具足《ぐそく》し、住《じゅう》する所無きに住し、普《あまね》く遍《へん》じて動ぜず」（『華厳経《けごんきょう》』八〇巻本・巻第一六）といわれる。動揺という渇愛、好き嫌いという分別《ふんべつ》を離れることは、智慧にあり、正念《しょうねん》を保つ中にある。これを不動といい、中といい、中に汚されないという。静まりの世界である。

6 天宮事《てんぐうじ》（ヴィマーナヴァットゥ）

――その構成

これより小部《しょうぶ》経典第六の『天宮事』（Vimānavatthu）を見ることにしたい。これは、経・応頌《おうじゅ》・授記《じゅき》・偈《げ》・自説《じせつ》・如是語《にょぜご》・本生《ほんじょう》・未曾有法《みぞうほう》・有明《うみょう》という九分教《くぶんきょう》の「偈」に属するものである。すべて詩句のみからなる。ブッダゴーサ師（五世紀）に続くダンマパーラ師の註釈によれば、全体は七章、八五話、内訳《うちわけ》を含めて一二三話、一五〇〇偈を有する。ただし現行の底本（ビルマ版）では一二八九偈を収め、天宮を「女性」（八五六偈）と「男性」（四三三偈）に二分し、説明する。

この天宮事というお経の形式についていえば、二種、すなわち「どのような業《ごう》によってこの天宮（楽《らく》果《か》）に生まれたか」との問いと、「このような業（善因《ぜんいん》）によって生まれた」という答えによって説かれている。そのうち、答えの偈はそれぞれの天（神）によって語られているが、問いの偈は、あるものは仏によって、あるものはサッカ（帝釈天《たいしゃくてん》）などによって、あるものはマハーモッガラーナやヴァンギーサなどの弟子長老によって語られている。しかし、そのほとんどはマハーモッガラーナ（摩訶《まか》目犍連《もっけんれん》）長老によって語られるものである。長老は、一阿僧祇《あそうぎ》十万劫《こう》にわたり、仏の最上弟子として福《ふく》徳《とく》智《ち》の資糧《しりょう》を集め、次第に弟子の波羅蜜《はらみつ》を満たし、六神通《ろくじんづう》、四無碍解《しむげげ》などのすぐれた徳をすべてふくむ弟子波羅蜜智の頂点に達し、仏弟子第二の地位に置かれ、仏から神通をそなえた者の第一人者として認められた尊者である。

そこで、長老は世間の利益《りやく》のために天界へ行き、神々がどのようにして天宮に生まれかわったか、かつて人間界でどのような功徳《くどく》を積んだかを問い、その答えを聞いて、再び人間界に戻り、その問いと答えを一緒にして仏にご報告する。仏はそれを聞いて比丘《びく》たちに説法される。それはサッカなどによる場合も同様であり、問答のすべては仏から比丘たちに語られるため、天宮事は仏による説示《せつじ》と見られるものである。なお、天宮事の事（vatthu）とは善業《ぜんごう》の果報《かほう》として得られる天宮の根拠（kāraṇa）をいう。因《いん》縁《ねん》、因縁話のことである。

それでは、以下に各話の名をすべて掲げ、その構成と内容を概観したい。

【女性の天宮】（五〇話）

(1)**椅子の章**（一七天宮話《てんぐうわ》） 1. **第一椅子**、2. 第二椅子、3. 第三椅子、4. 第四椅子、5. 象、6. 第一船、7. 第二船、8. 第三船、9. 灯明《とうみょう》、10. 胡麻供養《ごまくよう》、11. 貞淑女、12. 第二貞淑女、13. 第一嫁、14. 第二嫁、15. ウッタラー、16. シリマー、17. ケーサカーリー〔髪結い〕

(2)**チッタラー園の章**（一一天宮話） 1. 奴隷、2. ラクマー、3. アーチャーマー施者《せしゃ》、4. チャンダーリー、5. バッディッティー、6. ソーナディンナー、7. ウポーサター、8. ニッダー、9. スニッダー、10. 第一施食者《せじきしゃ》、11. 第二施食者

(3)**パーリッチャッタカ（昼度樹《ちゅうどじゅ》）の章**（一〇天宮話） 1. 広大、2. 砂糖きびの施者、3. 長椅子、4. ラター、5. **グッティラ天宮**〔三六天宮話：①最上衣施者《えせしゃ》、②最上花施者、③最上香施者、④最上果施者、⑤最上味施者、⑥五指香《ごしこう》施者、⑦一日布薩《ふさつ》、⑧水施者、⑨奉仕、⑩他者への奉仕、⑪乳飯《にゅうはん》施者、⑫糖蜜《とうみつ》施者、⑬砂糖きび片施者、⑭ティンバルサカ施者、⑮カッカーリカ施者、⑯エーラールカ施者、⑰ヴァッリ果施者、⑱パールサカ施者、⑲火爐《かろ》施者、⑳一握りの野菜施者、㉑一握りの花施者、㉒根施者、㉓一握りのニンバ葉施者、㉔マンゴー汁施者、㉕胡麻粉施者、㉖帯施者、㉗肩紐施者、㉘包帯施者、㉙扇施者、㉚ターラ葉団扇《うちわ》施者、㉛蚊払い施者、㉜傘施者、㉝サンダル施者、㉞団子施者、㉟飴玉施者、㊱糖菓子施者〕、

6．光輝、7．ペーサヴァティー、8．マッリカー、9．広目《こうもく》、10．パーリッチャッタカ

(4)**深紅《しんく》の章**（一二天宮話）1．深紅、2．極光《ごくこう》、3．象、4．アローマー、5．雑炊の施者、6．精舎《しょうじゃ》、7．四女性、8．マンゴー、9．黄金、10．砂糖きび、11．礼拝、12．ラッジュマーラー

【男性の天宮】（三五話）

(5)**大車《だいしゃ》の章**（一四天宮話）1．蛙、2．**レーヴァティー女**、3．チャッタ学人、4．蟹味《かにみ》の施者、5．門衛、6．第一義務、7．第二義務、8．第一針、9．第二針、10．第一象、11．第二象、12．第三象、13．小車、14．大車

(6)**パーヤーシの章**（一〇天宮話）1．第一在家、2．第二在家、3．果実の施者、4．第一住居の施者、5．第二住居の施者、6．施食者、7．麦番人、8．第一耳輪、9．第二耳輪、10．**ウッタラ〔パーヤーシ〕**

(7)**整備の章**（一一天宮話）1．チッタラター、2．ナンダナ、3．宝石柱、4．黄金、5．マンゴー、6．牛飼、7．カンダカ〔カンタカ〕、8．種々色《しゅじゅしき》、9．マッタクンダリー、10．セーリーサカ、11．整備

――座席の布施《ふせ》

以上が天宮事の話の題名から知られる内容である。まず本経の趣旨が何かを最初の「第一椅子天宮

話」から窺うことにしよう。全体は七偈からなる。

「『あなたの立派な黄金の椅子は
華鬘《けまん》に飾られた美衣の者よ
どうしてあなたにその容色（美肌）があり
また愛すべき諸《もろもろ》の財が
大威力の女神よ、あなたに問う、
なぜそのように威力に輝き

意（心）のように速く、意のままに行く
あなたは雲頂《うんちょう》に輝く電光《でんこう》のよう、
ここで成功しているか、
どうしてあなたに生じているか、
いかなる功徳《くどく》を人間として積み
あなたの容色は輝きわたるか」と。（第一偈）（第二偈）（第三偈）

モッガッラーナに問われると
問われた問いに答えを示した、
「私は人間の人間として
合掌《がっしょう》、礼拝《らいはい》し、そしてまた
それゆえ私にこの容色があり
また愛すべき諸の財が
大威力の比丘《びく》よ、あなたに告げます、
それゆえこのように威力に輝き

心が満ちたその神は
それがいかなる業果《ごうか》であるかを。（第四偈）
来た人々に小椅子を与え
できる限りの布施をしました、（第五偈）
それゆえここで成功し
私に生じているのです、（第六偈）
人間として功徳を積み
わが容色は輝きわたります』と」（第七偈）

これは、小さな椅子、座席を用意するというほんの些細《ささい》な行為でも、それが心からのものであれば、無量《むりょう》のすぐれた果報、安らぎを生む、と説かれたものである。善因善果、善因楽果の教えであり、これがまた天宮事の趣旨でもある。註釈はこの話のあとを続けて、つぎのように説明する。このようにその女神によって答えが示されると、マハーモッガッラーナ長老は詳しく説法し、それは女神とその眷属《けんぞく》の者たちに有意義なものになった。それより、長老は人間界に戻り、その一切を仏にご報告し、仏はそれをもって現前の会衆に説法された、と。

――天女たちの功徳《くどく》

この天宮事は話の性格上、『本生』（ジャータカ）と関わるものが多い。たとえば、第三章の「**グッティラ天宮**」である。その第一～二偈を見てみよう。

「七絃をもつ、甘美なる　　楽しいもの（琵琶《びわ》）を私は教えた
かれは私を舞台（競演）に呼んだ、　　わが助けとなれ、コーシヤ（帝釈）よ」
「私はあなたの助けになろう　　私は師を尊敬している
弟子があなたに勝つはずはない、　　師よ、弟子に勝つであろう」

と。これは「グッティラ（音楽師）本生」（ジャータカ第二四三話）の第一～二偈にも見られるもので、仏弟子として学びながら、仏に敵対したデーヴァダッタ（提婆《だいば》）について、仏がその前生《ぜんしょう》をめぐり語られたものである。話によれば、菩薩は盲目の両親を養っていたグッティラという琵琶の名手であり、未熟な音楽師ムシラ（前世のデーヴァダッタ）をその求めに応じて弟子にし、すべてを教授した。するとかれは自己の腕前を誇り、王の前で菩薩と競演したものの、ことごとく失敗する。

天　女（スリランカ・シーギリヤ）

一方、菩薩は王から称賛され、また神々の王サッカ（帝釈）から天に招かれる。天女たちは菩薩の琵琶をぜひ聞きたいと願い、菩薩は彼女たちがそれぞれ行なった善業《ぜんごう》を語ってくれるならば琵琶を弾こう、ということで一週間、音楽を奏でた。そして上位の天女から順にその善業が語られるが、それが第三偈以下の内容である。「本生」も同じである。この天宮事では長老が天界に行き、天女に問い、それに答えた形となっている。いずれにせよ、彼女たちの天界での栄華は衣や花などのささやかな、しかし心のこもった布施の果報であったという。

また、天宮事第五章の二五偈からなる**「レーヴァティー**

女天宮話」の最初には、つぎのような『法句』第二一九～二二〇偈と同じ偈を見ることができる。

「長らく外に滞在し　無事遠くから帰った人を
親族、友人、また知己《ちき》は　帰ったことを大いに喜ぶ」
「それと同じく功徳を積んで　此世《しせ》から他世《たせ》へ行ける者を
もろもろの功徳は待ち受ける　親族のように、愛《いと》しい帰りを」

これは、神々の世界でもその来訪を待ち受けられた敬虔な信者ナンディヤについて説かれたものである。ところがその妻レーヴァティーは信心がなく、布施の心もなく、怒り、嘘をつく女性であった。この天宮事は、このナンディヤの善果を最初の二偈に語り、第三偈以降は最後まで、レーヴァティーの悪因苦果を語ったものである。「私は昔、物を惜しみ、沙門《しゃもん》あるいはバラモンを罵《のの》り、不実をもって夫を欺き、今、地獄の苦を受けている」と。楽と苦の果を説いた天宮事である。

また、第六章の第一〇「ウッタラ天宮話」のように長部第二三『パーヤーシ経』に知られる王族パーヤーシとウッタラ青年との話によって語られたものもある。

7　餓鬼事《がきじ》（ペータヴァットゥ）

――その構成

つぎに、小部経典第七の『餓鬼事』（Petavatthu）を見ることにしたい。これも『天宮事』と同様に九《く》分教《ぶんきょう》の「偈」に属し、八一四偈の詩句のみからなる。ダンマパーラ師の註釈によれば、その全体は四章、五一話で飾られ、四誦唱分《しじゅしょうぶん》（三万二千音節）をもつ。話の形式は二種であり、第一は話の由来によって仏が説かれたもの、第二はナーラダ長老などの問いと餓鬼たちの答えを後で仏がまとめられたものである。いずれも仏から現前の会衆に説かれており、餓鬼事のすべては仏の説示とされる。なお、餓鬼事の「事」も先の天宮事と同じく、根拠を意味し、因縁、因縁話をさす。

以下に各話の名をすべて掲げ、その構成と内容を概観しよう。

⑴**蛇の章**（一二餓鬼話《がきわ》）　1．**田喩《でんゆ》**、2．豚口、3．臭口、4．小麦粉人形、5．壁外、6．五子食《しじき》女、7．七子食女、8．牛、9．大機織《はたおり》女、10．禿頭女、11．象、12．蛇

⑵**ウッバリの章**（一三餓鬼話）　1．輪廻解脱《げだつ》女、2．**サーリプッタ長老母**、3．マッター女、4．ナンダー女、5．マッタクンダリー、6．カンハ、7．ダナパーラ長者、8．小長者、9．アンクラ、10．ウッタラ母、11．糸、12．耳削ぎ女、13．ウッバリ

⑶**小の章**（一〇餓鬼話）　1．不断、2．サーナヴァーシー長老（親族）、3．車作り女、4．籾《もみ》殻《がら》、5．小児、6．セーリニー、7．猟師、8．第二猟師、9．詐欺、10．舎利塔《しゃりとう》誹謗

---

(4)大の章（一六餓鬼話）1．アンバサッカラ、2．セーリーサカ（『天宮事』(7)・10．セーリーサカ天宮話）、3．ナンダカ、4．レーヴァティー、5．砂糖きび、6．小児、7．王子、8．糞食《ふんじき》9．糞食女、10．群集、11．パータリプッタ、12．マンゴー林、13．車軸樹、14．蓄財、15．長者子、16．六万鉄槌

回向《えこう》の功徳

以上の題名からもわかるように、餓鬼事は吝嗇《りんしょく》、貪《むさぼ》りなどによる悪業《あくごう》の結果として生まれかわった餓鬼の惨状とそこから脱するための道を明らかにしたものである。まず、第一章の第一「**田喩餓鬼話**」を紹介したい。三偈からなる。

「阿羅漢《あらかん》はあたかも田のごとく　施主《せしゅ》はあたかも農夫のごとく
施物《せもつ》はあたかも種子のごとし　これより果が生起する、
この種子、耕作、田というものは　餓鬼ら、施主のためにあり
それを餓鬼らは享受して　施者は功徳によって栄える、
ここ（この自体）において善（功徳）を作り　また餓鬼らを供養し
また善き業を行なって　かれは天の世界に至る」

これは、布施《ふせ》、施物《せもつ》、受者《じゅしゃ》という三者の清浄《しょうじょう》を語り、布施による功徳を他者に施す「功徳の施」、回《え》

施《せ》、いわゆる回向について説かれたものである。自然の道理による恵みがあるように、人間界においては因果《いんが》を信じ行なうことによる安らぎがあることを教えている。

――施餓鬼《せがき》の原形

つぎに、第二章の「サーリプッタ長老母餓鬼話」を見ることにしたい。本経を代表する話の一つである。

「裸で醜い姿して　やせ細り、血管が浮き
肋骨《ろっこつ》現われ、痩せた者よ、　ここに立ったお前はだれか」（第一偈）
「私は以前の異なる生まれで　あなた自身の母でした
餓鬼の世界に生まれかわり　飢えと渇きに苦しんでいます（第二偈）
吐き捨てられた唾《つば》、鼻汁　あるいは痰《たん》があります
焼かれた人らの脂《あぶら》もあり　妊産婦らの血もあります（第三偈）
負傷者ら、また鼻、頭を　削がれた者らの血があります
男、女によるもの（その他の皮、肉など）を　飢えに攻められ、食べています
動物、あるいは人間の　膿《うみ》や血を食べています（第四偈）
避難所もなく、家もなく　黒い（墓地の汚れた）寝床に住んでいます（第五偈）

息子よ、私に施しなさい　施し、私に回向しなさい
そうすれば膿血の食べ物（餓鬼生活）から　私は解放されましょう」と。　（第六偈）

憐れみ深いウパティッサ（サーリプッタ長老）は　母のことばを聞いたあと
モッガッラーナ、アヌルッダ　またカッピナに呼びかけた　（第七偈）

四つの小屋を作り終え　四方の僧団に施した
そして小屋、飲食物を　母に布施として与えた　（第八偈）

指定されるや、その直後　その果報が現われた
食べ物、飲み物、また衣服　これは布施の果報なり　（第九偈）

それより彼女は（喜び、天に生まれ、他日）　清浄な服、最上のカーシ絹布をまとい
色とりどりの布で飾り　コーリタ（マハーモッガッラーナ長老）に近づいてきた　（第一〇偈）

「女神よ、麗しい容色をして　あなたが立っている処
その一切の方向は　明星のように輝いている　（第一一偈）

どうしてあなたにその容色があり　ここで成功しているか
また愛すべき諸《もろもろ》の財が　どうしてあなたに生じているか　（第一二偈）

大威力の女神よ、あなたに問う、　いかなる功徳を人間として積み
なぜそのように威力に輝き　あなたの容色は輝きわたるか」と。　（第一三偈）

「私は以前の異なる生まれで　サーリプッタの母でした
餓鬼の世界に生まれかわり　飢えと渇きに苦しみました　（第一四偈）

吐き捨てられた唾、鼻汁　あるいは痰がありました
焼かれた人らの脂もあり　妊産婦らの血もありました　（第一五偈）

負傷者ら、また鼻、頭を　削がれた者らの血もありました
男、女によるものを　飢えに攻められ、食べました　（第一六偈）

動物、あるいは人間の　膿や血を食べました
避難所もなく、家もなく　黒い（墓地の汚れた）寝床に住みました　（第一七偈）

しかし、サーリプッタの布施により　私は恐れなく、喜んでいます
尊者よ、世界の悲愍者《ひみんしゃ》、牟尼《むに》を　拝するために私は来ました」と。　（第一八偈）

これは、いわゆる「施餓鬼」の原形を伝える話のように思われる。智慧第一とされるサーリプッタ（舎利弗《しゃりほつ》）長老の母でさえも餓鬼の世界に苦しみ、これに長老がマハーモッガッラーナ、アヌルッダ、またカッピナの助力のもとに慈悲を示された話としても興味深い。なお註釈によれば、この餓鬼は長老

の第五代前の母であったという。

私たちはだれも一人であり、またすべての人、すべての生類《しょうるい》とともに生きている。自業《じごう》があり、他者への憐れみ、回向がある。これを教える話が天宮事であり、餓鬼事であった。

スリランカの『大史《だいし》』によれば、マヒンダ長老（前三世紀）がスリランカでの仏教伝道において副王妃アヌラーと侍女五百人に説法し、彼女たちが最初の覚《さと》りを得たとされるお経がこの天宮事、餓鬼事であった。すべては三界《さんがい》世間の話である。そして、自己の話にほかならない。

8 長老偈《ちょうろうげ》（テーラガーター）

——その構成

これより小部《しょうぶ》経典第八の『長老偈《ちょうろうげ》』（Thera-gāthā）を見ることにしたい。これは漏尽《ろじん》の長老が唱えた偈（詩句）、あるいはその長老に関わる偈をまとめたものである。いずれもさまざまに出家し、さまざまに修行しながら、ついに覚りという同一の目的を成就させた者の静かな、しかも感動のことばである。それは私たちに深い感銘を与えるものであり、ブッダの法水《ほうすい》をそのとおりに汲み上げたものといってよいであろう。『長老尼偈《ちょうろうにげ》』とともに仏弟子による最上の語録である。

全体は、ビルマ版（底本）によれば、二六四人の長老による一二八八偈、二一篇（二一集）からなる。名目的な分類によれば、第一篇から第一四篇までは、それぞれ一偈から一四偈までの集成である。それ以降、第一五篇は一六偈の集成、第一六篇は二〇偈、第一七篇は三〇偈、第一八篇は四〇偈、第一九篇は五〇偈、第二〇篇は六〇偈、最後の第二一篇は七〇偈の集成であり、「大集《だいしゅう》」と呼ばれている。このうち、偈数について、ＰＴＳ版には一二七九偈が示され、ダンマパーラ師（五世紀）の『長老偈註』には一三六〇偈が数えられており、諸本は一致しない。また偈自体についても複数の長老に帰されるものがいくつかあり、だれのものか特定できないものも少なくない。ただ重複分はどの聖者にも共感を得た偈ということであろう。

ここにその内容構成を示せば、以下のとおりである。

---

(1)**一偈集**　**第一～一二章**

(2)**二偈集**　第一～五章

(3)**三偈集**　1. アンガニカ・バーラドヴァージャ、2. パッチャヤ、3. バークラ、4. ダニヤ、5. マータンガプッタ、6. クッジャソービタ、7. ヴァーラナ、8. ヴァッシカ、9. ヤソージャ、10. サーティマッティヤ、11. **ウパーリ**、12. ウッタラパーラ、13. アビブータ、14. ゴータマ、15. ハーリタ、16. ヴィマラ

(4)**四偈集**　1. ナーガサマーラ、2. バグ、3. サビヤ、4. ナンダカ、5. ジャンブカ、6.

セーナカ、7．**サンブータ**、8．**ラーフラ**、9．チャンダナ、10．**ダンミカ**、11．サッパカ、12．ムディタ

(5)**五偈集**　1．ラージャダッタ、2．スブータ、3．ギリマーナンダ、4．スマナ、5．ヴァッダ、6．ナディー・カッサパ、7．ガヤー・カッサパ、8．ヴァッカリ、9．ヴィジタセーナ、10．ヤッサダッタ、11．ソーナクティカンナ、12．コーシヤ

(6)**六偈集**　1．ウルヴェーラ・カッサパ、2．**テーキッチャカーリ**、3．マハーナーガ、4．クッラ、5．マールキヤプッタ、6．サッパダーサ、7．カーティヤーナ、8．ミガジャーラ、9．プローヒタプッタ、10．スマナ、11．ヌハータカムニ、12．ブラフマダッタ、13．シリマンダ、14．サッバカーミ

(7)**七偈集**　1．スンダラサムッダ、2．ラクンダカバッディヤ、3．バッダ、4．ソーパーカ、5．サラバンガ

(8)**八偈集**　1．**マハーカッチャーヤナ**、2．シリミッタ、3．マハーパンタカ

(9)**九偈集**　ブータ

(10)**一〇偈集**　1．カールダーイー、2．エーカヴィハーリヤ、3．マハーカッピナ、4．**チューラパンタカ**、5．カッパ、6．ヴァンガンタ子ウパセーナ、7．（別人の）ゴータマ

(11)**一一偈集**　サンキッチャ

(12)**一二偈集**　1．シーラヴァ、2．スニータ

(13)一三偈集　**ソーナ・コーリヴィサ**　1．カディラヴァニヤ・レーヴァタ、2．ゴーダッタ
(14)一四偈集　1．**アンニャーシ・コンダンニャ**、2．ウダーイー
(15)一六偈集　1．アディムッタ、2．パーラーパリヤ、3．テーラカーニ、4．ラッタパーラ、5．マールキヤプッタ、6．セーラ、7．カーリゴーダー子バッディヤ、8．アングリマーラ、9．**アヌルッダ**、10．パーラーパリヤ
(16)二〇偈集　1．プッサ、2．**サーリプッタ**、3．**アーナンダ**
(17)三〇偈集　**マハーカッサパ**
(18)四〇偈集　ターラプタ
(19)五〇偈集　**マハーモッガッラーナ**
(20)六〇偈集　ヴァンギーサ
(21)大集（七〇偈集）

以上は目次に知られる長老名を示したものである。たとえば、一偈集の場合、一二章からなり、一章に十人の長老、一人の長老に一偈、ということで計百二十人の名前の知られた長老による一二〇偈が集められている。以下同様に、四〇偈集ではマハーカッサパ長老による四〇偈が、また最後の大集《だいしゅう》（七〇偈集）では、この長老偈で最も多い詩人のヴァンギーサ長老による七〇偈（実数は七一偈）が集められている。全体的なこととして、サーリプッタ、マハーモッガッラーナの二大弟子のように僧団で果たした役割の大

アナータピンディカの祇園布施（バールフト）

きい長老は偈の数もまた多い。

さて、これからいくつかの代表的と思われる偈を紹介してみよう。

――スブーティ長老偈（一偈集）

「わが庵《いおり》は葺《ふ》かれ、安穏、無風
天よ、雨降れ、思うがままに
わが心は安定し、解脱《げだつ》している
天よ、雨降れ、熱心に住もう」　（第一偈）

長老（須菩提《しゅぼだい》）は無諍《むじょう》第一の人、布施《ふせ》を受けるべき第一の人といわれる。一般に解空《げくう》、空生《くうしょう》第一として知られ、後代の大乗仏典、とくに般若経《はんにゃきょう》によく登場する。アナータピンディカ長者の弟スマナの子とされ、祇園精舎《ぎおんしょうじゃ》奉献のとき、法を聞き、信《しん》を得て、出家し、慈禅《じぜん》を基にして観法《かんぼう》を修し、阿羅漢《あらかん》になったという。

この長老偈にはつぎの因縁《いんねん》話が知られる。――マガダ国王ビンビサーラは長老が遊行《ゆぎょう》してやって来たことを聞き、長老に礼拝し「尊者はここで過ごしていただきたい。住居を建てます」といって帰ったが、そのことを失念してしまった。長老は臥坐所《がざしょ》が得られず、露地で過ごした。すると、長老の威力《いりき》により、雨（天）が降らなかった。人々は雨が降らないために騒いだ。王はその理由を考え、長老が露地で過ごしているからだと思い、長老のために葉庵《ようあん》を作り、施した。すると雨が少しずつ降り始めたが、充分ではなかった。長老は、雨が降らない恐怖を除こうと、自己の内外に危難がないことを告げ、この偈を唱えた、という。

これは、庵という自体が智慧によって防護されている心境を語るものである。教理的には「わが庵は葺かれ、安穏、無風」は増上戒学《ぞうじょうかいがく》、あるいは無相住《むそうじゅう》を、「わが心は安定し」は増上心学《ぞうじょうしんがく》、あるいは無願住《むがんじゅう》を、「解脱《げだつ》している」は増上慧学《ぞうじょうえがく》、あるいは空性住《くうしょうじゅう》を示すものとも解される。姿も徳もすばらしい（スブーティ）智慧自在の長老のことばであり、『長老偈』第一偈にふさわしいものである。

――ラーフラ長老偈（四偈集）

「私がブッダの子であることと　諸法の具眼者《ぐげんしゃ》であることにより
人は私を『二つをそなえた　吉祥《きちじょう》のラーフラ』と呼んでいる」
（第二九五偈）

長老（羅睺羅《らごら》）はブッダの実子である。幼くして出家し、励み、やがて好学《こうがく》（密行《みつぎょう》）第一と呼ばれた。かれは「ラーフラ」（障害、束縛）という名前をもつが、今や智慧の眼をそなえ、その名を超え、仏の子であると同時に真の仏の子になった、吉祥のラーフラである。この偈はそのような仲間の称賛を語るものである。

――マハーカッチャーヤナ長老偈（八偈集）

「智慧があれば生きて行ける　たとえ財を失っても
智慧をそなえていなければ　財があっても生きて行けない」（第四九九偈）

長老（摩訶迦旃延《まかかせんねん》）は広説《こうせつ》（論議）第一の人とされる。この偈は、智慧をそなえること、ものはよく観察し、捨てるべきものは捨て、取るべきものは取ること、そのとおりに如実に生きることを説かれたものである。

――チューラパンタカ長老偈（一〇偈集）

「憐れみをもって師は私に　足拭《ふ》き布を与えられた
『この清らかなものに専念し　一方に向け、心を定めよ』と」（第五六〇偈）

長老（周利槃特《しゅりはんどく》）は修行があまりにも進まないために還俗《げんぞく》を決意したが、ブッダから一枚の白い布を渡され、「垢《く》を除かん、垢を除かん」と愚直に実践し、心の垢を除き、ついに覚《さと》りを開いたという。心《しん》解脱《げだつ》に巧みな第一の人とされる。

――ソーナ・コーリヴィサ長老偈（一三偈集）

「精進《しょうじん》努力が過ぎたとき　世の最上なる具眼の師は
琵琶《びわ》の喩えを作られて　私に法を説き示された」　（第六三八偈）

裕福な家庭に育った長老は足裏に毛が生えていたともいわれ、出家後はいつも足裏から血が流れるほど精進に努めたものの、覚りにいたらなかった。ブッダは、そのようなかれに「琵琶の絃は張りすぎず、ゆるすぎず、バランスが保たれているとき、音色のよいものになる」と語り、精進にバランスをとるよう教えられた。やがて長老は精進第一の者である、とブッダから称賛されたという。

――アンニャーシ・コンダンニャ長老偈（一六偈集）

「私は死を喜ばず　生を喜ぶこともない
ただ私は時を待つ　雇人《やとわれびと》が賃金を待つように」　（第六八五偈）

「私が家から家のない　状態に入り出家した
その目的は達成された　私は共に住む要《よう》があろうか」　（第六八八偈）

長老（阿若憍陳如《あにゃきょうじんにょ》）はブッダが王子として誕生されたとき、やがてブッダになられることを予言し、のちに出家し、仏弟子として最初に覚りを開かれたお方である。偈はすべてを知り尽くし、ただ静かに時を待つ心境を、そしてまた、もはや信は智慧となり、対象をとる共の住まいではなく、ただ専一の禅《ぜん》定《じょう》という住まいに親しみ、入ることを吐露《とろ》されたものである。

――アヌルッダ長老偈（二〇偈集）

「寂静《じゃくじょう》にして、専一《せんいつ》なる　五支《ごし》をそなえている禅定に
安息が獲得されたとき　わが天眼《てんげん》は清められた」（第九一六偈）

長老（阿那律《あなりつ》）は天眼第一といわれる。五支をそなえている禅定とは、神通を基とする第四禅《だいしぜん》の定《じょう》をいう。すなわち喜《き》の遍満《へんまん》、楽《らく》の遍満、心《しん》の遍満、光明《こうみょう》の遍満、相《そう》の省察という五支のあるものである。偈は、その禅定において安息が得られたとき、天眼智が清まり、付随《ふずい》煩悩からの解脱によって極清浄《ごくしょうじょう》になったことを語るものである。

――サーリプッタ長老偈（三〇偈集）

「私は死を喜ばず　生を喜ぶこともない
この身を捨てることにしよう　念をそなえ、正知《しょうち》して」（第一〇〇二偈）

智慧第一の長老（舎利弗《しゃりほつ》）のことばである。長老は智慧が如法《にょほう》の生活と瞑想によって生まれることを

つねに実践で示されたお方であった。死を喜ばず、生を喜ばずとは、死ぬことも、生きることも同じであることを示しており、生死輪廻《しょうじりんね》を超えた如是者《にょぜしゃ》のことばである。それは身を捨てることであり、正《しょう》念《ねん》、正知《しょうち》に住むことをいう。アンニャーシ・コンダンニャ長老のことばもこれとほぼ同じものである。そこでは「私は時を待つ」といわれたが、それは死の時を待つという文面上のことではない。自在に時を過ごす、涅槃を見る、ということである。

――マハーモッガッラーナ長老偈（六〇偈集）

「一瞬のうちに私は　数万億の自体を化作《けさ》す
諸変身に巧みなる　神通《じんづう》自在の者である」（第一一八三偈）

サーリプッタ長老が慧《え》に最上であるように、私は禅定に最上である、と説明するために語られたものである。長老（摩訶目揵連《まかもっけんれん》）は二大弟子の一人、神通第一の人である。

――マハーカッサパ長老偈（四〇偈集）

「立って得られる食《じき》（托鉢食《たくはつじき》）を食とし　尿にて作る薬（陳棄薬《ちんきやく》）を薬とし
樹木の下（樹下住《じゅげじゅう》）を臥坐所《がざしょ》とし　粗末な衣（糞掃衣《ふんぞうえ》）を衣とし

これらを征服するならば　かれこそまさに四方の人」　（第一〇五七偈）

長老（摩訶迦葉《まかかしょう》）は頭陀《ずだ》第一の人である。頭陀とは除遣《じょけん》であり、厳しい修行、実践において行なわれる煩悩の除去をいう。衣・食・住・薬のすべてに知足《ちそく》する人であった。また第一結集《けつじゅう》では全体の責任者としての務めを果たしたお方である。

――ウパーリ長老偈（三偈集）

「信仰により家を離れ　新たに出家した新参の
比丘は僧団の内に住み　目覚め、律《りつ》を学ぶがよい」　（第二五〇偈）

長老（優波離《うはり》）は下層階級とされた理髪師の子に生まれ、出家し、戒律に通暁《つうぎょう》した持律《じりつ》第一の者とされる。そのため、第一結集において「律」をまとめる責任者になられた。

――アーナンダ長老偈（三〇偈集）

「法を喜び、法を楽しみ　法をよく思惟《しゆい》して
法を随念《ずいねん》する比丘は　正しい法から退転《たいてん》しない」　（第一〇三二偈）

長老（阿難《あなん》）はブッダから最も多くの法を聞いた人であり、多聞《たもん》第一といわれ、第一結集において

「法」をまとめる責任者になられた。この『長老偈』もそのときにまとめられたものである。また、ブッダの第二菩提《ぼだい》の時代（五五～八〇歳）に侍者《じしゃ》を務められ、侍者第一の仏弟子とされた。なお、法については、つぎのような「ダンミカ長老」のすぐれたことばも知られる。

「法こそ法の行者《ぎょうじゃ》を守り　善き法行《ほうぎょう》は楽をもたらす
善き法行にこの功徳《くどく》あり　法の行者は悪趣《あくしゅ》に至らず」
（第三〇三偈）

これは多くの人々に親しまれた偈である。ここにいう「法」とは世間・出世間の善行《ぜんぎょう》の法である。善い行ないをすれば楽を得る、悪い行ないをすれば苦を得る。このように法を信じて行なう者はつねに法に守られる、と。

――サンブータ長老偈（四偈集）

「遅くすべき時には遅くし　速くすべき時には速め
正しく調《ととの》えることにより　賢き者は楽を得る」
（第二九三偈）

ダンマパーラ師の説明によれば、この偈は第二結集時のものであるという。長老はアーナンダ長老のもとで出家し、第二結集時にレーヴァタ長老、サッバカーミ長老（六偈集一四）とともにその役割を果たした人である。

回廊に安置された仏像（バンコク・ワットポー）

――テーキッチャカーリ長老偈（六偈集）

「無量《むりょう》の仏を随念《ずいねん》せよ
身は喜びに触れ、心澄み
つねに踊躍《ゆやく》するであろう」（第三八二偈）

これは、いつも仏を念じ、法を念じ、僧を念じ、最上の覚《さと》りを得た長老のことばである。長老はヴィパッシー仏の時代に医師の家に生まれ、現世ではスバンドゥというバラモンの子として、胎児のときに医師たちに守られて生まれたため、テーキッチャカーリ（治療する者）と呼ばれた。サーナヴァーシ長老のもとで出家したといわれる。ダンマパーラ長老の註釈によると、この偈は第三結集時のものであるという。

以上はほんのわずかな長老偈の紹介である。どの偈もたしかに「長老」のことばである。その全生涯を語り、仏法《ぶっぽう》を説いている。それゆえ、だれも今ここに、この古聖《こせい》たちに、そしてブッダに相見《しょうけん》できるのである。

9 長老尼偈《ちょうろうにげ》（テーリーガーター）

――その構成

これより小部《しょうぶ》経典第九の『長老尼偈』（Therī-gāthā）を見ることにしたい。『長老偈』と同じように、これは漏尽《ろじん》の長老尼が自らの心境やそこに至った精進《しょうじん》の跡を語った偈（詩句）、あるいはその長老尼に関わる偈をまとめたものである。あるいはまた、長老尼偈第一句のように、ブッダによって長老尼のために説かれた偈がその長老尼の偈とされるものも少なくない。

全体は、ビルマ版（底本）によれば、七三人の長老尼による五二四偈、一六篇（一六集）からなる。名目的な分類によれば、第一篇から第九篇までは、それぞれ一偈から九偈までの集成である。それ以降、第一〇篇は一一偈の集成、第一一篇は一二偈の集成、第一二篇は一六偈の集成、第一三篇は二〇偈の集成、第一四篇は三〇偈の集成、第一五篇は四〇偈の集成である。そして最後の第一六篇は七五偈の集成であり、「大集《だいしゅう》」と呼ばれている。このうち、偈数について、ＰＴＳ版には五二二偈が示されている。またダンマパーラ師（五世紀）は『長老偈註』の中で「長老尼偈」について説明し、五二六偈を数えている。この相違はとくに第一三篇（二〇偈集）に知られ、たとえば、ダンマパーラ師は一一八偈、ビルマ版は一一六偈、ＰＴＳ版は一一四偈を数えている。なお、長老尼の数については、第五篇⑾におけるパターチャーラー長老尼の弟子三〇人と、第六篇⑴における同長老尼の弟子五〇〇人との、計五三〇人を除くものである。

ここに、ビルマ版によって、その内容構成を示せば、つぎのとおりである。

⑴**一偈集**　1. **ある長老尼**、2. ムッター、3. プンナー、4. ティッサー、5. あるティッサー、6. ディーラー、7. ヴィーラー、8. ミッター、9. バドラー、10. ウパサマー、11. ムッター、12. ダンマディンナー、13. ヴィサーカー、14. スマナー、15. ウッタラー、16. 老出家のスマナー、17. ダンマー、18. サンガー

⑵**二偈集**　1. アビルーパ・ナンダー（麗《うるわ》しいナンダー）、2. ジェンター、3. スマンガラ・マーター（スマンガラ長老の母）、4. **アッダカーシー**、5. チッター、6. メッティカー、7. ミッター、8. アバヤ・マーター（アバヤ長老の母）、9. アバヤー、10. サーマー

⑶**三偈集**　1. 別のサーマー、2. ウッタマー、3. 別のウッタマー、4. ダンティカー、5. ウッビリ、6. スッカー、7. セーラー、8. ソーマー

⑷**四偈集**　バッダー・カーピラーニー

⑸**五偈集**　1. ある長老尼、2. ヴィマラー、3. **シーハー**、4. スンダリー・ナンダー、5.

ナンドゥッタラー、6.ミッターー・カーリー、7.サクラー、8.ソーナー、9.バッダー・クンダラケーサー、10.パターチャーラー、11.三十人の長老尼（パターチャーラー長老尼の弟子）、12.チャンダー

(6)**六偈集**　1.**五百人の長老尼（パターチャーラー長老尼の弟子）**、2.ヴァーセッティー、3.**ケーマー**、4.スジャーター、5.アノーパマー、6.**マハーパジャーパティー・ゴータミー**、7.グッター、8.ヴィジャヤー

(7)**七偈集**　1.ウッタラー、2.チャーラー、3.ウパチャーラー

(8)**八偈集**　シースーパチャーラー

(9)**九偈集**　ヴァッダマーター（ヴァッダ長老の母）

(10)**一一偈集**　**キサーゴータミー**

(11)**一二偈集**　**ウッパラヴァンナー**

(12)**一六偈集**　プンナー

(13)**二〇偈集**　1.**アンバパーリー**、2.ローヒニー、3.チャーパー、4.スンダリー、5.スバー・カンマーラディーター（鍛冶工の娘スバー）

(14)**三〇偈集**　スバー・ジーヴァカンバヴァニカー（ジーヴァカのマンゴー林に住むスバー）

(15)**四〇偈集**　イシダーシー

(16)**大集（七五偈集）**　スメーダー

以上は長老尼名を示したものである。そのうち、二〇偈集、三〇偈集、四〇偈集の偈の実数は名目の数とは異なっている。

さて、これからいくつかの代表的と思われる偈を紹介したい。まず『長老尼偈』冒頭の第一句から見ることにしよう。

――ある長老尼の偈（一偈集）

「安らかに眠れ、長老尼よ　襤褸《ぼろ》で衣《ころも》を作り、まとって。

容器の乾燥野菜のように　そなたの欲は静まっている」（第一偈）

この偈には「このように、ある不詳の長老比丘尼は偈を唱えた」という説明がある。しかし、なぜこのような名も知られない長老尼のことばが『長老尼偈』の第一句に選ばれたのであろうか。ダンマパーラ師の註釈によれば、この偈はこの名の知られない長老尼のためにブッダが説かれたものである、という。つまり、この第一の長老尼偈は「ブッダのことば」であり、ある阿羅漢《あらかん》の「長老尼に関わる偈」ということになる。その彼女について、註釈はつぎのように記している。

――伝えによれば、コーナーガマナ仏の時代に、良家の娘として生まれ、教えに心が清まり、枝の仮堂を建てさせて供養し、寿命が尽きると、天界に生まれ、一仏《いちぶつ》の間、善趣《ぜんしゅ》に輪廻《りんね》した。カッサパ仏の時代には資産家の家に生まれ、出家し、二万年間、比丘尼戒《びくにかい》を満たし、天界に生まれ、一仏の間、その栄華を味わった。そしてこの釈尊の時代に王族の大家《たいけ》に生まれ、結婚し、敬虔な女性信者になった。やがてマハーパジャーパティー・ゴータミー長老尼（六偈集）の法を聞き、出家したいと思った。ある日、台所で鍋を煮ている大火炎を見て、それを所縁《しょえん》（対象）にし、無常《むじょう》・苦《く》・無我《むが》の観法《かんぼう》を修習《しゅじゅう》して、まもなく不還果《ふげんか》を得た。それ以後、彼女は飾りを身に着けることがなく、夫の同意を得て、出家した。そこでブッダは、彼女が見た所縁について説明し、この偈を唱えられ、彼女は阿羅漢の境地を得た、と。

この偈の意味を少し説明すれば、つぎのとおりである。堅固な戒などをそなえている長老尼よ、粗末な糞掃衣《ふんぞうえ》によって身をまとい、行《ぎょう》・住《じゅう》・坐《ざ》・臥《が》の四威儀《しいぎ》において安らかに住むがよい（眠るがよい）。そなたの相続《そうぞく》（維持）において生じる欲の貪《むさぼ》りは静まり、不還道智《ふげんどうち》の火によって焼かれている。今や、その残りの貪りを最上道智《さいじょうどうち》（阿羅漢道智《あらかんどうち》）の火によって焼き、安らかに住むがよい。たとえば、容器に野菜を少し入れ、強い火で煮ると、乾き、水はなくなるであろう。そのようにそなたの欲の貪りは静まっており、他をも静め、安らかに住むがよい、と。

なお、阿羅漢果を得た長老尼は、感嘆のことばを発するとき、この偈を唱え、そのため、この偈がこの長老尼の偈になったということである。

――アッダカーシー長老尼偈（二偈集）

「わが収入はカーシ国に　匹敵するほどありました
町の人らはそれを価《あたい》とし　私を半価《はんか》の者にしました」（第二五偈）

「そこで私は容色を嫌い　嫌悪し、欲を離れました
もはや生まれの輪廻はなく　輪転《りんてん》はくり返されません
三つの明《みょう》は証得《しょうとく》され　ブッダの教えを成就《じょうじゅ》しました」（第二六偈）

これは、かつて遊女であったアッダカーシー長老尼の偈とされる。彼女はカッサパ仏の時代に出家し、比丘尼になったが、ある阿羅漢の比丘尼を遊女のことばで罵《ののし》り、没して、地獄で苦しみ、この釈尊の時代にカーシ国の大富豪の家に生まれかわった。そして昔のことばの悪行によって身を崩し、遊女となったが、絶大な人気を博し、アッダカーシーと呼ばれた。「カーシー」という名は、カーシ国王が税金で得る一日の収入に等しいものを、彼女が男たちから一日で得たことで付けられた名前である。また彼女の価値は無価値のもの（価値の付けられないもの）といわれたが、一般の町の人々は千金を払えず、半分の五百金にして一日を楽しんだために、そのような彼女を半分の価値（アッダ）のカーシー、すなわち「アッダカーシー」と呼んだということである。

やがて、彼女はそうした美貌、容色に明け暮れる日々を嫌い、ブッダのもとでの出家を願い、出発した。しかし途中で、無頼漢《ぶらいかん》たちが彼女を取り巻き、道を行くことができず、このことを知られたブッダはそのために戒律を制定された。「比丘たちよ、使者によって入団戒（具足戒《ぐそくかい》）を受けることを許可します」（『律蔵《りつぞう》』比丘尼犍度《びくにけんど》）と。これが適用され、彼女は比丘尼となり、色《しき》は無常である、苦である、不浄である、と観法を修習し、まもなく阿羅漢の境地を得たという。二偈はその全生涯を語るものである。

なお、かつて遊女であった長老尼は多く、有名なアンバパーリー長老尼もその一人である。彼女の「私の髪は漆黒《しっこく》、蜜蜂色《みつばちいろ》し、先は縮れておりました　今や老いて麻皮《まひ》のよう、仏語《ぶつご》は真実、不虚《ふこ》であります」に始まる「二〇偈集」の静かな語りは私たちの胸に切切《せつせつ》と迫るものがある。

侍者に囲まれて鏡を見る貴婦人（アジャンター）

——シーハー長老尼偈（五偈集）

「私は正しく思惟《しゆい》せず　欲貪《よくとん》により悩まされ
以前は心が抑制されず　浮つく者でありました、
諸煩悩にまとわれて　美の想いに追従し

貪りの心に支配され　心に安定を得ませんでした、
痩せて、蒼白《そうはく》、肌に色なく　私は七年、遊行《ゆぎょう》しました
昼も夜も苦しむばかり　私は楽を見ませんでした、
そのため、私は縄を持ち　林の中に入りました
再び還俗《げんぞく》するよりは　ここで首を吊るほうがよいと、
私は強い罠《わな》を作り　木の枝に縛りつけました
罠が首に掛けられたとき　私の心は解脱《げだつ》しました」

（第七七〜八一偈）

これは、シーハ（獅子）将軍の妹の娘に生まれ、ブッダが将軍に説法されたとき、その法を聞いて信仰が確立し、出家し、比丘尼になったシーハー長老尼のことばである。どんなに修行をしても邪思惟に縛られ、心の浄まりが得られず、ついに自殺を決意したとき、覚《さと》りが得られた、という。覚りは長い間の綿密な修行によって、あるとき、ただちに智慧が熟して得られるということである。

――パターチャーラー長老尼偈（その弟子五百人の長老尼偈）（六偈集）

（パターチャーラー長老尼はいった）

「そなたは有情《うじょう》が来た道を　あるいは有情が去った道を

また有情がどこから来たかを　知らずに『わが子』と嘆き悲しむ、
しかし有情が来た道を　あるいは去った道を知れば
そなたはかれを悲しみ得ない　これが生けるものの定めゆえ、
要請されずそこから（この世へ）来て　許可されずここから去った
かれは（地獄などの）どこからか来て　ほんのしばらく住んだ後
ここからまた他（の生存）へと去り　またそこから他へと去る、
かれは（各生存を）離れ、人間の姿で　輪廻しつつ、去るであろう
来たとおりに去るかれに　いったいいかなる悲泣《ひきゅう》があろうか」
（パターチャーラー長老尼の弟子五百人はいった）
「あなたは私の心に刺さった　見難い矢を抜かれました
あなたは憂いに敗れた私の　子への憂いを抜かれました、
その私は今や矢が抜かれ　欲なく寂滅《じゃくめつ》しています
私は牟尼《むに》なる仏と法と　僧団に帰依《きえ》をいたします」　（第一二七～一三二偈）

パターチャーラー長老尼は「生《しょう》と滅《めつ》とを見ることもなく　百年生きながらえるより　生と滅とを見とおして　一日生きる方がまさる」（『法句』第一一三偈）とのブッダのことばによって覚りを得た持律《じりつ》

第一の比丘尼であり、またこの『長老尼偈』（六偈集）にも自ら、足を洗う水が流れる様《さま》を見て心が安定し、灯明を消すときにその灯明・灯芯《とうしん》・灯油を見て心が解脱したと述懐しておられる。これらの偈は、その長老尼がかつて愛児を亡くして悲しむ五百人の女性に説法されたものであり、のちに彼女たちがこれらの偈によって出家し、観法《かんぼう》に励み、阿羅漢果を得たために、彼女たちの偈としてここに収められたものであるという。有情《うじょう》の去来《こらい》、私たちの世の無常がよく語られたことばである。なお、同様の趣旨は、子や夫を同時に失ったキサーゴータミー長老尼のことば（一一偈集）にも窺《うかが》うことができる。

――ケーマー長老尼偈（六偈集）

「病にかかり、壊れやすい　この腐臭《ふしゅう》の身体のために
私は悩み、恥じています　愛欲はすでに除かれました、
諸欲は刀と串《くし》のようです　諸蘊《しょうん》はまるで断頭台です
そなたが欲楽《よくらく》と呼ぶものを　もはや私は楽しみません」

（第一四〇〜一四一偈）

これは、マガダ国王ビンビサーラの第一妃、絶世の美女といわれ、やがて出家し、大慧《だいえ》第一の比丘尼となったケーマー長老尼のことばである。悪魔に誘惑されて、語ったときの偈とされる。彼女は「貪染《とんぜん》の者は流れに従う　自作の網の蜘蛛《くも》に似て　これをも断ち切り、賢者らは行く　一切苦《いっさいく》を捨て、愛着がなく」（『法句』

三四七）というブッダのことばによって阿羅漢の覚りを得た二大比丘尼の一人である。

――ウッパラヴァンナー長老尼偈（一二偈集）

「われわれ母と娘の二人は　夫を共にしておりました
その私に身の毛もよだつ　未曾有《みぞう》の震えがありました、
忌まわしいかな、愛欲は　醜く、悪臭、棘《とげ》多きもの
われわれ母と娘とが　同じ夫を共にするとは、
諸欲における危難を見て　出離《しゅつり》を安穏であると見なし
この私はラージャガハで　家を捨てて出家しました、
私は前世《ぜんせ》の住まいを知り　天の眼は浄まっています
また他心《たしん》の智もそなわり　耳の界《かい》も浄まっています、
私に神通《じんづう》も現に得られ　私に漏尽《ろじん》が得られています
六神通が現に得られ　ブッダの教えが成就しました」

（第二二四～二二八偈）

ウッパラヴァンナーはサーヴァッティの資産家の娘として生まれ、その肌が青蓮華《しょうれんげ》（ウッパラ）のような色（ヴァンナ）をしていたので蓮華色《しき》と呼ばれ、出家し、神通第一の比丘尼となり、ケーマー長老尼ととも

に比丘尼弟子の秤《はかり》（量《りょう》）、二大弟子の一人とされた。これらの偈は惨憺《さんたん》たる過去を乗越えて語られた詩句、とくに禅定《ぜんじょう》の楽、果《か》の楽、涅槃の楽による心の静まりを吐露《とろ》したものである。

『長老尼偈』は、今から約二五〇〇年前、インドで女性が自由の道を求めて出家し、寂静の涅槃を得て、語られた詩句集である。「三つの曲がり、すなわち臼《うす》、杵《きね》、夫という曲がり（負担）からよく脱した」（第一一偈）と語る長老尼もいた。また出家し、心の安定が得られず、「四度も五度も精舎《しょうじゃ》から抜け出した」（第三七、四二、一六九偈）が、すぐれた長老尼に出会い、精進《しょうじん》し、覚りを得た者たちもいた。そこには女性特有の努力精進の跡も多く窺われるが、そのすべては人間のすぐれた知性と努力の結果によって語られた仏弟子のことばである。

10 本《ほん》生《じょう》（ジャータカ）

――その構成

これより小部《しょうぶ》経典第一〇の『本生』（Jātaka）を見ることにしたい。「本生」とは、ゴータマ・ブッダ、釈尊の「本《もと》の生まれ」であり、前世《ぜんせ》、過去世《かこせ》における生涯をいう。あるいは、ブッダの過去世の話、ブッダとなる菩薩の話であり、現世における私たちの苦しみを解決するための教えである。

その根幹となるものは偈《げ》（詩句）であるが、一般には偈とその偈に関わる物語（散文）、あるいは説明（註釈）部分とを合わせて「本生」「本生話」「ジャータカ」と呼んでいる。伝統のビルマ版（底本）、タイ版などの諸版では『本生』（偈）と『本生註』（註釈）が別々に、ＰＴＳ版では偈と註が合本で刊行されている。なお、本生の原語「ジャータカ」（jātaka）は「生まれる」（janati ＜√jan）という動詞から作られたことばであり、「生まれていること（ジャータ）が語られるもの（カ）」という意味をもつ。

それでは、まずビルマ版によって『本生』の内容構成を示すことにしたい。全体は二二篇、五四七本生（話）、六六五三偈からなる。各章名の後の括弧内は、そこに含まれる本生の番号である。

第一篇（一集）　⑴**無碍《むげ》の章**（一～一〇）、⑵戒の章（一一～二〇）、⑶羚羊《かもしか》の章（二一～三〇）、⑷雛鳥《ひなどり》の章（三一～四〇）、⑸利益と快楽の章（四一～五〇）、⑹願望の章（五一～六〇）、⑺婦人の章（六一～七〇）、⑻ヴァルナ樹の章（七一～八〇）、⑼「飲んだ」の章（八一～九〇）、⑽塗毒《とどく》の章（九一～一〇〇）、⑾超百の章（一〇一～一一〇）、⑿「もし」の章（一一一～一二〇）、⒀吉祥草《きちじょうそう》の章（一二一～一三〇）、⒁不受《ふじゅ》の章（一三一～一四〇）、⒂カメレオンの章（一四一～一五〇）

第二篇（二集）　⑴堅固の章（一五一～一六〇）、⑵親交の章（一六一～一七〇）、⑶善の章（一七一～一八〇）、⑷無双《むそう》の章（一八一～一九〇）、⑸ルハカの章（一九一～二〇〇）、⑹「それ

は堅固ならず」の章（二〇一～二一〇）、(7)ビーラナ草叢《くさむら》の章（二一一～二二〇）、(8)袈裟《けさ》の章（二二一～二三〇）、(9)サンダルの章（二三一～二四〇）、(10)ジャッカルの章（二四一～二五〇）

第三篇（三集） (1)思惟《しゆい》の章（二五一～二六〇）、(2)蓮《はす》の章（二六一～二七〇）、(3)井戸の章（二七一～二八〇）、(4)内部の章（二八一～二九〇）、(5)瓶《びょう》の章（二九一～三〇〇）

第四篇（四集） (1)カーリンガの章（三〇一～三一〇）、(2)プチマンダ樹の章（三一一～三二〇）、(3)僧房《そうぼう》汚染の章（三二一～三三〇）、(4)郭公《かっこう》の章（三三一～三四〇）、(5)小郭公の章（三四一～三五〇）

第五篇（五集） (1)マニ珠《しゅ》耳輪の章（三五一～三六〇）、(2)美貌の章（三六一～三七〇）、(3)半の章（三七一～三七五）

第六篇（六集） (1)アヴァーリヤ（渡し守）の章（三七六～三八五）、(2)驢馬子《ろばこ》の章（三八六～三九五）

第七篇（七集） (1)クックの章（三九六～四〇五）、(2)ガンダーラの章（四〇六～四一六）

第八篇（八集）（四一七～四二六）

第九篇（九集）（四二七～四三八）

第一〇篇（一〇集）（四三九～四五四）

第一一篇（一一集）（四五五～四六三）

第一二篇（一二集）（四六四～四七三）

第一三篇（一三集）（四七四～四八三）
第一四篇（種々集）（四八四～四九六）
第一五篇（二〇集）（四九七～五一〇）
第一六篇（三〇集）（五一一～五二〇）
第一七篇（四〇集）（五二一～五二五）
第一八篇（五〇集）（五二六～五二八）
第一九篇（六〇集）（五二九～五三〇）
第二〇篇（七〇集）（五三一～五三二）
第二一篇（八〇集）（五三三～五三七）
第二二篇（大集）（五三八～五四七）

以上のとおりである。そのうち「篇」についていえば、名目的な分類によると、第一篇から第一三篇までは、それぞれ一偈から一三偈までの集成である。それ以降、第一四篇は種々の数からなる偈の集成、第一五篇は二〇偈の集成、あるいは第二一篇は八〇偈からなる偈の集成である。そして最後の第二二篇は「大集《だいしゅう》」と呼ばれ、全部で二四四〇もの厖大な数の偈からなっている。

つぎに「本生」についていえば、その数は伝統の『長部註《ちょうぶちゅう》』などに「『無碍本生』を初めとする五五

○の本生」といわれるように、もと五五○話であったとされるが、現行の『本生』には五四七話が収められ、三話を欠く。その三話は第四九七話「ヴェーラーマ本生」、第四九八話「マハーゴーヴィンダ本生」、第四九九話「スメーダ賢者本生」であるともいわれるが、詳細は明らかでない。なお、小部経典第一一の『義釈《ぎしゃく》』（小義釈）には「世尊《せそん》は五百の本生を語り、自己と他者の過去を示された」と述べられており、五百話と数えられたことも知られる。

また「偈」についていえば、全体の偈の数は六六五三であるが、ビルマ版のプリントでは、第六篇までの累計を九八〇偈（実際は九八一偈）としたため、合計が六六五二偈となっている。PTS版に示されているものは六五一四偈である。なお、偈のみの「本生」における唯一の例外は「クナーラ本生」（第五三六話）であり、ここには「このように話され、このように聞かれる」とのことばで始まる散文がある。女性の邪悪な心が執拗に語られ、仏教的でない偈の目立つ本生でもある。

――現在と過去の因縁話《いんねんわ》

『本生』の各話は⑴現在世の話、⑵過去世の話、⑶過去現在結合の話、という三部で構成されており、今（結果）、昔（原因）、今と昔（因果）による、ブッダの正しい生き方を語るものである。とくに⑵の部分、原因、因縁を尊重して語るものであり、いずれの話にも「だれも業《ごう》に随《したが》って行なった」ということばや説明がある。さまざまな比喩をもって説かれた因果応報の話である。

なお、この『本生』の物語（註釈部分）の最初に、小部経典第一四『仏種姓《ぶっしゅしょう》』（仏の伝統）に基づくブッダの詳しい伝記が語られている。ブッダ、釈尊がどのようにしてこの世に出現されたかを語る興味深い因縁話（因縁譚《たん》）であり、「遠い因縁話」「遠くない因縁話」「近い因縁話」に三分して説明されている。

「遠い因縁話」とは、釈尊が四阿僧祇《しあそうぎ》十万劫《じゅうまんごう》という数え切れないほどの昔に最初の菩薩スメーダ・バラモンとして生まれ、ブッダとなることを誓願《せいがん》し、ディーパンカラ仏から、「やがてゴータマ・ブッダになるであろう」との授記《じゅき》（予言）を得て、波羅蜜《はらみつ》（布施《ふせ》などの最上の行為）を満たし、最後にヴェッサンタラ王子の生涯を経て、トゥシタ（兜率《とそつ》）天に生まれかわり、五大観察をし、この世に生まれるまでの話である。「遠くない因縁話」とは、菩薩が歴史上のゴータマ・シッダッタとして誕生、出家、修行し、ブッダとして成道《じょうどう》されるまでの間の話をいう。「近い因縁話」とは、成道後の時代、つまり成道、説法、涅槃《ねはん》にいたる間の話である。

この「本生」は、そのうちの「遠い因縁話」に属するものであり、そのとき、菩薩はつぎのような生きものに生まれかわったという。天の神々（梵天《ぼんてん》、帝釈天《たいしゃくてん》）、虚空神《こくうしん》、樹神《じゅしん》、海神《かいじん》、夜叉《やしゃ》、あるいは龍王《りゅうおう》、転輪王《てんりんおう》、国王、王子、大臣、司祭、バラモン、苦行者、仙人、出家者、比丘、賢者、長者、地

鹿王本生（バールフト）

主、隊商主、医師、音楽師、首領、獅子、象王、猿王、鹿王、鸚鵡《おうむ》、啄木鳥《きつつき》、魚などである。菩薩はこのような無数の生まれにおいて波羅蜜の善行《ぜんぎょう》を積み、この世に生まれ、ブッダになられたお方であり、それを語るものが本生、ジャータカである。

本生は仏教の説法集であり、そこにはいわゆる勧善《かんぜん》懲悪《ちょうあく》の世界が描かれており、これに類似、あるいは共通する話は世界各地の寓話《ぐうわ》集や説話集に知られる。たとえば、二大弟子を誹謗《ひぼう》し、その口がもとで紅蓮《ぐれん》地獄に堕ちたというコーカーリカ（倶伽離《くかり》）比丘について語る「亀本生」（第二一五話）は、ヨーロッパの『イソップ寓話集』（亀と鷲《わし》）に、またインドの『パンチャタントラ』（不信の亀）、『ヒトーパデーシャ』（講和）に、あるいは日本の『今昔物語《こんじゃくものがたり》』（亀不信鶴教落地破甲語　第二十四）などにその類話を見ることができる。

これはまた、本生が民間に伝承された話を仏教の業、縁起の教えに基づいて説かれたものであるため、さまざまな地域に広がり、人々に魂の糧《かて》として大きな影響を及ぼしたものである。インドのバールフトやサーンチー、ガンダーラ、アジャンター、中国の敦煌《とんこう》、雲崗《うんこう》、そして日本の法隆寺《ほうりゅうじ》などに見られる本生の浮彫や壁画、絵画などの造形資料はそれを物語っている。

これより五四七話からなる本生の最初と最後の話を紹介したい。まず冒頭の第一話「無碍本生」を取り上げ、その形式と意味を示すことにしよう。

――無碍本生（第一話）

(1)現在世の話

ブッダ、釈尊はサーヴァッティに近い祇園精舎《ぎおんしょうじゃ》に住んでおられた。布施第一の信者アナータピンディカ長者の友人である異教の弟子五百人は、仏の教えを聞き、心が清まり、三帰依《さんきえ》を受け、布施をし、戒をよく守った。しかし、仏がラージャガハへ行かれると、ふたたび異教に帰依をした。そこでブッダはかれらに、仏法僧《ぶっぽうそう》の三宝《さんぼう》に対する帰依こそ最上のものであり、帰依する者は正しい智慧によって四諦《したい》を知り、すべての苦から脱すると説き、「過去世においても、推論（妄想）者らは人ならざるもの（夜《や》叉《しゃ》）が住む難所で滅び、無戯論者は栄えたのです」といって、過去の話をされた。

(2)過去世の話

その昔、バーラーナシーの都にブラフマダッタ王がいたとき、菩薩は隊商主の息子として、五百台の車を率《ひき》い、高価な商品を積んで出発の準備をした。すると、もう一人の愚鈍な隊商主の息子も同じように準備をした。かれは「先に行けば、牛も草を充分に食べ、水も清らかで、品物も高く売ることができるであろう」と思い、菩薩より先に出発した。しかし途中で夜叉に惑わされ、牛も従者もすべて食べられてしまった。一方、菩薩はすべてを慎重に行ない、従者とともに無事に目的地に着き、商《あきな》いを終え、もとの都に帰った、と。

⑶**過去現在結合の話**

ブッダはこの話をされ、アナータピンディカ長者に「このように過去世においても、推論者は破滅し、無碍者は夜叉の手を逃れ、無事に目的を果たしました」とこの二つの事柄を結び、つぎの偈を唱えられた。

「ある者らは無碍の道理を　推論者らは第二を説く
智慧ある者はこれを知り　無碍なるものを把握せよ」

と。このようにブッダはかれらにこの無碍の法話を示し、四諦を説かれた。するとその五百人の信者はすべて預流果《よるか》を得た。そこでブッダは、本生の昔と今とを結び、つぎのようにいわれた。「そのときの愚かな隊商主の息子はデーヴァダッタになり、その従者はデーヴァダッタの従者に、賢い隊商主の息子の従者はブッダの従者になりました。そして賢い隊商主の息子がこの私になったのです」と。

この偈の趣旨は無碍の道理を把握することにある。それは無碍の根拠、無碍の実践、解脱《げだつ》に資する実践をいう。具体的には三法《さんぼう》の実践、すなわち⑴諸感官（眼《げん》・耳《に》・鼻《び》・舌《ぜつ》・身《しん》・意《い》）における門の防護《ぼうご》、⑵食べ物に量を知ること、⑶覚醒《かくせい》に努めること（坐禅・瞑想し、経行《きんひん》し、つねに正念正知《しょうねんしょうち》に努めること）である。

菩薩、賢明な者はこの無碍の道理を説き、愚かな推論者はこれと異なる罪過のある、矛盾のある、解脱に資さない根拠を捉えて説く。智慧のある者はこれを知り、無碍の道理を得るがよい、といわれたものである。この実践は阿羅漢果《あらかんか》を得るまでのものである。

つぎに最後の本生を見てみよう。

——ヴェッサンタラ本生（第五四七話）

⑴現在世の話

ブッダ、釈尊は故郷のカピラヴァットゥを訪ね、用意された座に坐られたとき、大雲《だいうん》が起こり、赤銅色《しゃくどういろ》の蓮の雨が降った。この不思議について、釈尊は「それは現世だけでなく、過去世にもありました」といって、過去の話をされた。

⑵過去世の話

その昔、シヴィ国の都ジェートゥッタラをサンジャヤ王の妃プサティーが馬車で巡っていたとき、ヴエッサ（庶民）の街の中（アンタラ）で陣痛が起こった。王子が生まれ、ヴェッサンタラと呼ばれた。四、五歳になると、装身具を外《はず》して乳母たちに与えた。八歳になると、「自分自身の持ち物である心臓、眼、身体の肉を与えよう」と考えた。十六歳のとき、マッディーと結婚し、王になり、やがてジャーリ王子とカンハージャナー王女をもうけた。

王は求める者に最高の象や馬、その他の持ち物を惜しげなく与えた。とうとう王は国から追い出され、マッディー妃と二人の子供を連れて、ヴァンカ山へ行った。そこへジュウジャカというバラモンとその妻アミッタターパナーがやって来て、「二人の子がほしい」といった。王はそのとおりに二人の子を与えた。つぎにサッカ（帝釈天）がバラモンに身を変え、やって来て、「マッディー妃がほしい」といった。ヴェッサンタラはまたそのとおりに与えた。それは一切知智《いっさいちち》（全てを知るブッダの智慧）のためであった。

大地が震動した。妃は王を静かに見つめた。すると、サッカ天は正体を現わし、マッディー妃をヴェッサンタラに戻した。やがて二人の子も帰ってきた。そのときまた、大地が震動し、蓮の雨が降った、と。ブッダは最後にいわれた。

「それよりヴェッサンタラ王は　王族として布施をなし
智慧をそなえ、身が滅ぶと　天の世界に生まれかわった」

と。

⑶過去現在結合の話

そこでブッダは、本生の昔と今とを結び、つぎのようにいわれた。「そのときのジュージャカはデーヴァダッタになり、アミッタターパナーはチンチャー女、サッカはアヌルッダ長老、人王《にんおう》サンジャヤはスッドーダナ王、王妃プサティーはマハーマーヤー、王妃マッディーはラーフラの母（ヤソーダラー）、ジャーリ王子はラーフラ、カンハージャナー王女はウッパラヴァンナーになりました。そしてヴェッサンタラ大王こそ、この私になったのです」と。

ヴェッサンタラ本生（中国・キジル）

　この本生第五四七話は七八六偈をもつ、最後の、最も長大なものである。この話は布施の極致《きょくち》を語るものとされる。ただし、今日の私たちにはこの趣旨が充分に理解されないかもしれない。一切知智のためとはいえ、わが子、わが妻を施《ほどこ》す、わが身、わが命を与えるとはどのようなことか、と。

　最上の布施の目的は、施される相手の心を満たすことにある。しかし、同時に大事なことは施す者の心を満たすこと、すなわち自ら知ること、智慧をそなえることにある。それは縁起の教え、四諦の教えを知ることである。

どのようなことかといえば、縁起、苦性《くしょう》の一切を知ることによって、一切の持ち物に対する執着を離れることにほかならない。たとえば、わが子も、わが妻も、自分自身も、無常ゆえにいつか死ぬであろう。老衰によるかもしれない。病、あるいは事故、災難によるかもしれない。要するに無常による無数の死があり、別れがある。だれもその持ち物をすべて捨てねばならないであろう、と。

それは無数の事柄に、自己の持ち物を施すことにほかならない。それを財産を施す、子を施す、妻を施す、身を施す、命を施す、というのである。自己を施す、自己を知るということである。本生にはすばらしい「忍辱《にんにく》」波羅蜜を説くもの（第三五八、五一四、五四三話）も多い。いずれも同じ趣旨の教えである。

11 義《ぎ》釈《しゃく》（ニッデーサ）

——小部経典最後の五書

これより、小部《しょうぶ》経典の最後の五書について紹介したい。第一一『義釈《ぎしゃく》』、第一二『無碍解道《むげげどう》』、第一三『譬喩《ひゆ》』、第一四『仏種姓《ぶつしゅしょう》』、第一五『所行蔵《しょぎょうぞう》』である。前の二書はブッダによることばと行道《ぎょうどう》（実践）について解説、註釈したものであり、後の三書は諸仏と仏弟子による行持《ぎょうじ》（伝統）を称賛したものといえる。いずれもこれまでに見た小部の諸経典に比べ、その成立年代は新しいとされる。

――――『経集』の解説

まず小部経典第一一の『義釈』（Niddesa）から見ることにする。伝統の註釈によれば、これは三蔵《さんぞう》のうちの「経蔵《きょうぞう》」に、五部のうちの「小部」に、経《きょう》・応頌《おうじゅ》・授記《じゅき》・偈《げ》・自説《じせつ》・如是語《にょぜご》・本生《ほんじょう》・未曾有法《みぞうほう》・有《う》明《みょう》という九分教《くぶんきょう》の「偈」（詩句）と「授記」（解説）の二部分に属する一書である。

ブッダゴーサ師（五世紀）に続くウパセーナ師の『義釈註』によれば、この『義釈』は智慧第一の仏弟子サーリプッタ（舎利弗《しゃりほつ》）長老によって説かれたもので、「大義釈」（すぐれた義釈）と呼ばれ、全体は小部経典第五『経集《きょうしゅう》』に知られる最古層の⑴「八偈の章」の一六経と⑵「彼岸の章」の一六経、および⑶「犀角《さいかく》経」（「蛇の章」所収）の一経、すなわち「欲経」に始まり「犀角経」に終わる三三経に対する義釈からなる、とする。そこでは『義釈』に大・小の区別が立てられていない。

しかし、私たちが知る現行の諸本はいずれも『大義釈』と『小義釈』の二部からなるものである。いつ、どこでこのようになったかは明らかでないが、もとは一書の『義釈』であり、また『経集』とも別の独立した経典であったらしい。なお、「義釈」とは「語源の詳説」であり、「意味を残りなく説明するもの」である。

――その構成

ここに現行本（ビルマ版底本）により、その内容構成を示すことにしよう。

(1)大義釈　1．**「欲経」義釈**、2．「洞窟八偈経」義釈、3．「悪意八偈経」義釈、4．「清浄《しょうじょう》八偈経」義釈、5．「最上八偈経」義釈、6．「老経」義釈、7．「ティッサ・メッテッヤ経」義釈、8．「パスーラ経」義釈、9．「マーガンディヤ経」義釈、10．「死前経」義釈、11．「闘争経」義釈、12．「小論争経」義釈、13．「大論争経」義釈、14．「迅速《じんそく》経」義釈、15．「執杖《しゅうじょう》経」義釈、16．「サーリプッタ経」義釈

(2)小義釈　序偈、1．「アジタ学人《がくにん》の問い」義釈、2．「ティッサ・メッテッヤ学人の問い」義釈、3．「プンナカ学人の問い」義釈、4．「メッタグー学人の問い」義釈、5．「ドータカ学人の問い」義釈、6．「ウパシーヴァ学人の問い」義釈、7．「ナンダ学人の問い」義釈、8．「ヘーマカ学人の問い」義釈、9．「トーデッヤ学人の問い」義釈、10．「カッパ学人の問い」義釈、11．「ジャトゥカンニ学人の問い」義釈、12．「バドラーヴダ学人の問い」義釈、13．「ウダヤ学人の問い」義釈、14．「ポーサーラ学人の問い」義釈、15．「モーガラージャ学人の問い」義釈、16．「ピンギヤ学人の問い」義釈、17．「彼岸道《ひがんどう》称賛の偈」義釈、18．「彼岸道随唱《ずいしょう》の偈」義釈、19．「犀角経」義釈

この両義釈はいずれも智慧第一のサーリプッタ長老による説示《せつじ》とされるだけに説明は詳細を極めており、そのために経典でありながら、論蔵《ろんぞう》に含められたり、その先駆的な書ともされたりするものである。またその説明法は『律蔵《りつぞう》』の「経分別《きょうふんべつ》」のそれにも類似する。

――「欲経」偈の解説

ちなみに、これがどのように説かれているかを『大義釈』の第一偈によって紹介し、合わせて『経集註』の説明を示してみよう。

⑴偈

「欲の望みをもつ者に　もしもそれが叶《かな》うなら
かれは確かに心喜ぶ　人が欲するものを得て」

（『経集』第七六六偈）

⑵義　釈

『欲』とは、略説すれば、物欲（事欲《じよく》）と煩悩欲という二欲である。何が『物欲』か。喜ばしい色《しき》、喜ばしい声、喜ばしい香、喜ばしい味、喜ばしい触《そく》、敷物、外套《がいとう》、男女の奴隷、山羊、羊、鶏、豚、象、牛、馬、牝馬、田畑、敷地、黄金、金貨、村、町、王都、国土、地方、営舎、倉庫、また、およそ愛着されるべき物が物欲（物という欲）である。……何が『煩悩欲』か。意欲という欲、貪《とん》という欲、欲貪《よくとん》という欲である。思惟《しゆい》という欲、貪という欲、思惟貪《しゆいとん》という欲である。……」

(3)経集註

「『欲』とは、喜ばしい色などの三地《さんじ》（三界《さんがい》）の法と称される物欲である」

このように本経典は『経集』の「欲経」に始まり「犀角経」に終わる各偈を詳細に分析的に解説したものであるが、そのすべてはブッダの深遠な法、形式も内容も完全な法を正しく、恭《うやうや》しく学び、受持《じゅじ》するために示されたものである。

12 無《む》碍《げ》解《げ》道《どう》（パティサンビダーマッガ）

——その構成

つぎに小部経典第一二の『無碍解道』(Paṭisambhidāmagga) を見ることにしよう。その構成内容はつぎのとおりである。

(1)大の章　1. 智《ち》論、2. 見《けん》論、3. 出入息念論《しゅつにっそくねん》、4. 根《こん》論、5. 解脱《げだつ》論、6. 趣《しゅ》論、7. 業《ごう》論、8. 顛倒《てんどう》論、9. 道《どう》論、10. 醍醐味《だいごみ》論

⑵倶存《くそん》の章　1. 倶存（一対連結）論、2. 諦《たい》論、3. 覚支《かくし》論、4. 慈《じ》論、5. 離貪《りとん》論、6. 無碍解論、7. 法輪《ほうりん》論、8. 出世間《しゅっせけん》論、9. 力《りき》論、10. 空《くう》論

⑶慧《え》の章　1. 大慧《だいえ》論、2. 神通《じんづう》論、3. 現観《げんかん》論、4. 遠離《おんり》論、5. 所行《しょぎょう》論、6. 神変《じんぺん》論、7. 斉《さい》首《しゅ》論、8. 念処《ねんじょ》論、9. 観《かん》論、10. 論母《ろんも》論

――無碍にいたる実践

この『無碍解道』は三章、三〇論からなり、経蔵において最もアビダンマ（論）的な色彩の強い経典といえる。とくに第一章（**大の章**）には、「聞所成智《もんしょじょうち》」（聞《もん》からなる智）に始まり「無障智《むげち》」（障《さわ》りのない仏智《ぶっち》）に終わる七十三の智を述べた論母《ろんも》（要目）が置かれ、それぞれの智が順に苦《く》・集《じゅう》・滅《めつ》・道《どう》の「四諦《したい》」を主に詳説され、本経典の大綱が示されている。そして見論ないし醍醐味論が展開され、醍醐味の梵行《ぼんぎょう》たる四聖諦《ししょうたい》、三十七菩提分法《さんじゅうしちぼだいぶんぽう》が論じられる。第二章（**倶存の章**）は「止観《しかん》」から「空《くう》」にいたる実践論を、第三章（**慧の章**）は無常観などの「大慧《だいえ》」から身《しん》・受《じゅ》・心《しん》・法《ほう》の「四念処《しねんじょ》」にいたる実践論を説く。

本経はこのように障りのない智慧を得るための教え、実践を説いたものであり、それが経名の「無碍解道」の意味するところである。『無碍解道註』においてマハーナーマ師はいう。「無碍解」とは四の無碍解（自在の智）、すなわち義《ぎ》（因の果）、法《ほう》（縁）、詞《し》（表現）、弁《べん》（弁別）の無碍解である。その無碍解の道は、証得《しょうとく》の方便《ほうべん》であるから「無碍解道」であり、無碍解を獲得する因である、と。

伝統の註釈によれば、この『無碍解道』も先の『義釈』とともに法将軍サーリプッタ長老による説示とされる。両経典は他の経典と異なり、「如是我聞《にょぜがもん》」ということばで開始されておらず、論的な定義があり、そこには心心所法《しんしんじょほう》、一蘊有《いちうんう》などのことばがいくつも知られるように、アビダンマ的な特徴を窺《うかが》うことができる。上座部仏教最上の実践的教理綱要書とされる『清浄道論《しょうじょうどうろん》』も、そのモデルとされる『解脱道論《げだつどうろん》』も、実践的解釈をこの『無碍解道』の「論」に負うところが大きい。

――道《どう》と果《か》の種々相

ちなみに、ここで本経典最後の第三章（**慧の章**）に示された「**論母論**」について紹介しておきたい。それはサーリプッタ長老が、『無碍解道』に解説される止・観・道・涅槃《ねはん》の法の相が種々であることから種々の同義語によって称賛したいと思い、十九種からなる論母の語によって語られたとされるものである。論母とは(1)無欲、(2)解脱という解脱、(3)明《みょう》という解脱、(4)増上戒《ぞうじょうかい》、(5)増上心《しん》、(6)増上慧《え》、(7)軽安《きょうあん》（軽快）、(8)智《ち》、(9)見《けん》、(10)清浄《しょうじょう》、(11)離欲、(12)出離《しゅつり》、(13)遠離《おんり》、(14)捨棄《しゃき》、(15)所行《しょぎょう》、(16)禅という解脱、(17)修習《しゅじゅう》、(18)決意、(19)命《みょう》（正命《しょうみょう》）、をいう。まず、この要目を掲げ、ついでその一々について詳しく解説する。本論はこのようにして本経典の綱要を示したものである。

13　譬《ひ》喩《ゆ》（アパダーナ）

――その構成

つぎに小部経典第十三の『譬喩』（Apadāna）を見よう。これは二種の譬喩、すなわち「長老の譬喩」と「長老尼《に》の譬喩」からなり、以下のような内容構成をもつ。

【長老の譬喩】

(1)仏の章〈1．仏の譬喩、2．独覚《どっかく》（辟支仏《びゃくしぶつ》）の譬喩、3．①サーリプッタ長老の譬喩、②マハーモッガッラーナ長老の譬喩、③マハーカッサパ長老の譬喩、④アヌルッダ長老の譬喩、⑤プンナ・マンターニプッタ長老の譬喩、⑥ウパーリ長老の譬喩、⑦アンニャーシ・コンダンニャ長老の譬喩、⑧ピンドーラ・バーラドヴァージャ長老の譬喩、⑨カディラヴァニヤ・レーヴァタ長老の譬喩、⑩アーナンダ長老の譬喩〉、(2)シーハーサニヤの章、(3)スブーティの章、(4)クンダダーナの章、(5)ウパーリの章、(6)ビージャニーの章、(7)サカチンタニヤの章、(8)ナーガサマーラの章、(9)ティミラの章、(10)スダーの章、(11)ビッカダーイの章、(12)マハーパリヴァーラの章、(13)セーレッヤの章、(14)ソービタの章、(15)チャッタの章、(16)バンドゥジーヴァカの章、(17)スパーリチャリヤの章、(18)クムダの章、(19)クタジャプッピヤの章、(20)タマーラプッピヤの章、(21)カニカーラプッピヤの章、(22)ハッティの章、(23)アーランバナ・ダーヤカの章、(24)ウダカーサナの章、(25)トゥヴァラダーヤカの章、(26)トーマカの章、(27)パドゥムッキパの章、(28)スヴァンナビッボーハナの章、(29)パンナダーヤカの章、(30)チタカプージャカの章、(31)パドゥマケーサラの章、(32)アーラッカダーヤカの章、(33)ウマープッピヤの章、(34)ガンドーダカの章、(35)エーカパドゥミヤの章、(36)サッダサンニャカの章、(37)マンダーラヴァプッピヤの章、(38)ボーディヴァンダナの章、(39)アヴァタパラの章、(40)ピリンダヴァッチャの章、(41)メッテッヤの章、(42)バッダーリの章、(43)サキンサンマッジャカの章、(44)エーカヴィハーリの章、(45)ヴィビータカの章、(46)ジャガティダーヤカの章、(47)サーラクスミヤの章、(48)ナラマーリの章、(49)パンスクーラの章、(50)キンカニプッパの章、(51)カニカーラの章、(52)パラダーヤカの章、(53)ティナダーヤカの章、(54)カッチャーヤナの章、(55)バッディヤの章、(56)ヤサの章

【長老尼の譬喩】

(1)スメーダーの章、(2)エークーポーサティカの章、(3)クンダラケーシーの章、(4)カッティヤーの章

これはビルマ版（底本）による分類である。「長老の譬喩」は、まず仏の譬喩が語られ、ついで独覚《どっかく》（辟支仏《びゃくしぶつ》）の譬喩、それよりサーリプッタ長老に始まりラッタパーラ長老に終わる長老弟子の譬喩が語られる。全体は六四四〇偈、五六章からなり、各章は一〇譬喩をもつが、第五六章（一九五偈）のみは

一一譬喩をもつ。合計五六一人の譬喩である。ただしPTS版には第五六章を欠き、五五章、五五〇人（五四七人）の譬喩とする。

これに続く「長老尼の譬喩」はスメーダー長老尼に始まりペーサラー長老尼に終わる四〇人の譬喩で、一三五九偈、四章からなり、各章は一〇譬喩をもつ。

またこの『譬喩』は全体としてつぎのようにも分類される。⑴仏の譬喩、⑵独覚の譬喩、⑶長老の譬喩、⑷長老尼の譬喩、という四種である。

――過去世《かこせ》の善悪業《ごう》

ここにいう「譬喩」とは「根拠」という意味をもち、「ブッダの譬喩」とは「ブッダの根拠」ということである。いわゆる過去世の偉大な行為、事績、あるいはその話をいう。たとえば長部《ちょうぶ》経典第十四の『大譬喩経《だいひゆきょう》』は釈尊が毘婆尸仏《びばしぶつ》を中心とする過去七仏《しちぶつ》の偉大な事績、「譬喩」を語られたものである。「独覚の譬喩」「長老の譬喩」「長老尼の譬喩」についても同様に解される。

仏教のサンスクリット文学における「アヴァダーナ」もほぼこれに相当するものである。

この『譬喩』は、ブッダ釈尊が菩薩の身で過去の諸仏に対してなされた浄行《じょうぎょう》（奉仕）と、転輪王《てんりんおう》としてなされた善行《ぜんぎょう》とを、アーナンダ（阿難《あなん》）長老によって問われて説き始められたものという。

——釈尊苦行の因縁《いんねん》

ここにはさまざまな譬喩が語られるが、「仏の譬喩」として注意されるものに第三九章の「前業布《ぜんごうふ》片《へん》」がある。それは釈尊の過去世における悪業が現世に果報《かほう》として現われたことを語るものである。とくに六年間に及ぶ「苦行」は過去に行なった悪業の結果であるという。つぎがその最初の一偈である。

「そのときジョーティパーラなる　私はカッサパ仏にいった、
どうして禿頭に覚《さと》りがあろうか　覚りは最も得難いものだ」

と。その昔、バラモンであった私は、布片の業の果報によってカッサパ世尊《せそん》（過去第六仏）が成道《じょうどう》されたということを聞いて、「どうして禿頭（剃髪《ていはつ》）の沙門《しゃもん》に覚り（菩提《ぼだい》）が得られようか」と暴言を吐いた、というのである。そしていわれた。

「その業の果報によって　ウルヴェーラーで六年間
私は多くの難行をして　それより覚りに到達す、
この道により私は　最上の覚りに到達せず
前の業に妨げられて　邪道によって探し求めた、
善も悪も滅尽《めつじん》し　すべての苦が除かれて

憂いもなく悩みもなく　漏《ろ》もなく、私は寂滅《じゃくめつ》す」

と。『譬喩』はこのように悪業とともに無数の善業を行なってこの自己があることを語り、また「不善の譬喩」と「善の譬喩」を明かすものといえる。

14 仏種姓《ぶっしゅしょう》（ブッダヴァンサ）

――その構成

つぎに小部経典第一四の『仏種姓』（Buddhavaṃsa）を見てみよう。「仏種姓」とは「仏の伝統」という意味である。その構成内容は以下のとおりである。

1. 宝珠経行所《ほうしゅきんひんじょ》の部、2. スメーダによる誓願《せいがん》の話、3. ディーパンカラ仏種姓、4. コンダンニャ仏種姓、5. マンガラ仏種姓、6. スマナ仏種姓、7. レーヴァタ仏種姓、8. ソービタ仏種姓、9. アノーマダッシー仏種姓、10. パドゥマ仏種姓、11. ナーラダ仏種姓、12. パドゥムッタラ仏種姓、13. スメーダ仏種姓、14. スジャータ仏種姓、15. ピヤダッシー仏種姓、16. アッタダッシー仏種姓、17. ダンマダッシー仏種姓、18. シッダッタ仏種姓、19. ティッサ仏種姓、20. プッサ仏種姓、21. ヴィパッシー仏種姓、22. シキー仏種姓、23. ヴェッサブー仏種姓、24. カクサンダ仏種姓、25. コーナーガマナ仏種姓、26. カッサパ仏種姓、27. ゴータマ仏種姓、28. **仏の種々の部**、29. 舎利《しゃり》分配の話

――諸仏の事績

これは菩薩（菩提を求める者）がどのようにしてブッダ（覚者《かくしゃ》）になられたかを、過去の諸仏をとおして語られた経典である。その第二十八「**仏の種々の部**」は、『仏種姓註』に「これは結集《けつじゅう》を行なった者たちによって置かれた結偈《けつげ》である」とされるが、ここには過去の二十八仏のことが語られている。それによれば、過去二十八仏は不可量劫《ふかりょうこう》の昔に現われたタンハンカラを第一仏として釈尊（ゴータマ仏）にいたる仏、過去二十五仏は四阿僧祇十万劫《しあそうぎじゅうまんこう》の昔に現われたディーパンカラを第一仏として釈尊にいたる仏、また過去七仏《しちぶつ》は九十一劫の昔に現われたヴィパッシーを第一仏として釈尊にいたる仏をいう。

これらはすべて釈尊によって語られた古仏《こぶつ》の事績であり、釈尊ご自身のことを語られたものである。仏が仏を、つまり目覚めた者が目覚めた者を語るもの、唯仏与仏乃能究尽《ゆいぶつよぶつないのうぐうじん》にほかならない。

15 所行蔵《しょぎょうぞう》（チャリヤーピタカ）

――その構成

最後に小部経典第一五の『所行蔵』（Cariyāpiṭaka）を見ることにしたい。これはブッダの前生を語り、波羅蜜行を明かすものである。つぎの構成内容からなる。

(1)アキッティの章（一〇所行）　1. アキッティ所行、2. サンカ所行、3. クル王所行、4. マハースダッサナ所行、5. マハーゴーヴィンダ所行、6. ニミ王所行、7. チャンダクマーラ所行、8. シヴィ王所行、9. ヴェッサンタラ所行、10. ササ賢者所行

(2)ハッティナーガの章（一〇所行）　1. マートゥポーサカ所行、2. ブーリダッタ所行、3. チャンペッヤ龍所行、4. チューラボーディ所行、5. マヒンサ王所行、6. ルル王所行、7. マータンガ所行、8. ダンマデーヴァプッタ所行、9. アリーナサットゥ所行、10. サンカパーラ所行

(3)ユダンジャヤの章（一五所行）　1. ユダンジャヤ所行、2. ソーマナッサ所行、3. アヨーガラ所行、4. ビサ所行、5. ソーナ賢者所行、6. テーミヤ所行、7. カピ（猿）王所行、8. サッチャ（真実）苦行者所行、9. ヴァッタポータカ所行、10. マッチャ（魚）王所行、11. カンハディーパーヤナ所行、12. スタソーマ所行、13. スヴァンナサーマ所行、14. エーカラージャ（王）所行、15. マハーローマハンサ所行

――菩薩の波羅蜜行《はらみつぎょう》

この『所行蔵』は三章、三五所行話《しょぎょうわ》、三五六偈からなる。人間の苦行者、バラモン、転輪聖王、王族、あるいは動物の兎、象、龍、牛、鹿などに生まれた菩薩の所行を語るものである。ここにいう「所行」とはブッダの過去世における行ない、波羅蜜行《はらみつぎょう》、その威力であり、「蔵」とは教えをさしている。

本経は、『所行蔵註』によれば、サーリプッタ長老に問われて、ブッダが説かれたものであるという。とくにブッダとなる菩薩が行なうべき十波羅蜜《じっぱらみつ》のうちの七波羅蜜、すなわち布施《ふせ》、持戒《じかい》、出離《しゅつり》、そして真実、決意、慈《じ》、捨《しゃ》の波羅蜜行が説かれている。これらの所行はパーリ語の『本生《ほんじょう》』(ジャータカ物語)に、またサンスクリット語の『ジャータカ・マーラー』に知られるものが多い。

ブッダとなるためにはその因縁《いんねん》がある。菩薩による誓願《せいがん》、過去仏《かこぶつ》による授記《じゅき》(予言)、菩薩による波羅蜜行である。それはそのまま私たちがブッダに近づくための因縁といえる。すべては智慧、慈悲という因縁であり、『譬喩』も『仏種姓』も『所行蔵』もそれを語るものである。

以上をもって小部経典十五書の概説は終わる。なお、すでに触れたように、このほかに『指導論《しどうろん》』(Netti)、『蔵釈《ぞうしゃく》』(Peṭakopadesa)、『ミリンダの問い』(Milindapañha)の三書を小部に含めることもある。

第六章　律蔵

律《りつ》とは何か

――法と律

だれも心に油断があるとき、過ぎて求めてしまうであろう。食べることも、話すことも、歩く、止まる、坐ることも、また寝ることも、起きることも。すべては念を欠くものである。これを失念、妄念という。私たちに貪《むさぼ》り、怒り、あるいは愚痴《ぐち》が過ぎるなら、たちまち念は消え失せて、邪念が蔓延《はびこ》ることになる。それについてブッダはいわれた。

「人もし放逸《ほういつ》に行なえば　蔓草《つるくさ》の如く渇愛《かつあい》が増し
あちらこちらに飛び回る　猿が林に果を探すように」
（『法句《ほっく》』第三三四偈）

と。そしてまた、いわれた。

「世に超え難いこの野卑な　渇愛を征服するならば
かれより憂いは消え失せる　蓮より水滴が落ちるように」
（『法句』第三三六偈）

と。これはカッサパ仏（過去第六仏）の時代に、学問の知識（書）に酔い、実践の智慧（観《かん》）を軽んじ、戒本《かいほん》が誦唱《じゅしょう》されるとき、「ここには法や律がない。これを聞いて何になろうか」と教えを誹謗し、地獄に堕ちたカピラ比丘にちなむ偈《げ》とされる。つねに油断、怠りがないように、との教えである。私たちの最も身近な、根本のところで、眼《げん》、耳《に》、鼻《び》、舌《ぜつ》、身《しん》、意《い》の六門《ろくもん》を正しく防護《ぼうご》すれば、心は静まり、落ち着く、と。正念《しょうねん》、正知《しょうち》を保つということにほかならない。それは、戒を保ち、清浄《しょうじょう》の境界《きょうがい》、結界《けっかい》（sīmā）のうちにとどまることでもある。

ブッダは、ご入滅《にゅうめつ》の直前、つぎのように語られたという。

「アーナンダよ、私がそなたたちのために説示《せつじ》し制定した法と律が、私の亡き後、そなたたちの師なのです」

（長部《ちょうぶ》第一六『大般涅槃経《だいはつねはんぎょう》』第八六節）

と。このことばの意味は重い。如来の滅後は、「法と律」を「仏」とせよ、それが「仏教」である、といわれたものである。このようにして、「法と律」を内容とするパーリ仏典（原始仏典）が生まれ、仏教が伝えられたのであった。「法」は経蔵《きょうぞう》と論蔵《ろんぞう》に、「律」は律蔵《りつぞう》に収められ、それが仏語《ぶつご》と称されるとおりである。

この「法と律」は、すでに序章（「パーリ仏典」二四頁以下参照）でも見たように、名称は異なってい

唐招提寺の戒壇（右側はその結界石）

るが、内容は不離一体のものであり、つねに相補的である。法は律において実現し、律は法のために存するからである。「法」(dhamma) は僧 (僧団) の一人一人の智慧と慈悲を「保つもの」、「律」(vinaya) は僧を清浄《しょうじょう》と和合《わごう》に「導くもの」である。伝統の仏教では第一結集《けつじゅう》以来、「律は仏教の命である。律が存すれば仏教は存する」ということばが尊重される。この趣旨は、法律一体の、いわゆる大小乗の戒に共通する「五戒《ごかい》」「十善《じゅうぜん》」の教えに生きているといえる。

――『律蔵』の構成

これより『律蔵』(vinaya-piṭaka) について見ることにしたい。これは「律」、すなわち一般にいう「戒律」を内容とするものである。ただし「戒律」ということばは、それに相応する原語がなく、「戒」と「律」の合成語とされる。戒 (sīla) は「保つ」(置く) を原意とし、律 (vinaya) は「導く」(調伏《ちょうぶく》する) を原意とする。この「戒と律」も保つものと導くものであり、「法と律」の関係に類似する。

『律蔵』の文献として、ここで扱う「パーリ律」を初めとして、漢訳の「四分律《しぶんりつ》」(六〇巻)、「五分律《ごぶん》」(三〇巻)、「十誦律《じゅうじゅ》」(六一巻)、「摩訶僧祇律《まかそうぎ》」(四〇巻) などがあり、また「チベット律」、「サンスクリット律」もある。いずれも仏教が伝播《でんぱ》した地域で受容され、さまざまに解釈されたものである。戒律は随犯随制《ずいぼんずいせい》といわれるように、基本的には一つの文化において変化する特徴をもつ。

さて、パーリ律蔵は、ビルマ版（底本）によれば、広義の「小部《しょうぶ》」（クッダカニカーヤ）に含まれるが、一般的には経・律・論の三蔵《さんぞう》における「律蔵」と見られるものである。全体は、経分別《きょうふんべつ》（両分別）、犍度《けんど》、付随《ふずい》の三部分に大別される。以下に、まず『律蔵』の全体的な構成と内容を紹介することにしよう。

1．経分別（Suttavibhaṅga　スッタヴィバンガ）

最初の「経分別」は両分別ともいわれ、大分別（比丘分別）篇と比丘尼《びくに》分別篇からなり、六四誦唱分《じゅしょうぶん》（一誦唱分は八千音節）の量をもつ。比丘、比丘尼の個人に関わる戒（学処《がくしょ》）をまとめた「戒本」の説明解釈（分別）と戒制定の因縁《いんねん》話を内容とし、各戒は「なすべきでない」と悪を止める「止持戒《しじかい》」である。ここにいわれる「経分別」の「経」とは根本戒である「パーティモッカ」（戒本、戒経《かいきょう》）の一々の戒（学処）をいい、「分別」とはその一々の戒と呼ばれる経に対する分別（解説）をいう。なお、戒は学処、経《きょう》（定義）の同義語である。

以下がその内容であり、比丘分別は二二七戒、比丘尼分別は三一一戒を扱う。

【大分別（比丘分別）篇】ヴェーランジャーの部

(1)**波羅夷《はらい》**（パーラージカ）**の部**（四学処）、(2)**僧残《そうざん》**（サンガーディセーサ）**の部**（一三学処）、(3)

不定《ふじょう》（アニヤタ）**の部**（二学処）、⑷**捨《しゃ》**（ニッサッギヤ「捨堕《しゃだ》」）**の部**（三〇学処）1．衣《え》の章　2．絹糸の章　3．鉢の章、⑸**堕《だ》**（パーチッティヤ「波逸提《はいつだい》」「単堕《たんだ》」）**の部**（九二学処）1．妄語《もうご》の章　2．植物（草木）の章　3．教誡《きょうかい》の章　4．食《じき》の章　5．裸形者《らぎょうしゃ》の章　6．飲酒の章　7．生きものの章　8．如法《にょほう》の章　9．宝の章、⑹**悔過《けか》**（パーティデーサニーヤ　波羅《はら》提提舎尼《だいだいしゃに》）**の部**（四学処）、⑺**衆学《しゅがく》**（セーキヤ）**の部**（七五学処）、⑻**滅諍《めつじょう》**（アディカラナサマタ）**の部**（七法）

〔計二二七学処〕

【比丘尼分別篇】

⑴波羅夷の部（八学処）、⑵僧残の部（一七学処）、⑶捨（捨堕）の部（三〇学処）1．鉢の章、⑷堕（波逸提）の部（一六六学処）1．大蒜《だいさん》（ニンニク）の章　2．暗黒の章　3．裸の章　4．共有の章　5．絵画堂の章　6．園林の章　7．妊婦の章　8．少女の章　9．傘とサンダルの章　⑸波羅提提舎尼の部（八学処）、⑹衆学の部（七五学処）、⑺滅諍の部（七法）

〔計三一一学処〕

2．犍《けん》度《ど》（Khandhaka　カンダカ）

つぎに、「犍度」は大篇と小篇からなり、八〇誦唱分の量をもつ。僧団全体の行事運営に関わる規則とその成立の因縁話を集成したものであり、その規則は「なすべきである」と善を行なう「作持戒《さじかい》」を内容とする。犍度とは「集まり」であり、僧団全体として守るべき規則の集成をいう。大小篇、二二犍度からなる。

【大　篇】

⑴**大**（受戒《じゅかい》）**犍度**、⑵布薩《ふさつ》犍度、⑶入雨安居《にゅうあんご》犍度、⑷自恣《じし》（要請）犍度、⑸皮革犍度、⑹薬事《やくじ》犍度、⑺カチナ衣《え》犍度、⑻**衣犍度**、⑼チャンパー犍度、⑽コーサンビー犍度

【小　篇】

⑴羯磨《こんま》犍度、⑵別住《べつじゅう》犍度、⑶集《しゅう》犍度、⑷滅諍《めつじょう》犍度、⑸小事《しょうじ》犍度、⑹臥坐所《がざしょ》犍度、⑺**破僧《はそう》犍度**、⑻儀法《ぎほう》犍度、⑼**説戒《せっかい》禁止犍度**、⑽比丘尼犍度、⑾**五百**（結集《けつじゅう》）**犍度**、⑿七百（結集）犍度

---

3. 付　随（Parivāra　パリヴァーラ）

「付随」は一六種の付随を主にした、律の全体にわたる体系的説明・解釈からなるもので、二五誦唱分の量をもつ。全体は「一六の付随」を主とする一九部からなるものである。「付随」の原語 **Parivāra** は「要素」を意味し、伝統的には「一六の付随（要素）によってよく考察されることから、一六の付随（要素）といわれる」とされるものである。厖大な律蔵を学ぼうとするとき、最初に学ばれるべきものがこの「付随」といえる。その内容項目はつぎのとおりである。

—⑴**大分別（比丘分別）**　1.**制定場所の部**　2.**罪**（違犯）**数の部**　3.**欠損の部**　4.**包摂《ほうせつ》の**—

部　5．等起《とうき》の部　6．諍事《じょうじ》の部　7．滅諍《めつじょう》の部　8．集合の部　／〔以下「縁」の語による八の付随〕9．制定場所の部　10．罪（違犯）数の部　11．欠損の部　12．包摂の部　13．等起の部　14．諍事の部　15．滅諍の部　16．集合の部、⑵比丘尼分別　1．制定場所の部〜16．集合の部、⑶等起の名目集、⑷無間《むげん》の省略、⑸滅諍の区分、⑹増一法《ぞういちほう》、⑺布薩《ふさつ》の初（・中・後）の問答、⑻偈集《げしゅう》、⑼諍事の区分、⑽別の偈集、⑾叱責の部、⑿小諍《しょうじょう》、⒀大諍《だいじょう》、⒁カチナ衣の区分、⒂ウパーリの五法、⒃罪（違犯）の等起、⒄第二の偈集、⒅発汗の偈、⒆五の章

以上が律蔵全体の構成と内容である。この経分別、犍度、付随における具体的な内容は後に（本章「僧団の和合」三八二頁以下）まとめて紹介することにしたい。

――戒律制定の理由

ブッダはなぜ戒律を制定されたのか。『律蔵』は「**経分別**」の始まりにその因縁を詳しく述べている。それは実に興味深い話であり、ここに要約して、紹介しよう。『律蔵』はつぎのことばに始まっている。

「そのとき、仏（覚者《かくしゃ》）である世尊《せそん》は、ヴェーランジャー（町）に近いナレール・プチマンダ樹のもとで、五百人からなる大比丘僧団とともに過ごされた」

と。この最初の「そのとき」（tena samayena）ということばは「戒（学処）が制定されるとき」という

意味であり、律蔵に特有の表現である。これに対して経蔵では「あるとき」(ekaṃ samayaṃ) ということばで始まるが、それは「慈悲（説法）が示される、あるとき」という意味である。ちなみに論蔵では「その場合」(yasmiṃ samaye) という世俗を超えた勝義《しょうぎ》の論的なことばで始まるのがふつうである。

さて、話はつぎのように続けられる。

1．世界の最年長者

そのとき、その町に住むヴェーランジャー・バラモンは、ブッダが阿羅漢《あらかん》などの十号《じゅうごう》（十徳）をそなえ、世界の人々のために形式も内容も完全な法を説き、梵行《ぼんぎょう》を明らかにしている、との名声を聞き、やって来て、いう。「ゴータマ（仏）はバラモンに対して敬礼することがない。それはふさわしくない」と。ブッダは、「如来（私）はそのような敬礼をしない」と語られる。それよりブッダはバラモンの「沙門《しゃもん》ゴータマは味気のない者、享楽のない者です。また不作業《ふさごう》論者、断滅《だんめつ》論者、嫌悪者、調伏《ちょうぶく》者、苦行者、離胎《りたい》者です」という非難のことばに対して一々丁寧に答えられる。

「如来は、色《しき》の味、声《しょう》の味、香《こう》の味、味《み》の味、触《そく》の味という味が捨てられており、再生がないから『味気のない者』です。またそれらの享楽が捨てられているから『享楽のない者』です。また身《しん》の悪行《あくぎょう》、口《く》の悪行、意《い》の悪行の不作業、種々《しゅじゅ》の悪不善法《あくふぜんほう》の不作業を説くから『不作業論者』です。

またそれらの断滅を説くから『断滅論者』(虚無論者)です。またそれらの悪不善法の完成を嫌悪するから『嫌悪者』です。またそれらの悪不善法を調伏するために法を説くから『調伏者』です。またそれらの悪不善法が焼かれるべきことを説くから『苦行者』です。また未来に入胎《にったい》、再生が捨てられているから『離胎者』です」

と。ブッダの無欲、無執着による説法である。そしてつぎのような比喩をもって、如来こそ世界の最年長者であると語られる。

「たとえば鶏《にわとり》の卵が八個、あるいは十個、あるいは十二個あり、母鶏《ははどり》によく抱かれ、孵化《ふか》したとします。その雛鳥《ひなどり》のうち、最初に足の爪先か嘴《くちばし》によって卵殻《らんかく》を破ったものは最年長者と呼ばれます。そのように、私は無明《むみょう》に入り、卵となり、完全に覆われた人々のために無明の卵殻を破り、唯《ただ》一人、この世界で無上《むじょう》の正自覚《しょうじかく》を覚《さと》ったのです。それゆえ私は世界の最年長者であり、最勝者《さいしょうしゃ》なのです」

と。これは、いわゆる師資相承《ししそうじょう》の妙を語る「啐啄同時《そったくどうじ》」の教えであり、また長部第一四『大譬喩経《だいひゆきょう》』に知られる「天上天下唯我独尊《てんじょうてんげゆいがどくそん》」の獅子吼《ししく》である。

そしてまたブッダはつぎのように語られる。私は精進《しょうじん》を開始し、念《ねん》をそなえ、四禅《しぜん》を完成し、夜の初分、中分、後分に、それぞれ宿住随念智《しゅくじゅうずいねんち》、死生智《ししょうち》(天眼智《てんげんち》)、漏尽智《ろじんち》を完成し、三の明智《みょうち》を得た。

その第一、第二、第三の明智の生起はまさに雛鳥による卵の第一、第二、第三の破殻《はかく》である、と。この見事な成道《じょうどう》に関する説示《せつじ》により、バラモンは「尊師ゴータマは最年長者、最勝者です。私は世尊ゴータマに、法に、比丘僧団に帰依《きえ》いたします」と述べ、信者になった、という。

2. 梵行《ぼんぎょう》の久住《くじゅう》

つぎに、ヴェーランジャーにおける飢饉《ききん》についての話が始まる。

「そのとき、ヴェーランジャーは飢饉になり、白骨が累々《るいるい》とし、托鉢食《たくはつじき》が得られなかった。しかし、北路から来た馬商人たちから、ほんのわずかの食べ物を得て、命を永らえた。ブッダはアーナンダ長老から話を聞き、確認し、だれもが飢えに耐えていることを知られた。そのとき、神通《じんづう》第一の弟子モッガッラーナ長老が仏のもとへ来て、『大地を回転させ、大地の滋養を食べることにいたしましょう』と告げた。ブッダは『そのように望んではなりません。生けるものたちが転倒します』といわれた。すると長老は『それでは、皆でウッタラクルへ托鉢に出かけましょう』と告げた。『やめなさい、そのように望んではなりません』とブッダはいわれた」

と。ブッダは、マハーモッガッラーナ長老による神通の奇跡を退け、智慧、解脱《げだつ》に資する最上の教誡の奇跡をもって、忍辱《にんにく》（忍耐）の大事さを説かれたのである。

諸仏（中央アジア出土の刺繍）

「さて、そのとき、サーリプッタ長老は独坐していたが、このような考えが生じたという。『どの仏たちの梵行が久住《くじゅう》せず、どの仏たちの梵行が久住したのか』と。そこでこれをブッダにお尋ねすると、こういわれた。『ヴィパッシー仏、シキー仏、ヴェッサブー仏の梵行は久住せず、カクサンダ仏、コーナーガマナ仏、カッサパ仏の梵行は久住しました』と。

そこで、その理由をお尋ねすると、ブッダはこういわれた。

『ヴィパッシーなどの仏は、（汚れが少なく、有情《うじょう》の寿命も長く、ただ一偈で法を了解する）弟子のために法を詳細に説く必要がなく、また弟子のために経《きょう》・応頌《おうじゅ》・授記《じゅき》・偈・自説《じせつ》・如是語《にょぜご》・本《ほん》生《じょう》・未曾有法《みぞうほう》・有明《うみょう》も少なく、学処も制定されず、戒本（パーティモッカ、戒経）も誦唱されなかったのです。その仏たちが消え、その弟子たちが消えると、後のさまざまな出家者がその梵行をたちまち消滅させてしまったのです。それはちょうど、板の上におかれた種々の花が、糸で括《くく》られていない場合、風がそれを散らし、バラバラにしてしまうようなものです。また、昔、ヴェッサブー仏は、ある恐ろしい密林で千人の比丘僧団に教誡しました。「このように（出家などを）考察しなさい。このように（愛欲などを）考察してはいけません。このように（無常《むじょう》・苦《く》・無我《むが》・不浄《ふじょう》を）思惟《しゆい》しなさい。このように（常《じょう》・楽《らく》・我《が》・浄《じょう》を）思惟してはいけません。これ（不善）を捨てなさい。これ（善）をそなえて住みなさい」と。このように教誡、教導され、かれらは執着を離れ、解脱したのです。これがヴィパッシー仏などの梵行が久住しなかった理由です』と」

過去七仏のうち、第一の寿命八万歳のヴィパッシー（毘婆尸《びばし》）仏、第二の寿命七万歳のシキー（尸《し》棄《き》）仏、第三の寿命六万歳のヴェッサブー（毘舎浮《びしゃぶ》）仏は、人々の寿命も長く、汚れが少なく、出家者には「このように」（如是《にょぜ》）のことばで教えが理解されたため、戒律などを制定する必要がなかった、というのである。

その時代にはいわゆる「七仏通誡偈《しちぶつつうかいげ》」のみで充分であったとされる。それは、

「いかなる悪も行なわず　もっぱら善を完成し、
自己の心を浄くする　これが諸仏の教えなり」
（『法句』第一八三偈）

「耐え忍ぶは最上の修行　涅槃は最上、と諸仏は説く
他を害するは出家にあらず　他を悩ますは沙門にあらず」
（『法句』第一八四偈）

「罵《ののし》り害することもなく　根本戒をよく守り

食事において量を知り　　遠く離れて臥し坐り
また禅定《ぜんじょう》によく励む　　これが諸仏の教えなり」

（『法句』第一八五偈）

という三偈をさす。そこで、長老はカクサンダ仏などの梵行が久住した理由をお尋ねした。

「『カクサンダ仏（拘留孫仏《くるそんぶつ》、寿命四万歳）、コーナーガマナ仏（拘那含牟尼仏《くなごんむにぶつ》、寿命三万歳）、カッサパ仏（迦葉仏《かしょうぶつ》、寿命二万歳）は、弟子たちのために法を詳細に説く必要があり、また弟子のための経・応頌・授記・偈・自説・如是語・本生・未曾有法・有明も多く、学処も制定され、戒本も誦唱されました。その仏たちが消え、その弟子たちが消えると、後のさまざまな出家者はその梵行を長く存続させたのです。それはちょうど、板の上におかれた種々の花が、糸で括られている場合、風がそれを散らさず、バラバラにしないようなものです。これがカクサンダ仏などの梵行が久住した理由です』と。

サーリプッタ長老は仏に申し上げた。『尊師よ、どうか弟子たちのために梵行が久住するよう、学処を制定し、戒本を誦唱してください』と。すると、仏はこういわれた。

『サーリプッタよ、待ちなさい。学処を制定する時は如来のみが知っています。僧団に出家して久しい者、長老、最上の利得《りとく》、多聞者《たもんしゃ》が多く現われない限り、有漏《うろ》にとどまる法が現われることはありません。有漏にとどまる法が現われるならば、その法を除滅《じょめつ》するため、弟子たちのために学処を制定し、戒本を誦唱することになります。なぜなら、比丘僧団は汚れのないもの、危難のないもの、黒法《こくほう》（邪法）を離れたもの、清浄《しょうじょう》なもの、真実に確立されたものだからです。これら五百人の比丘のうち、最後の比丘が預流者《よるしゃ》、正性決定者《しょうしょうけつじょうしゃ》となるからです』と」

以上のようにブッダは戒律制定の根拠を語り、雨安居《うあんご》を終えると、ヴェーサーリーに入り、近くの大林の重閣講堂《じゅうかくこうどう》に住まわれた、という。

これが「**ヴェーランジャーの部**」であり、このあとは「**波羅夷第一**《はらい》」の因縁話に入る。そしてそこでブッダは「学処制定」の十利益《りやく》をまとめて述べられる。「⑴僧団の正当性のために、⑵僧団の安楽のために、⑶破戒者（厚顔無恥者）の抑止のために、⑷持戒比丘の楽住《らくじゅう》のために、⑸現世の諸漏《しょろ》（殺《さつ》・縛《ばく》・非難などの苦法《くほう》）を防止するために、⑹来世の諸漏（悪趣《あくしゅ》にいたる苦を生む煩悩）を防止するために、⑺未信者が信を起こすために、⑻既《き》信者がさらに信を増大するために、⑼正法《しょうぼう》（教《きょう》・行《ぎょう》・証《しょう》）の存続のために、⑽律（防護《ぼうご》・捨断《しゃだん》・止《し》・所制《しょせい》（律母《りつも》・戒本））の摂受《しょうじゅ》のために」と。また、『増支部《ぞうしぶ》』（二集）には「十利益」として、この十利益の他に、「⑾（僧団に不平を述べる）在家者を憐《あわ》れむために、⑿（僧団を破壊する）悪欲者の徒党を断つために」などが加えられている。

『律蔵』の戒律は僧団の成立と存続の条件である「清浄《しょうじょう》」と「和合《わごう》」のために、また法を学び伝える者たちの生活のために制定されたものである。

僧団の和合

――八未曾有法《はちみぞうほう》

法《ほう》と律《りつ》、すなわち仏教には「八未曾有法」と呼ばれる八種の特質があり、しばしば「大海の比喩」をもって説明される。一般には「僧団（サンガ）の八功徳《くどく》」といわれ、大乗仏典の『華厳経《けごんきょう》』（六〇巻本、巻二七）には菩薩十地《じゅうじ》の「大海十相」として説かれるものでもある。『律蔵《りつぞう》』（小篇第九「説戒禁止犍度《せっかいきんしけんど》」）と『自説』（第五章）によってまとめれば、以下のとおりである。

「①大海が漸次《ぜんじ》に深くなるように、法と律には漸次に学ぶものがある。②大海が岸を超えないように、僧団の弟子は学処《がくしょ》（戒）を犯すことがない。③大海が死屍《しし》を受けつけないように、僧団は破戒者、悪法者《あくほうしゃ》と共住しない。④大海にどのような大河が入ってもその名を捨てるように、法と律のもとで出家した者は以前の四姓《しせい》、姓名を捨て、ただ釈子沙門《しゃくししゃもん》とのみ呼ばれる。⑤大海に世界の川が入り、空から雨が降ろうとも大海に増減がないように、どのように多くの者が涅槃界に入っても涅槃界に増減はない。⑥大海が一味《いちみ》、塩味のものであるように、この法と律は一味、解脱味《げだつみ》のものである。⑦大海に真珠や珊瑚《さんご》、金、銀、その他多くの宝があるように、この法と律には四念処《しねんじょ》、四正勤《ししょうごん》、四神足《しじんそく》、五根《ごこん》、五力《ごりき》、七覚支《しちかくし》、八正道《はっしょうどう》というもの（三十七菩提分法《さんじゅうしちぼだいぶんぽう》）がある。⑧大海に巨大な魚が住むように、この法と律には偉大な預流《よる》、一来《いちらい》、不還《ふげん》、阿羅漢《あらかん》という四双《しそう》、八輩《はっぱい》の聖者が住んでいる」

と。以上のように、仏教の出家者は、具体的にいえば、僧団、弟子僧団は、この法と律を楽しむ、といわれるのである。

ブッダはつぎのようにいわれた。

「覆《おお》われたものは降りそそぎ　開かれたものは降りそそがず
それゆえ覆いを開くがよい　そうすればそれは降りそそがず」
（『自説《じせつ》』第五章、『長老偈《ちょうろうげ》』第四四七偈）

と。これは布薩《ふさつ》の日に、身を浄め、戒本《かいほん》を唱えるとき、悪行《あくぎょう》の破戒比丘《はかいびく》が神通《じんづう》第一のマハーモッガッラーナ長老によって退《しりぞ》けられ、ブッダが大海に喩《たと》えられる仏教の八未曾有法《はちみぞうほう》について説かれた後、示されたものとされる。覆い、包み、隠すならば、煩悩の雨、罪の雨は降りそそぐであろう。しかし開き、解き、明かすならば、それはもはや降りそそぐことがない。そのようにして、煩悩が漏れず、清浄《しょうじょう》な戒を保ち、禅定《ぜんじょう》に入り、観《かん》によって思惟《しゆい》するならば、次第に涅槃《ねはん》にいたるであろう。過ちを過ちと認め、罪を罪と認める、これが仏道の基《もと》である。

ここには、一切を開き、求めることのない、無欲、空《くう》が語られている。仏道を行く者はだれも順々に学ばねばならない。蛙《かえる》が飛び跳《は》ねるように進むことはできない。戒、定《じょう》、そして慧《え》を次第に満たすことになる。しかし、その道はすでに無欲の道、空、涅槃の道でもある。

――僧団の九徳

いわゆる「律」とは僧の、すなわち「僧団」のための規律である。「戒」は在家者であれ、出家者であれ、だれも保つべきものとされるが、「律」は出家者に、とくに入団戒を受けた比丘、比丘尼《びくに》のために制定されている。入団戒を受けていない者（沙弥《しゃみ》、沙弥尼《しゃみに》）には直接適用されない。とはいえ、「律」の全体は在家者や沙弥、沙弥尼と無関係に運用されるものでない。仏道を行く者は、だれもその歩みは異なっても、清浄《しょうじょう》と和合《わごう》、智慧と慈悲からなる「僧団」から、またそれを支える「律」から生活の根幹に関わる大事なものを学ぶことになるからである。五戒《ごかい》、八斎戒《はっさいかい》、十戒はその根幹である。

では、その僧団とは何か、どのような特徴をそなえたものであるのか。伝統によれば、二種があるとされる。

第一は**現前《げんぜん》僧団**である。すなわち現前、現実に存在する僧団であり、四人以上の比丘（比丘尼）からなる集まりをいう。そこで行なわれる儀式や行事に応じて、四人、五人、あるいは十人、二十人以上の比丘が必要とされる。

第二は**四方《しほう》僧団**である。すなわち四方の、いつどこでも時間空間を超えて存在する理想的な僧団であり、一切の者、一切の所有物が帰する集まりをいう。この理念は、遠く日本でも、中国僧鑑真《がんじん》和上《わじょう》の「唐招提寺《とうしょうだいじ》」に、「招提」（四方、チャートッディサ）ということばのとおり、よく生かされているといえる。「若葉して御《おん》めの雫《しずく》ぬぐはばや」（『笈《おい》の小文《こぶみ》』）。和上の尊像を拝して詠まれた芭蕉翁《ばしょうおう》の一句は万感胸に迫るものがある。

唐招提寺の金堂

このように僧団は二種からなるが、実際に機能するものは現前僧団である。

つぎに、この僧団にはすぐれた特徴、徳として九種があるとされる。それは仏教の根本である三宝《さんぼう》、すなわち仏《ぶつ》・法《ほう》・僧《そう》という宝に知られる特徴である。そのうち、「仏」の十徳（序章「仏ということ」一八〜一九頁）、「法」の六徳（序章「仏語の世界」四二〜四四頁）についてはすでに見たが、「僧」の九徳はつぎのとおりである。

「世尊《せそん》の弟子僧団は、①よく実践するものである。世尊の弟子僧団は、②真直《まっす》ぐに実践するものである。世尊の弟子僧団は、③正理《しょうり》のために実践するものである。世尊の弟子僧団は、④正しく実践するものである。四双にして八輩からなるこの世尊の弟子僧団は、⑤供養《くよう》にふさわしいものであり、⑥真先《まっさ》きの供養にふさわしいものであり、⑦信施《しんせ》にふさわしいものであり、⑧合掌にふさわしいものであり、⑨世間の無上《むじょう》の福田《ふくでん》である」（長部《ちょうぶ》第一六『大般涅槃経《だいはつねはんぎょう》』第二九節）

と。これは聖なる僧、僧団の徳を示すものであり、礼拝《らいはい》、帰依《きえ》の対象となる僧宝《そうぼう》の特徴をいう。このような聖なる僧となるべく、つまり仏の徳を知り、法の徳を得るために出家し入団した比丘、比丘尼にそなえられるべき規律が「律」であり、律蔵に収められたものである。従って、僧団とはこのような僧の九徳がそなわるように、清浄と和合をもって、実践する者の集まりということができる。

さて、これから、その僧団、仏教の命とされる律、律蔵を構成する三部、すなわち「経分別《きょうふんべつ》」「犍《けん》度《ど》」「付随《ふずい》」の具体的な内容を概観することにしたい。

1．経分別

この律蔵の経分別にいう「経」とは戒であり、学処《がくしょ》であり、戒の定義である。経蔵にいう「経」は法、あるいは法の定義であり、ことばは同じであるが、その意味は異なっている。ただし、どちらも「糸」

を原意とし、「定義」という内容をもつものといってよい。また「分別」とは経についての詳しい説明をいうものである。この経分別は「大分別」と「比丘尼分別」からなり、「大分別」は比丘に関する二二七戒を集成した戒本（波羅提木叉《はらだいもくしゃ》）とその分別であり、「比丘尼分別」は比丘尼に関する三一一戒を集成した戒本とその分別である。前者は八項目、後者は七項目にわけられるが、ここでは前者「大分別」について見てゆきたい。

まず(1)「**波羅夷法**《はらいほう》」（パーラージカ）とは、これを犯せば僧団追放となる重罪をいう。この場合の「法」は「罪」「違犯」を意味する。丁寧にいえば、慣用的な「違犯」（offense）のことであり、「罪」（sin）ではない。仏教の「罪」は普遍的な「悪業《あくごう》」をさすからである。

まず第一波羅夷法は「婬法《いんぼう》に関する学処」であり、つぎの「経」（戒）からなる。

「比丘にして、もろもろの比丘の学（増上戒学《ぞうじょうかいがく》）である生活法をそなえ、学を捨てることなく、非力を明らかにせず、人間の女性と婬法（性交渉）を行なえば、たとえ牝《めす》の動物とであっても、波羅夷となり、共住できない者となる」

と。ここには、この経が制定されるまでの因縁、すなわちスディンナ長老が出家しながら、両親に嗣子《しし》を求められて旧妻と交わり、非難された話が語られ、また「分別」として、経中の「比丘」「学」「波羅夷」などの語について詳細な説明がなされている。この仕方は他の学処についても同じである。なお、この学処が男性の比丘戒第一に置かれている意味は大変重い。

つぎに第二波羅夷法は「不与取《ふよしゅ》（盗み）に関する学処」であり、

「比丘にして、村や森から与えられないもの（五マーサカ以上の金額相当）を盗み心で取るならば波羅夷となる」

との戒である。第三波羅夷法は「殺人に関する学処」であり、

「比丘にして、故意に人間の命を奪ったり、奪わせたり、死を賛美したり、勧めたりすれば、波羅夷となる」

との戒をいう。第四波羅夷法は「超人法《ちょうにんほう》に関する学処」であり、

「比丘にして、悟っていないにも拘《かか》わらず、聖なる智見《ちけん》（禅、解脱《げだつ》など）について『私はこのように知っている、見ている』といいふらし、それを自覚するならば、波羅夷となる。ただし、増上慢《ぞうじょうまん》の者を除く」

との戒をいう。嘘《うそ》の超人法によって利得《りとく》や尊敬を集めようとする者に対して制定されたものである。

以上の四波羅夷法はいわば断頭罪《だんとうざい》であるが、いずれも常戒《じょうかい》である五戒のうちの四戒（不殺生《ふせっしょう》、不偸《ふちゅう》盗《とう》、不邪婬《ふじゃいん》、不妄語《ふもうご》）を基本にして、出家者の不犯《ふぼん》が求められたものである。ただし無意識に、あるいは精神錯乱により犯した者、あるいは初犯者については無罪とされる。これは仏教の戒律における基本

的立場である。

⑵「僧残法《そうざんほう》」（サンガーディセーサ）は重罪であるが、僧団追放にいたらず、一定の謹慎生活を終えれば僧団に復帰できるものをいう。射精、卑猥なことば、仲介、精舎建立《しょうじゃこんりゅう》、破僧《はそう》、在家汚染などに関する十三カ条の学処をいう。

⑶「不定法《ふじょうほう》」（アニヤタ）は二種であり、一人の比丘が一人の女性と隠れた座に、あるいは隠れていない座に坐った場合、波羅夷か僧残か捨《しゃ》（単堕《たんだ》）か、僧残か捨のいずれかによって処置されなければならないものである。いずれもことばに信頼のおける女性（たとえばヴィサーカー信女《しんにょ》）によって決定される。「不定法」とは未決の罪をいう。なお、これは比丘のみにあるもので、比丘尼にはない。

⑷「捨法《しゃほう》」（ニッサッギヤ）は衣《え》、鉢《はつ》などの所有物を所定以上に所有した場合、それを捨て、四人以上の僧団の前で懺悔《さんげ》しなければならない三十カ条の罪をいう。

⑸「堕法《だほう》」（パーチッティヤ）は生活全般におよぶ、妄語、草木の伐採、比丘尼への教誡《きょうかい》、食事、飲酒、殺生《せっしょう》、女性との関係などの執着、煩悩に関わる九十カ条の罪である。

⑹「悔過法《けかほう》」（パーティデーサニーヤ）は食べ物の受用《じゅゆう》の仕方に関する四カ条の罪をいう。

⑺「衆学法《しゅがくほう》」（セーキヤ）は七十五ヵ条からなる、いわゆる行儀作法をいう。托鉢《たくはつ》などの時には、衣や手足をだらしなくして歩かない。食事の時には、チャプ、チャプ、あるいはスル、スルという音を立てない。

不遜な態度の者に法を説かない。立小便をしたり、唾《つば》を吐いたりしない、などである。
(8)「**滅諍法**《めつじょうほう》」(アディカラナサマタ)は僧団内の争いを解決する七種の方法であり、罪ではない。①現前による裁断、②記憶による裁断、③昏迷《こんめい》のない裁断、④自白、⑤多数決、⑥悪行の弾劾《だんがい》、⑦草の覆い(不和の悪臭を包む方法)である。

以上が「大分別」の概要であり、これに続いて「比丘尼分別」が説かれている。これらはいずれも、比丘、あるいは比丘尼が個人的に守らなければならない学処である。

2. 犍 度

以上の「経分別」に対して、「犍度」は僧団全体の行事運営に関わる規則とその成立の因縁《いんねん》を説いたものであり、大篇は十犍度、小篇は十二犍度からなる。

まず「**大篇**」のうち、(1)「**大犍度**」は釈尊の成道《じょうどう》、説法、サーリプッタ、マハーモッガッラーナの二大弟子の出家・入団にいたる因縁を詳しく語り、師・弟子などの諸規則を示し、「経分別」と同様に律蔵の成立意義を説く。その中でつぎのことばはとくに重要である。

「**比丘たちよ、遊行《ゆぎょう》しなさい。多くの人々の利益《りやく》のため、多くの人々の安楽《あんらく》のため、世界への憐《あわ》れみのために、人《にん》・天《てん》の目的のため、利益のため、安楽のために、です。二人が一緒になって行**

ってはなりません。

比丘たちよ、初めもよく、中間もよく、終わりもよい、内容もよく、形式もよい、完全無欠で、清浄《しょうじょう》な法を示しなさい。梵行《ぼんぎょう》を明らかにしなさい」

と。これは仏教の目的、また法とは何か、各人がどのように生活し実践すべきかを明示し、ブッダの智慧と慈悲を端的に語られたものでもある。「遊行しなさい」とは、後代の『般若心経《はんにゃしんぎょう》』に説かれる「行《ぎょう》深般若波羅蜜多《じんはんにゃはらみた》」の「行」であり、一処《いっしょ》に住《じゅう》することのない、無住処《むじゅうしょ》を示すことばにほかならない。その智慧による「行」は世界への憐れみ、利益のためである、というのである。

このほかに、注目されるものに、(8)「**衣揵度《え》**」がある。ここには「律」がさまざまな変化の中でまとめられた経緯がよく窺《うかが》われる。

たとえば、衣はもともと糞掃衣《ふんぞうえ》として、墓地や道路に捨てられている布を拾い、これを洗い、染め、そして縫われたものである。しかし、名医ジーヴァカの要請で信者による衣の布施が許可されると、たちまち多くの衣が施され、これを受け取る「受衣者《じゅえしゃ》」が指名された。その受衣者は、貪《むさぼ》りの非道、怒りの非道、愚痴《ぐち》の非道、恐怖の非道に落ちないこと、受《じゅ》・非受《ひじゅ》を知っていること、この五条件を満たす者であり、他の責任者の資格も同じである。このようにして衣は受け取られたが、あちこちに放置したために衣は損なわれた。

そこでこれを保管する「保管者」が指名された。しかし衣は樹下や洞《ほら》に山積みされ、ネズミや白蟻《しろあり》などに齧《かじ》られたため、「倉庫」が指定された。そこでまた「倉庫番」が指名されたが、衣の分配に不平や不満、不和が起こった。そこで「衣の分配者」が指名された。このように衣に関してさまざまな規則が制定された、と伝えている。

その他、衣の規定については、衣の色、形などにその特徴が窺われる。糞掃衣と呼ばれる黄衣《こうえ》の色は、壊色《えじき》、すなわち一般の商品的価値を落とす土の色である。また衣は一枚の布のままではなく、小片にされた布を縫い合わせて作られたが、これも一般の商品的価値を落とすものである。このように衣は社会的な価値や魅力がなく、盗まれる心配のない、まさに社会を離れた出家者が用いるにふさわしいものである。仏教の出家生活は、三衣一鉢《さんねいっぱつ》、一処不住《いっしょふじゅう》に原点があるということにほかならない。

つぎに「**小篇**」の(7)「**破僧犍度**《はそう》」について見ておきたい。これはデーヴァダッタ（提婆《だいば》）による僧団破壊の行為に関する話であり、規定である。ここではかれの「五ヵ条の要求」に対して示されたブッダのことばはとくに大事であり、仏教における一切の生活の根本を語られたものといえる。まずデーヴァダッタの要求である。

「**出家の比丘は、生涯、①森林住者《しんりんじゅうしゃ》となり、村辺に入れば罪にすべきこと、②托鉢食者《たくはつじきしゃ》となり、招待食を受ければ罪にすべきこと、③糞掃衣者《ふんぞうえしゃ》となり、居士衣《こじえ》を受ければ罪にすべきこと、④樹下《じゅげ》**

住者《じゅうしゃ》となり、屋内に近づけば罪にすべきこと、⑤魚・肉を食べるべきでなく、食べれば罪にすべきこと」

というものであった。これは仏教の出家者個人における生活の原点ともいうべきものである。

タイ・バンコクの托鉢風景

しかし「大犍度」にも規定されているように、僧団における出家者の生活は衣・食・住・薬の四依《しえ》であり、またそこに在家者の意向と功徳《くどく》を配慮した「余得《よとく》」がなければならなかった。そこでつぎのように答えられた。

「①望む者は、森にも村辺にも住んでよい、②托鉢食でも招待食でも受けてよい、③糞掃衣でも居士衣でも受けてよい、④八ヵ月間の樹下住（遊行）は許可されている（つまり雨期の四ヵ月間は屋内に住むことは許可されている）、⑤見ず、聞かず、疑わず、という三点について清浄《しょうじょう》である魚・肉は食べてよい」

と。これは智慧と慈悲を説く仏教の立場による答えであり、中道《ちゅうどう》の教えを示されたものである。

ここで(11)「**五百犍度**」に触れておきたい。これは釈尊入滅後の第一結集《けつじゅう》の内容を紹介したもので、ここには注目すべき記事が知られる。かつてブッダが、小さな戒（少々戒《しょうしょうかい》）は廃止してもよい、といわれたことで、それが何かを検討したが、明らかにならず、つぎの重大な決定を下したという。「僧団は未制のものを制定せず、所制のものを断たず、所制の諸学処を保持して行く」と。つまり、これ以後、伝統仏教では「随犯随制《ずいぼんずいせい》」の戒律が「不変」と見なされ、今日にいたったということである。もちろんこれを緩和する「浄法《じょうほう》」（律に違背しない方法）も行なわれたが、戒律不変の原則は貫かれている。

なお、この「小篇」の最後の「結集」に関する二犍度は後の付加ともされるが、その場合、「犍度部」は大小合わせて二十犍度であったということになる。

3．付　随

「付随」は律蔵をまとめ、そのエッセンスを説くものであるが、難解な個所も多い。伝統的説明によれば、これは後代のディーパ長老によって著わされたものとされる。その内容の基本は経分別の綱要を説く「**十六の付随**（要素）」にあり、つぎのようなものである。

まず、大分別の1．「**制定場所の部**」は、「知り、見る、阿羅漢であり、正自覚者《しょうじかくしゃ》である、かの世尊によって、第一波羅夷はどこで制定されたか」などによって、各学処の制定場所、因縁をまとめたものである。ついで、2.「**罪（違犯）数の部**」は罪の数、種類、3.「**欠損の部**」は四欠損における罪の欠損、4.「**包摂《ほうせつ》の部**」は七罪聚《しちざいしゅ》中における罪の包摂、5.「**等起《とうき》の部**」は六等起中における罪の等起、6.「**諍事《じょうじ》の部**」は四諍事中における罪の諍事、7.「**滅諍《めつじょう》の部**」は七滅諍中における罪の滅諍を、8.「**集合の部**」は全体を集め、まとめたものである。

つぎに、この「八の部」に続いて、「婬法を行なうことを縁として、波羅夷はどこで制定されたか」などの仕方で、再び、「縁として」ということばによって、同様の「八の部」が説かれる。このようにして大分別は「十六の部」が示される。そしてさらに、その仕方で比丘尼分別においても「十六の部」が述べられる。

以上がこの「付随」の主要部分である。しかし「付随」には、その他さまざまな「戒律のまとめ」がよくなされており、そのうち、第一八部「**発汗の偈**」などは汗を出すような難題とされるものでもある。ちなみに、ここに四十三題の中から二題を、その註釈による解答とともに、紹介してみよう。

(1)「比丘、比丘尼らと（諸行事によって）共住せず、そこに一つの（不浄な）受用《じゅゆう》もなく、しかも同宿して罪がない、これが賢者らの考えた問いなり」

この答えは、比丘尼にして、子を生み、食事などの世話をする場合である。

(11)「どの人からも呼びかけられず、しかも他者にことばを語らず、語罪を犯し、身罪を犯さず、これが賢者らの考えた問いなり」

この答えは、布薩のとき、「罪があれば告げよ」といわれて、違犯しながら、沈黙している者の場合である、という。

以上が律蔵の概観である。律蔵は仏教の自利利他、智慧慈悲による具体的な生活を戒律として説くものである。

日本では、長い仏教の歴史において、大乗仏教の立場から、戒律が小乗戒として廃棄されたこともあった。伝教大師《でんぎょうだいし》、あるいは親鸞聖人《しんらんしょうにん》はその先駆者であるともされる。しかし、菩薩戒、あるいは大慈悲心をどこまでも尊重し、大切にされたものであった。

終章　仏道

――人生の目標

ことばは道であり、道はことばである。すぐれたお方のことばは私たちに最初の一歩を示してくれる。また最後の一歩をも教えてくれるように思われる。それは、自己の行くべき道に、常に勇気と精進《しょうじん》の力を、また喜びと満足の心を与えてくれるということにほかならない。

だれも一生の目的が見つかれば、日々は明るいものになるであろう。生涯の目標が定まれば、日々は豊かなものとなるにちがいない。ブッダはそれを可能にしてくださるお方である。そのようなブッダのことばとして第一に挙げられるものがつぎの一句、七仏通誡偈《しちぶつつうかいげ》である。

「いかなる悪も行なわず　もっぱら善を完成し
自己の心を清くする　これが諸仏の教えなり」（『**法句**《ほっく》』第一八三偈、長部《ちょうぶ》第一四『**大譬喩経**《だいひゆきょう》』）

これは漢訳の『法句経』に「諸悪莫作《しょあくまくさ》　諸善奉行《しょぜんぶぎょう》　自浄其意《じじょうごい》　是諸仏教《ぜしょぶっきょう》」とあり、一般に「諸悪莫作、衆善《しゅぜん》奉行」として知られることばである（序章「仏ということ」一〇頁参照）。その内容は明瞭であり、しかも深遠である。悪いことをしない、善いことをする、心を清める、自己を調《ととの》える、これが人間の最もすぐれた生活である、と教えている。また、戒《かい》の学び、定《じょう》の学び、慧《え》の学びによって、すなわち八正道《はっしょうどう》を行くことによって、人間の最上の目的に到達する、自他を後悔させることがない、と。若くても、老いても、この道を行くことができるならば、日々《にちにち》これ好日《こうじつ》、いつも無事の人であるというのである。

七仏なる一切のブッダは、だれもこのことばを行持《ぎょうじ》し、だれにもこのことばを説かれたのであった。智慧慈悲円満《ちえじひえんまん》のことばである。

――諸法の教え

ブッダ（ガンダーラ）

仏典はブッダのことばからなる。本書で紹介してきたパーリ仏典はパーリ語で伝えられた原始仏教聖典である。その教えは清く、静かで、深い。もちろん、「パーリ」であれ、「原始」であれ、あるいは「大乗」であれ、「上座部《じょうざぶ》」であれ、どのような名称を冠して呼ばれようとも、仏典はすべてブッダ、すなわち覚者《かくしゃ》のことばであり、自覚覚他《じかくかくた》の智慧慈悲を体《たい》とする。

ブッダの説法は無数の生けるものに無数のことばをもって行なわれた。とくに私たち人間、個々人に、その機根《きこん》に応じて、具体的に説かれたが、それは「諸法《しょほう》の教え」といわれるものである。一般の相対的なことばをもって、だれにもわかるように行なわれた世俗諦《せぞくたい》による説法といってよい。とくにブッダの楽《らく》（楽味《らくみ》）、苦（危難《きなん》）、そして中《ちゅう》（出離《しゅつり》）という直接経験に基づく説示《せつじ》であり、時間と空間、あるいは人をとおして語られたものである。たとえば、苦しむ者が法を聞き、その実践により煩悩を滅《めっ》し、菩提《ぼだい》を得る、というようにである。

「法話とは四諦《したい》の法を離れない話であり、生起と消滅を明かす説示である」（『自説註《じせつちゅう》』）といわれるとおり、仏典、法の話はいずれもこのような四諦、生滅《しょうめつ》、つまり煩悩（苦・集《じゅう》＝生起）と菩提（滅《めっ》・道《どう》＝消滅）の枠組みで語られている。すなわち、生滅の縁起《えんぎ》を根幹とする教えの説示である。

パーリ仏典は、「法《ほう》と律《りつ》」を根本の内容とする（序章「パーリ仏典」二四頁以下参照）が、その全体は経蔵《きょうぞう》、律蔵《りつぞう》、論蔵《ろんぞう》という「三蔵《さんぞう》」からなるものである。今ここに、それぞれを伝統（上座部）の諸註釈によってその体系的な特徴を示せば、つぎのようになる。

(1)律　蔵——増上戒学《ぞうじょうかいがく》、違犯の捨断《しゃだん》、随犯《ずいぼん》の教説、大小律儀《りつぎ》の話、命令の説示。
(2)経　蔵——増上心学《しんがく》、纏縛《てんばく》の捨断、相応《そうおう》の教説、邪見《じゃけん》解放の話、慣用の説示。
(3)論　蔵——増上慧学《えがく》、随眠《ずいめん》の捨断、如法《にょほう》の教説、名色識《みょうしき》別の話、勝義《しょうぎ》の説示。

すなわち三蔵からなる仏典は、「戒」「定」「慧」という三学《さんがく》、三種の捨断、三種の教説、三種の話（論）をその内容とする。そのうち「三種の捨断」とは、律（戒）による罪（悪業《あくごう》）の捨断、経（法）

による顕在煩悩の捨断、論（勝法《しょうほう》）による潜在煩悩の捨断をいう。大まかにいえば、三蔵は順に「貪《とん》の捨断」「瞋《しん》の捨断」「痴《ち》の捨断」を説き、無貪・無瞋・無痴の「涅槃《ねはん》」を明かすものである。貪は餓鬼《がき》の様相、瞋は阿修羅《あしゅら》の様相、痴は畜生《ちくしょう》の様相をあらわし、貪瞋痴は根本煩悩、無智、無明《むみょう》の状態をいう。いずれも生死《しょうじ》、輪廻《りんね》に苦しむ私たち自身のことをさす。別にいえば、仏典は私たちの生死（煩悩）と涅槃（菩提《ぼだい》）を説き、後の大乗仏教（天台《てんだい》）にもいわれる十界《じっかい》（地獄・餓鬼・畜生・修羅《しゅら》・人《にん》・天《てん》・声聞《しょうもん》・縁覚《えんがく》・菩薩・仏の世界）からなる「自己」を語るものである。

また仏典の説示については、三蔵の場合、その特徴を捉えて、命令、慣用、勝義の三種によって説明されるが、基本は世俗諦（世俗の真理）による説示と勝義諦（第一義《だいいちぎ》の真理）による説示との二種である（序章「仏語の世界」四六頁参照）。それは、つぎのように、『長部註』を初めとする諸註釈に一致した見方である。

「説者《せっしゃ》において最上なる　覚者《かくしゃ》は二諦《にたい》を説きたまう
すなわち世俗と勝義なり　第三のものは存しえず。
世間の合意に基づいて　世俗（指定）のことばを諦とし
諸法の真実に基づいて　勝義のことばを諦とする。
それゆえ言説《ごんせつ》巧みなる　世間の導師《どうし》、大師《だいし》には

世俗をいかに語ろうと　妄語《もうご》が生じることはない」

と。ここにいう「世俗」とは人、有情《うじょう》、女、男、王族、バラモン、天、魔などである。また「勝義」とは無常、苦、無我《むが》、蘊《うん》、界《かい》、処《しょ》、念処《ねんじょ》などをさす。ブッダは、この世俗のことばによって理解できる者には「世俗諦」によって、勝義のことばによって理解できる者には「勝義諦」によって法を説かれた。

このように仏典は世俗諦と勝義諦とによって説示されているが、とくに世俗諦による説示は「人話《にんわ》」によるものが主であった。それはすなわち、(1)慚愧《ざんき》を説明するために、(2)業自性《ごうじしょう》を説明するために、(3)各人の行為（功徳《くどく》）を説明するために、(4)無間業《むげんごう》を説明するために、(5)梵住《ぼんじゅう》を説明するために、(6)宿住《しゅくじゅう》を説明するために、(7)布施清浄《ふせしょうじょう》を説明するために、そして(8)世間の合意と乖離《かいり》しないために、という八種の理由からである。

たとえば、世間の人々は、勝義のことばで「蘊、界、処が慚愧する」などといわれると、「それはどういうことか」と迷い、敵対するであろう。しかし、世俗のことばで、「人が慚愧する」と聞けば、迷わず、理解し、敵対することもない。それゆえブッダは「慚愧」などを説明するために、世間の合意を離れることなく、世間の名称、言説、表現にとどまり、「人話」を説き、説法されたというのである。

諸仏はつねに真実、自性《じしょう》、不妄《ふもう》のみを語られる（『論事註《ろんじちゅう》』）という。ブッダによって語られることばはたとえ世俗であっても、その諸法はすべて真実であり、虚妄がないのである。

――説法の心得

それでは、ブッダはこのような諸法の教えをどのように説示されたのであろうか。ブッダは説法について、侍者《じしゃ》のアーナンダ長老にこう語られたことがある。

「アーナンダよ、他の者に法を説くことは容易でありません。アーナンダよ、他の者に法を説こうとするならば、内に五法を確立して、他の者に法を説くべきです。五とは何か。

①私は順々の話をしよう、
②私は根拠を見てから話をしよう、
③私は憐れみによって話をしよう、
④私は利益を求めずに話をしよう、
⑤私は自他を害さずに話をしよう、

と。このように他の者に法を説くべきです」（『増支部《ぞうしぶ》』五法集《ほっしゅう》）

と。弟子による説法をとおして、法である智慧をどのように慈悲として説き示すのかに触れられたものである。

第一の順々の話とは、「布施《ふせ》」（寛容）の話に続いて「戒」（慈愛）の話を、続いて「天」（幸福）の話を、というように順々に語られる次第話《しだいわ》をいう。私は各経の語句や偈《げ》にふさわしい話をしよう、と心を確立して話をすべきである、ということである。

第二はそれぞれの事柄（意味）のそれぞれの根拠を示して話をしよう、第三は悩みを抱えている人をその悩みから解放してあげようとの憐れみによって話をしよう、第四は自分のために衣・食・住・薬という生活必需品の獲得を求めずに話をしよう、ということである。

第五は自分を誉めて他者を貶《けな》すという自讃毀他《じさんきた》などによって自他の徳を害することなく話をしよう、このように心を確立して話をすべきである、ということである。

そのような「話」として在家者《ざいけしゃ》一般に語られたものは、順々の話にある施《せ》・戒・天の「三論《さんろん》」、あるいは施・戒・修習《しゅじゅう》の「三福業事《さんふくごうじ》」（功徳を積むための三種の行為）に関する話であった。

出家者に対しては「十論事《じゅうろんじ》」と呼ばれる話であり、戒・定・慧の三学にまとめられるものである。すなわち、少欲論・知足《ちそく》論・不交際論・戒論は「増上戒学」に、遠離《おんり》論・努力精進論・定《じょう》論は「増上心学」に、慧《え》論・解脱《げだつ》論・解脱知見《げだつちけん》論は「増上慧学」に配して説明された。なお、出家者には世間の男や女の話などの二十八種、あるいは三十二種からなる「畜生話《ちくしょうわ》」（智慧を生まない話）を離れ、つねに「法話《ほうわ》」（法に関する話）を語ることが求められた。語れば法談《ほうだん》、黙せば禅定《ぜんじょう》である。また、諸註釈に、「最初に戒を示すがよい、中間においては道《どう》を、最後に涅槃を明かすがよい、これが話の確立である」といわれているように、説示の話は戒、道、涅槃を眼目《がんもく》とするものである。

このように説法の心得が五か条に示されたが、それは智慧と慈悲の心に基づく丁寧なものである。ブッダはつねに世間を慈しみ、憐れみ、喜び、そして正しく観察された。世間、出世間《しゅっせけん》に住み、法を語り、禅定《ぜんじょう》に静まり、中《ちゅう》の道を行かれた。ブッダに学ぶ者は等しくこの道を行くように、ということである。

――実相《じっそう》の教え

ブッダはだれにも理解される世間、世俗のことばをもって「諸法の教え」を説かれた。八万四千の法《ほう》門《もん》といわれるものである。また同時に、勝義のことばをもって「実相の教え」を説かれた。それは対機《たいき》による相対的な諸法でなく、絶対的な第一義、勝義諦による説示である。しかしパーリ仏典では、すでに見たように無常、蘊などの「勝義」によって教えは説かれたが、それは「ことば」という「分別《ふんべつ》」によるものであり、ことばを超えた実相を語るものではなかった。

「諸法の寂滅相《じゃくめつそう》は、言《ごん》をもって宣《の》ぶべからず、方便力《ほうべんりき》をもっての故に、五比丘《びく》のために説けり。これを転法輪《てんぼうりん》と名づく。すなわち涅槃の音と、および阿羅漢《あらかん》と、法と僧との差別《しゃべつ》の名とあり。『久《く》遠劫《おんごう》より来《このかた》、涅槃の法を讃示《さんじ》して生死《しょうじ》の苦を永《なが》く尽《つく》す』と、われ（仏）は常にかくの如く説けり」（『法華経《ほけきょう》』方便品《ほうべんぼん》）

『法華経』の二仏並坐像（敦煌）

と、後の大乗仏典に述べられているとおりである。諸法の寂滅相（実相）はことばを超えたものであり、ことば、分別、執着を離れない者には理解できない。それゆえ、私（仏）は生死と涅槃、すなわち四聖諦《ししょうたい》という方便のことばによって説く、といわれたのである。

このようにパーリ仏典における一般の説示は、勝義諦によるものであっても、ことばの分別による「諸法の教え」を主にしたものである。

これに対して、大乗仏典では無分別《むふんべつ》による「実相の教え」が説かれた。

「今、われは喜び、無畏《むい》にして、諸菩薩の中に、正直《しょうじき》に方便を捨て、ただ無上道《むじょうどう》のみを説くをもって、菩薩はこの法を聞いて、疑網《ぎもう》を皆すでに除き、千二百の羅漢《らかん》も、悉《ことごと》くまた、まさに仏となるべし。三世《さんぜ》諸仏の説法儀式《せっぽうぎしき》の如く、われも今また、かくの如く無分別の法を説かん」

（『法華経』方便品）

と。このように仏と仏とのみに通じる真実、絶対、実相が説かれた。「唯仏与仏《ゆいぶつよぶつ》、乃能究尽《ないのうぐうじん》、諸法実相《しょほうじっそう》」

の説示である。

たとえば、煩悩即菩提《ぼんのうそくぼだい》ということについていえば、煩悩はすなわち菩提である。煩悩と菩提は一つのもの、それはまったく同じものであり、顔を合わすことがない。煩悩は煩悩として絶対であり、菩提は菩提として絶対である。そのとおりのもの、一法究尽《いっぽうぐうじん》ということである。

『金剛般若経《こんごうはんにゃきょう》』にも「世界は世界にあらず、これを世界と名づく」と説くが、それはそれでなく、それである、というのである。また『涅槃経《ねはんぎょう》』にも「一切衆生悉有仏性《いっさいしゅじょうしつうぶっしょう》」と説かれているが、悉有は仏性である、ということである。実相《じっそう》によれば、仏性とは仏になる可能性ではなく、仏たること、仏そのものであり、悉有はそのまま仏であるというのである。

このように大乗仏典の説示は「勝義のことば」によるものではなく、ことばを超えた勝義、実相を示すものといってよい。分別という無分別、差別という無差別の把握である。諸法は実相であるとの見方である。

パーリ仏典にはこうした表現は直接に見られない。煩悩はどこまでも輪転《りんてん》、迷いの側にあり、菩提はどこまでも還転《げんてん》、悟りの側にある。煩悩と菩提は別ものである、とする。それは、世間の聞く人のために用いられた方便である。ここでは「勝義」ということばもまた、世間の聞く人のためのものである。

しかし、ブッダご自身について語られるとき、あるいは聞く人が世間を超える場合、そうではない。

諸法実相が語られているのである。たとえば、長部第一『梵網経《ぼんもうきょう》』に説かれたつぎのことばにはそれが知られている。

「如来（私）はそれを知り、またそれよりすぐれたものをも知ります。しかもその知ることに執着しません。執着しないから、ただひとり自らそこに寂滅が見られます」（第三六節）

と。覚《さと》り、執着しない。執着すべき何ものもない。それはそれであり、それでない。諸法は実相である、といわれたものである。執着の実相、無の執着を示されたものにほかならない。執着即寂滅、唯仏与仏の世界である。

ブッダが世間のことばで法を説かれるのは、他者のためである。それゆえ、それを聞く者は世間のことば、他者のことばによって聞かなければならない。しかし、それを自己のこととして、清浄《しょうじょう》な信心をもって、智慧をもって自己のことばによって聞くならば、世間のことばはすでに世間を超えている。すなわちブッダという自己のことばを聞いているのであり、ブッダという自己のことばを説いているのである。

世間のことばとは諸法である。自己のことばとは実相である。実相には、いわゆる時間も空間も人も入らない。自己も入らない。しかし、ことばとして用いるときには、時間も入り、空間も入り、自己も入ることになる。それゆえ、これはこれでなく、これである、というのみである。これを諸法実相といい、現成公案《げんじょうこうあん》とも呼ぶ。色即是空《しきそくぜくう》とも、生死即涅槃《しょうじそくねはん》、即心是仏《そくしんぜぶつ》ともいう。如是《にょぜ》である。

仏典は諸法であれ、実相であれ、世俗であれ、勝義であれ、どのように説かれても、すべてはブッダのことば、仏語《ぶつご》である。方便の諸法を説くか、真実の実相を説くか、その相違によってさまざまな仏典名があるのみである。聞くべきものは仏語であり、仏法《ぶっぽう》でしかない。

世間、分別、執着の世界には大があり、小がある。しかし、出世間、無分別、無執着の世界には大も小も知られない。すべてが仏大仏小《ぶつだいぶっしょう》の真実であり、実相である。大乗も小乗もない。仏乗《ぶつじょう》があるのみである。自利《じり》も利他《りた》もない。仏利《ぶつり》があるのみである。自力も他力《たりき》もない。仏力《ぶつりき》があるのみ。これが仏法、ブッダの世界である。

――精進と安らぎ

これをもって「ブッダのことば」の学びを終えることにしたい。私たちがブッダに学ぶものは仏道である。仏のことばであり、仏の道である。

ブッダ釈尊はご入滅《にゅうめつ》にあたり、パーリ仏典の長部第一六『大般涅槃経《だいはつねはんぎょう》』で、こういわれた。

「いかなるものも移ろい行きます。怠ることなく努めなさい」

（第八八節）

と。ブッダが説かれた一切のことばと、ブッダが行かれた一切の道とを、ここに示されたのである。諸《しょ》行《ぎょう》は無常である、常に精進《しょうじん》されよ、と。
また、ブッダのご入滅直後に神々の王サッカ天（帝釈天《たいしゃくてん》）はこう唱えたという。

「諸行は実に無常なり　生じ滅する性質のもの
生じてはまた滅しゆく　その寂滅は安楽なり」
（同第九一節）

と。漢訳には「諸行無常《しょぎょうむじょう》、是生滅法《ぜしょうめつほう》、生滅滅已《しょうめつめつい》、寂滅為《じゃくめつい》楽《らく》」とある。すばらしい無常の偈である。この私たちは無常、生滅の中にある。この私という自己、世界の無常、生滅を知るとき、執着はない。寂滅があるのみ、安楽を見るのみ、というのである。諸行とは、私、自己、世界であり、五蘊なる苦（空虚）をいう。

涅槃に入る釈尊（右）とアーナンダ（左）
（スリランカ・ポロンナルワ）

仏典は仏経であり、仏教である。それは仏語であり、仏道である。智慧慈悲の仏転法輪《ぶってんぽうりん》、大法輪《だいほうりん》である。ブッダのことばを学び、ブッダの道を行く、これが仏々祖々《ぶつぶつそそ》の教えであり、私たちの学びである。
今ここに、そのとおり学び行きたいと思う。すべては仏の法のために。

パーリ仏典を学ぶために

▼ブッダの立場とパーリ仏典

今日の私たちは、望むならば、どのような種類の仏典にもアクセスが可能であり、その教えを学ぶことができるように思われる。しかし一方では情報が氾濫し、何が求めるべき仏典であり、正しい教えであるかに迷うことも少なくない。

仏教の歴史を見ても、その修行において「経」は不要として焼かれたり、不立文字《ふりゅうもんじ》とか教外別伝《きょうげべつでん》といって「文字」や「言葉」が退けられたりしたこともあった。またその学問においても教相判釈《きょうそうはんじゃく》ということがいわれ、「教え」のランク付けがなされたり、「教説」が完全であるかどうかという了義《りょうぎ》・未《み》了義《りょうぎ》、仏説《ぶっせつ》・非仏説《ひぶっせつ》の問題が論じられたりもした。あるいは「仏性《ぶっしょう》」や「縁起《えんぎ》」に関する論争もくり返されたようである。

この事情はブッダ、釈尊の時代においても同じであった。ある交通の要衝《ようしょう》、文化の交流の地にはいつも多くの宗教者が集まり、自説を称え、他を貶《けな》しては去って行った。人々はさまざまな主張に迷い、何が真実かをブッダにたずねるとこういわれたという。伝聞によらず、正しく自己を見ること、智慧と慈悲に住むことである、と。知識や情報を集め、それに迷う人間の心は今も昔も変わらない。

かつて唐の玄奘三蔵《げんじょうさんぞう》は、西安《せいあん》に残る大雁塔《だいがんとう》の「聖教序《しょうぎょうじょ》」碑文にも刻されているように、インドを旅され、十七年の歳月を費やしておよそ六五七部の梵語《ぼんご》（サンスクリット）仏典を蒐集《しゅうしゅう》し、帰国後、ただちにこれを翻訳されたという。それがいわゆる玄奘訳として、あるいは羅什《らじゅう》三蔵の旧訳《くやく》に対する新訳として、私たちに伝えられる漢訳仏典である。この世紀の大偉業も尊者《そんじゃ》による求法《ぐほう》の一念に発し、三宝帰依《さんぼうきえ》の浄信《じょうしん》に支えられたものであった。仏の広大な智慧と慈悲が尊者をその道に向かわせたのであった。仏法《ぶっぽう》、すなわち仏典が尊者を招き、尊者が仏典に招かれたのである。

本書では、その漢訳仏典や梵語仏典とは形式（表現）が異なるパーリ仏典について、「ブッダのことば」を汲みつつ、概観した。それは原始仏教の時代に属する経典の集成であり、その教えは簡潔、明瞭である。だれも迷うことなく学び、親しむことができるものといってよい。なぜなら、ブッダは分別論《ふんべつろん》者《しゃ》ともいわれたように、何が真実であり、何が真実でないかを明らかにし、苦と楽の根拠が何かをはっきり示されたからである。縁起を根本とする四聖諦《ししょうたい》の教え、八正道《はっしょうどう》、中道《ちゅうどう》の実践、これがブッダの説かれたものであった。悪を行なわず、善を行なうこと、と。この「今ここに正しく生きること」を教える最良の聖典の一つが、パーリ仏典である。

ここで、さらにその全体を把握するために、まずこの仏典がどのように現在の私たちに伝えられたかを簡単に見ておきたい。

▼パーリ仏典結集《けつじゅう》の歴史

上座部《じょうざぶ》の伝承によれば、今日までに合計六回の結集が行なわれて現行の仏典の形に整えられたという。結集とは経《きょう》・律《りつ》・論《ろん》の編纂《へんさん》と合誦《ごうじゅ》である。

その**第一結集**はすでに紹介したとおり、仏滅後《ぶつめつご》、インドのマガダ国のラージャガハ（王舎城《おうしゃじょう》）で、マハーカッサパ（摩訶迦葉《まかかしょう》）長老を主とする五百人の阿羅漢《あらかん》により行なわれ、経・律の二蔵《にぞう》が合誦された。

第二結集は仏滅百年後、ヴェーサーリーで、十事《じゅうじ》の非法《ひほう》に関する論争が生じ、七百人の阿羅漢により、律蔵《りつぞう》を中心に行なわれた。

第三結集は紀元前三世紀、パータリプトラで、アソーカ王の支援を受け、モッガリプッタティッサ長老を主とする千人の阿羅漢により行なわれ、経・律・論の三蔵《さんぞう》が合誦された。

第四結集はスリランカで、紀元前一世紀、ヴァッタガーミニー王の治世に、飢饉や戦争といった惨憺《さんたん》たる社会状況の中で行なわれ、このとき初めて経がターラ葉《よう》に書写され、それ以来、文字によるパーリ仏典が伝えられたという。

それ以後、十九世紀までは結集について知られず、一八七一年、ミャンマーのマンダレーでミンドン王の支援を受け、**第五結集**が行なわれたとされる。そのとき、仏典は七二九枚の大理石（律蔵一一一枚、経蔵四一〇枚、論蔵二〇八枚）に刻まれ、立てられた。

第六結集は、その八十三年後、一九五四年五月七日、ミャンマーのラングーンで、ウ・ヌ政府の支援を受け、人工のマハーパーサーナ窟に八カ国、すなわちミャンマー、タイ、スリランカ、カンボジャ、ラオス、インド、ネパール、ヴェトナムの比丘《びく》二五〇〇人が集まり、開始された。マハーシ長老が法を問い、ヴィチッタサーラービヴァンサ長老がこれに答えたという。そして仏滅二五〇〇年に当たる一九五六年五月満月の日、三蔵の結集が完了し、まもなくそれらがビルマ第六結集版として刊行された。またこれを記念して、タイでは王室版、スリランカではブッダジャヤンティ版、やがてインドでもナーランダー（デーヴァナーガリー）版など、各国の文字によるパーリ仏典が、註釈書、復註釈書とともに刊行された。

▼パーリ仏典の和訳

つぎに、わが国におけるパーリ仏典の事情、状況を見ることにしよう。

⑴パーリ学の誕生

まずパーリ学の研究は明治年間、高楠順次郎博士（東京帝国大学）のもとで始まったとされる。また、パーリ仏典の本格的な和訳は大正年間、立花俊道先生（曹洞宗大学＝駒澤大学）によって行なわれ、**『国訳大蔵経《こくやくだいぞうきょう》』（国民文庫刊行会）**の中に、**『律蔵《りつぞう》』（大品《だいぼん》・小品《しょうぼん》）**、**『法句経《ほっくきょう》』**、**『経集《きょうしゅう》』**、**『長老《ちょうろう》偈《げ》』**、**『長老尼偈《ちょうろうにげ》』**などの訳が収められた。その後、長井真琴博士、荻原雲来博士、赤沼智善教授（大谷大学）などにより個々に翻訳がなされた。

そして昭和の初期、すなわち昭和十年四月～十六年一月の約六年間に、高楠順次郎博士の功績を記念し、パーリ仏典の三蔵すべてが和訳され、完全な形で刊行された。それが**『南伝大蔵経《なんでんだいぞうきょう》』六五巻（七〇冊、大蔵出版）**である。これは明治末期までに生まれたわが国の仏教学者による訳経の結晶であり、先の四名のほかに、木村泰賢博士、宇井伯寿博士、水野弘元先生、渡辺照宏博士、最後に東元慶喜先生（明治四十五年生まれ）を含む五十一名による画期的な大事業であった。

すでにヨーロッパでは、とくに英国のロンドンでは、リス・デヴィッズ博士によってパーリ聖典協会（ＰＴＳ）が設立され、ローマ字本原典、およびその英訳がつぎつぎ刊行されていた。南伝大蔵経はこのＰＴＳ版を底本にして和訳されたが、その一部は、たとえば小部《しょうぶ》経典の『小義釈《しょうぎしゃく》』、『彌蘭王問経《みらんおうもんきょう》』（ミリンダパンハ）、あるいは論蔵の『双論《そうろん》』、『発趣論《ほっしゅろん》』はタイ王室版を底本にして行なわれた。また、南伝大蔵経の『律蔵』は、その配列（内容組織）をPTS本に従わず、伝統のタイ、ビルマ、セイロン版などにより、「経分別《きょうふんべつ》」（第一～二巻）、「犍度部《けんどぶ》」（第三～四巻）、「付随《ふずい》」（第五巻）として刊行された。PTS版のみは「律」の始まりを犍度部の成道《じょうどう》の話にあると見たためか、「犍度部」（vols. I - II）、「経分別」（vols. III - IV）、「付随」（vol. V）として配列している。

なお、現在のわが国におけるパーリ学は、昭和六十一年に設立された「パーリ学仏教文化学会」（前身「パーリ文化研究会」）を中心に、会長の前田惠學博士、顧問の雲井昭善先生のもとで、伝統（テキスト）と現代（コンテキスト）を基本テーマに研究が進められている。

⑵戦後に刊行された諸訳

その後、大正初期以降に生まれた仏教学者によって「経」の翻訳が始められた。南伝の刊行より約三〇年後、すなわち南伝の改訂再版が開始された昭和四十五年頃のことであり、その代表は中村元博士である。個人訳として『ブッダの真理のことば・感興のことば』、『ブッダのことば』、『神々との対話』、『悪魔との対話』、『長老の告白』、『尼僧の告白』、『ブッダ最後の旅』（いずれも岩波書店）があり、監訳に『ジャータカ全集』全一〇巻、『原始仏典』全七巻（ともに春秋社）などがある。この一連の訳書は、PTS版を底本とするもので、博士が自ら語っておられるように、学問研究のためのもの、また平易を心がけられたものである。さまざまに比較検討がなされており、一般の人々に広く読まれているものといえる。

これとほぼ同じ趣旨による新しいすぐれた和訳に**『原始仏典』全一〇巻**（**梶山雄一・桜部建・早島鏡正・藤田宏達編集、講談社**）がある。また、「経」（経集）の註釈（Aṭṭhakathā）を丹念に訳した**『仏のことば註』全四巻**（**村上真完・及川真介訳注、春秋社**）、さらに「論」（分別論《ふんべつろん》）の註釈、復註釈（ṭīkā）を丁寧に訳した**『分別論註』**（**浪花宣明著、平楽寺書店**）が刊行された。いずれも本格的な伝統の註釈研究書である。他にも個々に「経」の平明な翻訳がなされている。

(3)ビルマ版による訳

つぎに、従来のＰＴＳ版を底本とした諸訳の立場と異なる、厳密に校訂されたビルマ第六結集版を底本とし、また上座部仏教の諸註釈、すなわち『註釈』とその註釈の『復註釈』のみによる、伝統的な聖典の和訳書が刊行された。その先駆は**ウ・ウェープッラ**先生による**『南方仏教基本聖典』**（**中山書房仏書林**）である。

そしてその本格的なものが**『パーリ仏典』「長部《ちょうぶ》」**（**ディーガニカーヤ**）**全六巻**、**「中部《ちゅうぶ》」**（**マッジマニカーヤ**）**全六巻**（**ともに片山一良訳、大蔵出版**）である。本書『ブッダのことば　パーリ仏典入門』

に引用された「長部」と「中部」の経文はすべてここからのものである。なお、これは『**原始仏教**』（**中山書房仏書林**）を基礎にして始まったもので、目下、パーリ仏典の翻訳シリーズとして継続されている。ちなみにこの訳出上の特徴を挙げれば、伝統の解釈を示すこと（大乗仏典をよりよく理解するために）、省略個所を復元すること（くり返しの意味を知るために）、偈を詩句の形で示すこと（教えを端的に把握するために）である。全体を貫く姿勢は、いわゆる学問研究による解釈ではなく、諸法実相《しょほうじっそう》を尊重する解釈、ないし仏法の全体的な把握にある。

本書は、以上のような著者の訳経の姿勢に基づきつつ、パーリ仏典に収められた「ブッダのことば」（Buddha-vacana 仏語《ぶつご》）の二つの柱である法《ほう》（経蔵）と律《りつ》（律蔵）を、一般読者により親しい内容をもつ前者を中心に、概観したものである。本書によってパーリ仏典の教えが広く学ばれ、また仏教の教えがより深く理解されるよう、願ってやまない。

あとがき

本書は『大法輪《だいほうりん》』誌に連載された「ブッダのことば　パーリ仏典入門」が書籍化されたものである。執筆は本年三月までの約二年半、三十一回にわたるものであったが、その間一回も欠けず、無事終了したことに感謝したい。

この執筆依頼を受けたのは開始一年ほど前であったが、趣旨はパーリ仏典に伝えられる「ブッダのことば」の全体像を紹介する、というものであった。わが国にはすでに完全な形を整えた南伝大蔵経《なんでんだいぞうきょう》があるものの、あまりにも厖大であるため、その読破は難しい。また、中村元博士を中心に新しいすぐれた訳書もいくつか刊行されているが、全体からすれば一部でしかない。そこで、いわゆる初心の方々のために、経《きょう》と律《りつ》、とくに「経」に伝えられる「ブッダのことば」を概観して、全体のアウトラインがつかめるような、ひいては南伝大蔵経やパーリ仏典翻訳シリーズにも取り組んで行けるような「入門」の書が求められたのである。

これをお引き受けするにあたり、私はつぎのようなことをお許しいただいた。そのときもそうであったし、今もそうであるが、私はいわゆる研究というものをしていない。時間は訳経と坐禅に費やされることが多く、いつも仏教は一つであり、原始仏教であれ、上座部《じょうざぶ》仏教、あるいは大乗仏教であれ、それは名のみのもの、教えの根幹はまったく同じである、と学んでいる。したがって執筆はそのような把握によるまとめになり、学術的なものにならない。いわゆる仏法《ぶっぽう》の立場から「ブッダのことば」を紹介したい、ということである。

ここで本書における一つの特徴を述べるならば、いわゆる年代的なものにほとんど触れていないことである。それは年代や歴史を軽視したのではなく、仏教の真意を把握する場合には、比較することが妨げになると考えたからである。ものの大小、長短に迷えば、もはや仏法の話ではない。ブッダの教えをそのとおりに学ぼうとするならば、歴史や文化、あるいは時間的なことや空間的なことを超えなければならない。そうでなければ、自己についても世界についても充分に知ることができないであろう。そこでこの「入門」は、仏法の根本、如是《にょぜ》ということが少しでも把握されるように「ブッダのことば」を紹介することに努めた。

本書を執筆している間、私にはなんら負担がなく、いつも静かな時間を持つことができた。それは編集部の方々、とりわけ安元剛氏によるさまざまなご配慮と貴重なご助言の賜物であり、深く感謝申し上げたい。いつも不充分な原稿をあっという間に充分なものに仕替えていただいたことが思い出される。

また、津田直子先生にはつねに暖かいご教示をいただいた。心からお礼を申し上げたい。

片山一良（かたやま・いちろう）

1942年、兵庫県赤穂市に生まれる。駒澤大学仏教学部仏教学科卒業、同大学大学院修士課程修了。1970年、大谷大学大学院博士課程単位取得退学。1985年、駒澤大学仏教学部教授。現在、駒澤大学名誉教授。

著　書　『パーリ仏典にブッダの禅定を学ぶ　『大念処経』を読む』（大法輪閣）
『「ダンマパダ」をよむ』（サンガ）
『「ダンマパダ」全詩解説　仏祖に学ぶひとすじの道』（大蔵出版）

訳　書　『ジャータカ全集』第8巻（春秋社）
『原始仏教』第1～14巻（中山書房仏書林）
『パーリ仏典　中部（マッジマニカーヤ）』全6巻（大蔵出版）
『パーリ仏典　長部（ディーガニカーヤ）』全6巻（大蔵出版）
『パーリ仏典　相応部（サンユッタニカーヤ）』1～9（大蔵出版）

ブッダのことば　パーリ仏典入門

平成20年6月10日　第1刷発行©
令和6年6月25日　第5刷発行

著　者　片　山　一　良
発行人　石　原　俊　道
印刷所　三協美術印刷株式会社
製　本　東京美術紙工協業組合
発行所　有限会社　大　法　輪　閣
東京都渋谷区恵比寿南2－16－6－202
TEL　（03）5724-3375（代表）
振替　00160-9-487196番

ISBN978-4-8046-1271-3　C0015　Printed in Japan